/ 当代世界农业丛书 /

欧盟农业

张亚辉　郝卫平　主编

中国农业出版社
北　京

图书在版编目（CIP）数据

欧盟农业／张亚辉，郝卫平主编．—北京：中国农业出版社，2021.12
（当代世界农业丛书）
ISBN 978-7-109-28990-1

Ⅰ.①欧…　Ⅱ.①张…②郝…　Ⅲ.①欧洲联盟－农业经济发展－研究　Ⅳ.①F350

中国版本图书馆 CIP 数据核字（2021）第 270184 号

欧盟农业
OUMENG NONGYE

中国农业出版社出版
地址：北京市朝阳区麦子店街 18 号楼
邮编：100125
出版人：陈邦勋
策划统筹：胡乐鸣　苑　荣　赵　刚　徐　晖　张丽四　闫保荣
责任编辑：卫晋津　吴丽婷　王　宏
版式设计：王　晨　　责任校对：沙凯霖
印刷：北京通州皇家印刷厂
版次：2021 年 12 月第 1 版
印次：2021 年 12 月北京第 1 次印刷
发行：新华书店北京发行所
开本：787mm×1092mm　1/16
印张：18.25
字数：360 千字
定价：98.00 元

当代世界农业丛书编委会

欧 盟 农 业

当代世界农业丛书

本书编写组

主　　编： 张亚辉　郝卫平

副 主 编： 聂凤英　翟　琳　刘文博　张学彪　曲春红
王永春

编写人员（按姓氏笔画排序）：

王永春　曲春红　刘　瑞　刘文博　刘武兵
肖　琴　张亚辉　张学彪　郑海霞　赵　伟
赵　鱼　郝卫平　聂凤英　梁丹辉　翟　琳

序

Preface

2018年6月，习近平总书记在中央外事工作会议上提出“当前中国处于近代以来最好的发展时期，世界处于百年未有之大变局”的重大战略论断，对包括农业在内的各领域以创新的精神、开放的视野，认识新阶段、坚持新理念、谋划新格局具有重要指导意义。农业是衣食之源、民生之基。中国农业现代化取得举世瞩目的巨大成就，不仅为中国经济社会发展奠定了坚实基础，而且为当代世界农业发展提供了新经验、注入了新动力。与此同时，中国农业现代化的巨大进步，与中国不断学习借鉴世界农业现代化的先进技术和成功经验，与不断融入世界农业现代化的进程是分不开的。今天，在世界处于百年未有之大变局、世界经济全球化进程深入发展、中国农业现代化进入新阶段的重要历史时刻，更加深入、系统、全面地研究和了解世界农业变化及发展规律，同时从当代世界农业发展的角度，诠释中国农业现代化的成就及其经验，是当前我国农业工作重要而紧迫的任务。为贯彻国务院领导同志的要求，2019年7月农业农村部决定组织编著出版“当代世界农业丛书”，专门成立了由部领导牵头的丛书编辑委员会，从全国遴选了相关部门（单位）负责人、对世界农业研究有造诣的权威专家学者和中国驻外使馆工作人员，参与丛书的编著工作。丛书共设25卷，包含1本总论卷（《当代世界农业》）和24本国别卷，国别卷涵盖了除中国外的所有G20成员，还有五大洲的其他一些农业重要国家和地区，尤其是发展中国家和地区。

在编写过程中，大家感到，丛书的编写，是一次对国内关于世界农业研究力量的总动员，业界很受鼓舞。编委会以及所有参与者表示一定要尽心尽责，把它编纂成高质量权威读物，使之对于促进中国与世界农业国际交流与合作，推动世界农业科研教学等有重要参考价值。但同时，大家也切实感到，至今我国对世界农业的研究基础薄弱，对发达国家（地区）与发展中国家（地区）的农业研究很不平衡，有关研究国外农业的理论成果少，基础资料少，获取国外资料存在诸多不便。编委会、各卷作者、编审人员本着认真负责、深入研究、质量第一的原则，克服新冠肺炎疫情带来的诸多困难。编委会多次组织召开专家研讨会，拟订丛书编写大纲、制订详细写作指南。各卷作者、编审人员千方百计收集资料，不厌其烦研讨，字斟句酌修改，一丝不苟地推进丛书编著工作。在初稿完成后，丛书编委会还先后组织农业农村部有关领导和专家对书稿进行反复审核，对有些书稿的部分章节做了大幅修改；之后又特别请中国国际问题研究院院长徐步、中国农业大学世界农业问题研究专家樊胜根对丛书进行审改。中国农业出版社高度重视，从领导到职工认真负责、精益求精。历经两年三个月时间，在国务院领导和农业农村部领导的关心、指导下，在所有参与者的无私奉献、辛勤努力下，丛书终于付梓与读者见面。在此，一并表示衷心感谢和敬意！

即便如此，呈现在广大读者面前的成书，也肯定存在许多不足之处，恳请广大读者和行业专家提出宝贵意见，以便修订再版时完善。

余欣荣

2021年10月

前 言

Foreword

欧盟是世界重要经济体，在全球农业生产和农产品贸易中占据重要地位。生产方面，欧盟是世界上最重要的麦类作物生产地区，畜牧业十分发达，肉、蛋、奶产量均排在世界前三。贸易方面，欧盟是全球最大农产品出口地区，第二大农产品进口地区。欧盟的酒类、猪肉、小麦、奶制品和婴儿食品等在世界市场上占据主导地位。后疫情时代，加强对欧盟乃至世界的农业国际合作，提高自身农业国际竞争力是我国的重要议题。这需要对欧盟从生产到市场，从政策到科技，从食品安全到环境安全的全方位深入了解。加强对欧盟农业的系统研究具有极其重要的现实意义。

本书分十二章。前四章是对欧盟农业生产、农产品贸易和共同农业政策的总体概括，第五到第十章对欧盟农业的世界地位、农业绿色发展、农业科技和教育、农业生态及食品安全等特色专题进行了探析，第十一和第十二章对中国与欧盟的农业合作发展进行了总结。

本书由中国农业科学院国际合作局张亚辉与郝卫平担任主编；中国农业科学院农业信息研究所聂凤英，中国农业科学院国际合作局翟琳、刘文博，中国农业科学院农业信息研究所张学彪、曲春红、王永春担任副主编。各章具体编写分工为：赵伟（中国农业科学院农业信息研究所）第一、第二章，刘武兵（农业农村部农业贸易促进中心）第三、第四章，王永春第五章，肖琴（中国农业科学院农业资源与农业区划研究所）第六章，赵鱼（中国农业科学院农业信息研究所）第七、第八章，郑海霞（中国农业科学院农业信息研究所）第九章，刘瑞（中国农业科学院农业质量标准与检测技术研究所）第十章，刘文博第十一章，梁丹辉（中国农业科学院农业信息研究所）第十二章。初稿完成后，由副主编负责全书审阅与修改，主编负责审阅定稿。

本书在编写过程中，参阅了众多专家学者的相关研究成果，同时也在网络资源中汲取了许多重要信息，在此对有关人士深表谢意！由于编者知识水平和时间有限，书中疏漏和错误在所难免，恳请广大读者批评指正。

编　者

2021年10月

目　录

Contents

第一章 CHAPTER 1
欧盟农业概况

第一节 经济概况

一、欧盟概况

欧洲联盟（简称欧盟）位于欧亚大陆西部，西起大西洋、东临独立国家联合体、南到地中海、北跨波罗的海，面积约 424 万平方千米。总部设在比利时首都布鲁塞尔。

欧盟是当今世界一体化程度高、综合实力雄厚的国家联合体，也是国际格局中一支重要的力量。其宗旨是促进和平，保障公民的福祉；在成员国间无国界地提供自由、安全和正义的环境；在平衡的经济增长和价格稳定、充分就业和社会进步的高度竞争性市场经济和环境保护的基础上，致力于可持续发展；打击社会排斥和歧视；促进科技进步；加强成员国之间在经济、社会和领土等方面的凝聚力；尊重丰富的文化和语言多样性；建立以欧元为统一货币的经济货币联盟。

(一) 欧盟产生和发展

1950 年 5 月 9 日，法国外交部长舒曼发表声明（史称“舒曼计划”），建议法德两国建立煤钢共同体。1952 年 7 月，法国、联邦德国、意大利、荷兰、比利时和卢森堡正式成立欧洲煤钢共同体。1958 年 1 月，6 国成立了欧洲经济共同体和欧洲原子能共同体。1967 年 7 月，3 个共同体的主要机构合并，统称欧洲共同体（简称欧共体）。1993 年 11 月，《欧洲联盟条约》（又称《马斯特里赫特条约》）生效，欧洲共同体演化为欧盟。2002 年1 月欧元正式流通。

2009年《里斯本条约》生效后，欧盟具备了国际法主体资格，并正式取代和继承欧共体。《里斯本条约》首次就成员国退出欧盟相关程序作出规定。

欧盟共经历了7次扩大：1973年英国、爱尔兰和丹麦加入；1981年希腊加入；1986年西班牙和葡萄牙加入；1995年奥地利、芬兰和瑞典加入；2004年5月1日，波兰、匈牙利、捷克、斯洛伐克、爱沙尼亚、拉脱维亚、立陶宛、斯洛文尼亚、塞浦路斯和马耳他10国入盟；2007年1月1日，罗马尼亚、保加利亚入盟；2013年7月1日，克罗地亚正式成为欧盟第28个成员国。目前，阿尔巴尼亚、黑山、北马其顿、土耳其和塞尔维亚是入盟候选国。

英国于2016年6月通过全民公投决定退出欧盟，2020年1月31日脱离欧盟并进入过渡期至2020年12月31日。欧盟现拥有27个成员国，为奥地利、比利时、保加利亚、塞浦路斯、捷克、克罗地亚、丹麦、爱沙尼亚、芬兰、法国、德国、希腊、匈牙利、爱尔兰、意大利、拉脱维亚、罗马尼亚、立陶宛、卢森堡、马耳他、荷兰、波兰、葡萄牙、斯洛伐克、斯洛文尼亚、西班牙、瑞典。

（二）欧盟主要机构

1. 欧洲理事会（European Council）

欧洲理事会又称欧盟首脑会议或欧盟峰会，是欧盟最高决策机构。欧洲理事会由成员国国家元首或政府首脑及欧洲理事会主席、欧盟委员会主席组成。欧洲理事会设主席一职，任期两年半，可连任一届。

2. 欧盟理事会（Council of the European Union）

欧盟理事会又称部长理事会，是欧盟立法与政策制定、协调机构。理事会由每个成员国各1名部长级代表组成，按不同议事领域由相应部长组成，除外长理事会由欧盟外交与安全政策高级代表主持外，理事会主席由轮值主席国担任，任期半年。

3. 欧盟委员会（European Commission）

欧盟委员会是欧盟立法建议与执行机构。

4. 欧洲议会（European Parliament）

欧洲议会是欧盟监督、咨询和立法机构。议员由成员国直接选举产生，任期5年。本届（第九届）议会于2019年7月正式成立，现有705名议员，7个党团。

5. 欧盟对外行动署（European External Action Service）

欧盟对外行动署由欧盟外交与安全政策高级代表（兼任欧盟委员会副主

席）领导，协调成员国外交政策。

二、欧盟经济概况

欧盟为目前世界上经济发展程度最高的区域经济政治联盟，经济一体化的逐步深化又促进了该地区经济的进一步繁荣。2016—2018年，欧洲经济一直保持相对稳定增长，2016年与2017年欧盟国内生产总值（GDP）增长率分别为2.4%和6.2%，基本走出2009年爆发的欧债危机所引发的衰退，2018年欧盟GDP增长率达到自金融危机以来的最高增速。但近几年来由于全球经济下滑、国际贸易疲软，再加上英国脱欧、德国制造业疲软等因素，欧盟经济发展有所缓慢。

2019年欧盟GDP为15.59万亿美元，占世界GDP的17.8%。其中四大经济体德国、英国①、法国与意大利的GDP分别为3.86万亿美元、2.83万亿美元、2.72万亿美元与2.00万亿美元，四国共占欧盟GDP总量的73.0%。欧盟经济增长疲软，2019年欧盟GDP增速为−2.1%，低于世界GDP增速（2.4%）。欧盟各国的经济增速普遍较低，其中欧盟最大经济体德国2019年的GDP增速下降为0.6%，创近年来的新低。2019年欧盟人均GDP为34 843美元（表1-1），卢森堡、爱尔兰、丹麦、瑞典等国人均GDP较高。卢森堡人均GDP为11.47万美元，位居欧盟国家第一。

表1-1 2013—2019年欧盟GDP状况

年份	GDP/万亿美元	GDP增速/%	人均GDP/美元
2013	15.29	4.5	34 564
2014	15.63	2.2	35 243
2015	13.55	−13.3	30 474
2016	13.88	2.4	31 163
2017	14.74	6.2	33 030
2018	15.93	8.1	35 660
2019	15.59	−2.1	34 843

数据来源：世界银行数据库。

① 英国于2020年1月31日脱离欧盟，过渡期至2020年12月31日。由于本书中收录数据均为2020年之前数据，故本书中所有欧盟数据均包含英国数据。全书同。

第二节　农业概况及地位

一、农业资源

（一）气候资源

欧盟分布在南欧、西欧、中欧、北欧和东欧 5 个地区，位于北纬 35°～80°，主要是温带海洋性气候和地中海气候。

法国、爱尔兰、荷兰、比利时和卢森堡 5 个国家位于西欧。气候受大西洋影响，为典型的温带海洋性气候。冬季温和，夏季凉爽，气温日较差和年较差较小，全年降水季节分配均匀，自西向东逐渐由海洋性向大陆性气候过渡。

丹麦、瑞典和芬兰 3 个国家位于北欧。大部分地方终年气温较低，只有深受北大西洋暖流影响的地区为温带海洋性气候。因纬度较高，故冬季漫长而严寒；暖季短促，气温年较差特别大。降水稀少，集中于夏季。

德国、波兰、奥地利、匈牙利、捷克与斯洛伐克 6 国位于中欧。中欧处在温带气候带，中欧西部部分地区为温带海洋性气候，东部为温带大陆性湿润气候。气温适中，年降水量 500～1 000 毫米。

立陶宛、爱沙尼亚与拉脱维亚 3 国位于东欧。东欧绝大部分地区属于温带大陆性气候。冬季严寒，夏季温暖，春秋季较短，年温差大。夏季多雨，水汽主要由西风自北大西洋带入，年降水量约为 500 毫米。

斯洛文尼亚、希腊、意大利、马耳他、西班牙、葡萄牙、塞浦路斯、罗马尼亚、保加利亚与克罗地亚 10 国位于南欧。南欧大部分地区属于典型的地中海气候，冬季温和多雨，夏季炎热干燥。

（二）土地资源

2018 年欧盟土地面积为 42 415.52 万公顷，农业用地占总土地面积的 42.7%。耕地面积分别占土地总面积与农业用地面积的 24.9%与 58.0%。林地与草地分别占土地总面积的 38.2%与 15.1%。

2013—2018 年欧盟农业用地面积呈下降趋势，2018 年为18 110.16 万公顷，比 2013 年 18 439.24 万公顷减少 1.8%。耕地面积也呈下降趋势，2018 年为 10 498.13 万公顷，比 2013 年 10 656.23 万公顷减少 1.5%。草地面积由

2013 年 6 591.35 万公顷减少至 2014 年 6 434.28 万公顷，2014—2018 年草地面积保持稳定。2013—2018 年林地面积呈持续增长趋势，2018 年为 16 204.01 万公顷（表 1 - 2）。

表 1 - 2 2013—2018 年欧盟土地资源状况

单位：万公顷

年份	土地	农业用地	耕地	草地	林地
2013	42 369.06	18 439.24	10 656.23	6 591.35	16 071.60
2014	42 381.96	18 270.38	10 642.25	6 434.28	16 106.40
2015	42 375.88	18 241.75	10 591.99	6 447.78	16 141.19
2016	42 379.81	18 166.06	10 556.13	6 428.08	16 162.85
2017	42 379.59	18 169.23	10 557.58	6 425.38	16 184.83
2018	42 415.52	18 110.16	10 498.13	6 412.90	16 204.01

数据来源：FAOSTAT。

在欧盟国家中，法国、西班牙、德国与波兰耕地面积位居前四位，分别为 1 812.64 万公顷、1 188.43 万公顷、1 173.10 万公顷与 1 100.90 万公顷，共占欧盟耕地面积的 50.2%，其他欧盟国家的耕地面积均低于 1 000 万公顷。草地面积位居前三位的国家是英国、法国与西班牙，三国草地面积占欧盟草地面积的 47.1%。瑞典、芬兰、西班牙与法国林地面积最大，共占欧盟林地面积的 53.1%。

（三）水资源

欧洲流经多国的大河有莱茵河、多瑙河、易北河、奥德河等。此外主要河流还有法国境内的塞纳河、卢瓦尔河等，英国境内的泰晤士河，意大利境内的波河等。莱茵河是西欧第一大河，发源于瑞士境内的阿尔卑斯山北麓，西北流经列支敦士登、奥地利、法国、德国和荷兰，最后在鹿特丹附近注入北海。多瑙河是欧洲第二大河，是世界上干流流经国家最多的河流之一。它发源于德国西南部，自西向东流经奥地利、斯洛伐克、匈牙利、克罗地亚、塞尔维亚、保加利亚、罗马尼亚、乌克兰，在乌克兰中南部注入黑海。

欧盟不同国家的水资源分配不平衡。罗马尼亚是欧盟水资源总量最高的国家，为 2 120 亿立方米。罗马尼亚境内河流湖泊众多，多瑙河是罗马尼亚境内最重要的一条河流，罗马尼亚是多瑙河流域面积最大的国家。法国水资源总量位居欧盟第二（2 110 亿立方米），大小河流遍布全国，主要的大河有卢瓦尔河、罗讷河、加龙河、塞纳河、莱茵河等。其他水资源丰富的国家为意大利（1 913亿立方米）、瑞典（1 740亿立方米）、德国（1 540亿立方米）等。丹麦、卢森堡、塞浦路斯与马耳他水资源总量较低，分别为60亿立方米、35亿立方米、7.8亿立方米与0.51亿立方米。

在欧盟国家中，克罗地亚人均水资源占有量最高，为25 185立方米，其次为芬兰（19 917立方米）、拉脱维亚（17 918立方米）、瑞典（17 556立方米）、斯洛文尼亚（15 322立方米）、爱尔兰（10 920立方米）、罗马尼亚（10 773立方米）。德国、比利时、荷兰、捷克、丹麦人均水资源量较低，分别为1 875立方米、1 601立方米、1 585立方米、1 238立方米与1 046立方米。塞浦路斯与马耳他人均水资源占有量最低，仅为661立方米与117立方米。

（四）农业劳动力资源

欧盟人口2019年总人口约为4.48亿人，占世界总人口的7.6%。德国、法国、意大利与西班牙是欧盟的人口大国。2013—2019年，欧盟人口呈增长趋势，2019年比2013年的4.42亿人增长1.4%；2013—2019年欧盟农村人口呈逐年下降趋势，2019年为1.13亿人，比2013年1.17亿人减少3.4%。2019年欧盟农村人口占总人口的比例由2013年的26.5%降至25.3%（表1-3）。

在欧盟国家中，农村人口在本国人口中占比较大的国家为罗马尼亚（46%）、斯洛伐克（46%）、斯洛文尼亚（45%）、克罗地亚（43%）与奥地利（41%）。比利时、马耳他、荷兰与卢森堡的农村人口在本国人口中占比较小，分别为2%、5%、8%与9%。

表1-3　2013—2019年欧盟人口状况

年份	总人口/亿人	农村人口/亿人	农村人口占比/%
2013	4.42	1.17	26.5%
2014	4.44	1.17	26.3%
2015	4.45	1.16	26.1%
2016	4.45	1.15	25.9%
2017	4.46	1.15	25.7%
2018	4.47	1.14	25.5%
2019	4.48	1.13	25.3%

数据来源：世界银行数据库。

随着农场数量的减少，欧盟农民和从事农业活动的农民数量也有所减少。欧盟农业就业人数从 2005 年占欧盟总就业人数的 5.7％下降到 2016 年的 4.2％。长期来看，欧盟农业劳动力数量将呈持续下降趋势。2005—2018 年，几乎所有欧盟国家的农业劳动力数量都呈急剧下降趋势，马耳他（平均每年增长 1.0％）和爱尔兰（平均每年增长 0.6％）除外。欧盟农业劳动力数量降幅最大的国家是保加利亚（每年平均－7.7％）、斯洛伐克（每年平均－6.3％）和拉脱维亚（每年平均－5.0％）。农业劳动力数量的减少既反映了欧盟在农业机械化和生产效率方面取得了长足的进步，也表明在其他部门有更多有吸引力的工作机会可供选择。

在欧盟国家中，2018 年农业就业人口在总就业人口中占比最高的分别是罗马尼亚（23％）、保加利亚（18％）、希腊（11％）和波兰（10％）。在欧盟从事农业常规工作的人中，有 89.5％是唯一的农场所有人（农民）或其家庭成员。在欧盟农场管理者中，有 71.5％是男性，大多数农场管理者（57.9％）的年龄在 55 岁或以上，有 10.6％的农场管理者是 40 岁以下的年轻农民。塞浦路斯、葡萄牙和英国的年轻农民尤为稀缺，分别占农场主的 3.3％、4.2％与 5.3％，而奥地利、波兰和斯洛伐克的年轻农民占比较高，分别为 22.2％、20.3％与 19.0％。

与其他年龄段相比，管理中型和大型农场的年轻农民比例更高（27.5％），相比之下仅有 7.0％的 65 岁及以上年龄的农场主管理中型和大型农场。青年农民接受全面农业培训，具有较高的教育水平，并且遵循最新的专业培训课程，包括采用新颖和创新的耕作方法。

二、农场规模与结构

长期以来，欧盟的农场数量一直呈下降趋势。2005—2016 年，欧盟的农场数量减少了约 1/4（420 万个农场），其中绝大部分（约 85％）是面积小于 5 公顷的小型农场。除爱尔兰外，所有欧盟国家的农场数量都有所下降。农场数量减少最多的国家是波兰（减少 110 万个农场）、罗马尼亚（减少 80 万个农场）和意大利（减少 60 万个农场）。

（一）农场规模

根据欧盟 2016 年农场调查数据显示，欧盟有 1 050 万个农场，其中约

32.7%的农场位于罗马尼亚，其次为波兰（占欧盟农场总量的13.5%）、意大利（占10.9%）和西班牙（占9.0%）。家庭农场是所有欧盟国家主要的农场类型，占欧盟农场的96.0%。法国以及爱沙尼亚有相当多的非家庭农场，分别约占所在国家农场总数的27.3%与21.0%。欧盟各成员国家庭农场的平均规模差异很大。平均而言，英国家庭农场规模最大（每户68公顷），其次是卢森堡（每户62公顷）和丹麦（每户52公顷）。而欧盟各成员国中，家庭农场平均规模最小为1～2.5公顷，分别位于马耳他、塞浦路斯和罗马尼亚。

欧盟的大多数农场规模较小，2016年2/3的农场面积不到5公顷。这些小农场可以在减少农村贫困风险、提供额外收入和保障方面发挥重要作用。欧盟有6.9%的农场面积为50公顷或以上，占欧盟农业用地面积的68.2%。尽管2016年欧盟平均农场规模为16.6公顷，但只有大约15%的农场达到或超过这个规模。在农场数量最多的罗马尼亚，这种分布特别明显，91.8%的农场小于5公顷。在某些国家，小型农场的数量反映了农作物专业化、土地所有权广泛以及地质和地形限制的混合。卢森堡、法国、英国和丹麦较大规模的农场（50公顷及以上）比例较高，分别占本国农场数量的51.8%、41.3%、38.6与35.3%。

欧盟农场可分为三个不同的类型：半自给农场，其以种植粮食为主，供养农民及其家庭；中小型农场，通常是家族企业；具有合法形式或成为合作社的大型农业企业。在欧盟的1 050万个农场中，有400万个农场标准产出低于每年2 000欧元，有300万个农场产出为每年2 000～8 000欧元。这些农场合计占欧盟所有农场的66.7%。相比之下，有30.4万个农场（占欧盟总数的2.9%）每年的标准产出为25万欧元或更高，约占欧盟农业经济总产出的一半（55.6%），这些农场可以被视为大型农业企业。在这些大型农场中，约有2/5具有法定或集体持股形式。

（二）农场结构

欧盟农场的种植或饲养方式呈多样化，主要分为农作物农场、畜牧农场和混合农场。2016年欧盟约有一半的农场（52.5%）为农作物农场，约25.1%的农场是畜牧农场，其余的农场大部分为混合农场（21.1%）。

在欧盟所有农场中，只有不到1/3的农场（31.6%）专门从事大田种植，约有1/5的农场（18.9%）专门从事永久性作物种植，其余的农场（1.8%）

是专业的园艺农场。在欧盟农场中，以种植块根块茎类作物（例如土豆和甜菜）、田间蔬菜与一般作物为主的普通田间作物农场的数量最多（占16.4%），其次是谷物农场、油料作物和蛋白质作物农场（占15.2%）。欧盟的绵羊、山羊和其他放牧牲畜农场（6.2%）以及奶牛场（5.4%）是畜牧农场中数量最多的。

在一些地中海国家（如西班牙、意大利、希腊、塞浦路斯）以及芬兰，种植农作物的农场占所有农场的60%以上；而在西欧的部分国家（如比利时、荷兰、卢森堡、爱尔兰），专业畜牧农场占所有农场的50%以上；在葡萄牙、罗马尼亚、保加利亚、立陶宛和克罗地亚这些国家，超过30%的农场为混合农场，进行混合种植与饲养。

三、农业地位

2013—2019年，欧盟农业增加值占GDP的比重呈波动性下降趋势（表1-4）。2019年欧盟农业增加值占GDP的比重仅为1.64%。欧盟各国农业在GDP中所占的份额趋于下降。尽管农业产值占GDP的比重越来越小，但是农业在欧盟国家国民经济中仍处于重要的地位，各国政府重视农业的基础地位。

表1-4　2013—2019年欧盟农业增加值占GDP比重

年份	农业增加值占GDP比重/%
2013	1.75
2014	1.71
2015	1.66
2016	1.62
2017	1.71
2018	1.66
2019	1.64

数据来源：世界银行数据库。

在欧盟国家中，德国、爱尔兰、马耳他、卢森堡、比利时是农业增加值占本国GDP比重低于1%的国家。其中，德国农业增加值占本国GDP的比重仅为0.8%。法国与意大利农业增加值占比高于德国，分别为1.6%与1.9%。

在欧盟国家中，农业增加值占本国GDP比重最高的为罗马尼亚（4.1%），农业是罗马尼亚国民经济最重要的产业之一；拉脱维亚、希腊、匈牙利、保加利亚与立陶宛农业增加值占比分别为 3.7%、3.7%、3.5%、3.2%与 3.2%；奥地利、丹麦、瑞典、荷兰、捷克、斯洛文尼亚与塞浦路斯农业增加值占比在 1.0%～2.0%；葡萄牙、波兰、芬兰、斯洛伐克、西班牙、克罗地亚与爱沙尼亚农业增加值占比在 2.1%～3.0%。

第二章 CHAPTER 2
欧盟农业生产

第一节 农业生产整体概况

欧盟的农业生产主要包括种植业、畜牧业、林业与渔业，其中种植业和畜牧业是农业生产中最重要的两个产业。在种植业方面，欧盟为世界第四大谷物生产者、第一大小麦生产者、第一大甜菜生产者、第二大油菜籽生产者、第一大橄榄油生产者。在畜牧业方面，欧盟是世界第二大肉类生产者与第一大牛奶生产者。此外，欧盟还是世界第一大原木生产者与第五大渔业生产者。

2018 年欧盟农业总产值（以种植业与畜牧业计）为 3 903.81 亿美元，其中种植业总产值为 2 203.33 亿美元，在农业总产值中占据主导地位（56.4%）；畜牧业总产值为 1 700.48 亿美元，占农业总产值的 43.6%。欧盟主要农业生产大国包括法国、西班牙、意大利、德国、波兰、罗马尼亚、荷兰等。

2013—2018 年欧盟农业总产值呈波动性下降趋势。2018 年欧盟农业总产值为 3 903.81 亿美元，比 2013 年 4 477.38 亿美元减少 12.8%。欧盟农业总产值的一半以上（58.4%）来自 4 个国家，分别为法国（759.73 亿美元）、西班牙（520.58 亿美元）、意大利（500.26 亿美元）和德国（499.77 亿美元）。另外约 19.3%的农业总产值来自波兰（248.15 亿美元）、罗马尼亚（193.24 亿美元）、荷兰（156.90 亿美元）和英国（156.34 亿美元）。2018 年欧盟农业总产值约 3/4（77.7%）来自以上 8 个国家。

第二节 种植业

一、种植业基本情况

欧盟种植业主要包括粮食作物、油料作物、经济作物、园艺作物等，主要种植业国家包括法国、德国、罗马尼亚、波兰、西班牙、意大利、荷兰、希腊等。

（一）粮食作物

粮食作物在欧盟的种植业中处于重要地位。欧盟主要粮食作物包括小麦、玉米、马铃薯、大麦、燕麦和黑麦等，小麦、玉米与大麦三者的种植面积约占谷物面积的4/5。法国、德国、罗马尼亚、波兰、西班牙、意大利是欧盟主要粮食生产大国。

欧盟是世界第四大谷物生产者，其产量占世界谷物总产量10%。2013—2019年，欧盟谷物产量呈波动上升趋势（表2-1）。2018年欧盟谷物产量为29 530.53万吨，比2013年减少4.6%，2019年产量上升为32 469.70万吨。欧盟谷物种植面积2018年为5 543.9万公顷，比2013年的5 813.2万公顷减少4.6%，2019年种植面积上升为5 686.73万公顷。

表2-1　2013—2019年欧盟主要粮食作物产量

单位：万吨

年份	谷物	小麦	玉米	大麦	马铃薯
2013	30 956.37	14 443.57	6 701.39	5 984.72	5 461.65
2014	33 358.71	15 733.79	7 757.54	6 060.95	6 071.90
2015	31 845.53	16 121.82	5 926.48	6 214.77	5 387.26
2016	30 252.43	14 461.54	6 296.02	5 995.15	5 649.64
2017	31 181.70	15 233.87	6 514.70	5 884.14	6 246.37
2018	29 530.53	13 804.92	6 920.70	5 646.55	5 225.31
2019	32 469.70	15 564.17	7 009.30	6 361.82	5 640.38

数据来源：FAOSTAT。

欧盟是世界第一大小麦生产者，欧盟小麦产量约占世界小麦总产量的20%。小麦是欧盟第一大粮食作物，2019年欧盟小麦产量为15 564.17万吨。欧盟小麦种植面积为2 602.62万公顷，占谷物总种植面积的近1/2(45.8%)，单产为5 980千克/公顷。法国是欧盟小麦第一大生产国，其次是德国、英国、波兰、罗马尼亚与意大利。这6个国家小麦产量约占欧盟小麦产量的69.2%。

作为欧盟第二大粮食作物，2019年欧盟玉米产量为7 009.30万吨，种植面积为891.71万公顷，占谷物总种植面积的15.7%，单产为7 861千克/公顷。罗马尼亚、法国与匈牙利是欧盟前三大玉米生产国，其次为意大利与西班牙，这5个国家产量约占欧盟玉米产量的69.9%。

2019年，欧盟大麦产量为6 361.82万吨，种植面积为1 229.86万公顷，占谷物总种植面积的21.6%，单产为5 173千克/公顷。欧盟大麦主产国为法国、德国、英国、西班牙与丹麦，约占欧盟大麦产量的70.1%。

马铃薯是欧盟的主要粮食作物之一，2019年产量为5 640.38万吨，种植面积为175.14万公顷，单产为32 206千克/公顷。马铃薯主产国为德国、法国、波兰与荷兰，约占欧盟马铃薯产量的60%。

欧盟国家的水稻种植面积较小。2019年欧盟水稻种植面积为41.88万公顷，产量为284.91万吨。欧盟水稻生产集中在意大利、西班牙、希腊、葡萄牙、法国、保加利亚、罗马尼亚和匈牙利。

（二）油料作物

欧盟主要油料作物为油菜籽、橄榄、葵花籽、大豆等。斯洛文尼亚、芬兰、爱尔兰、德国、希腊为油料作物种植大国。2019年，欧盟油料作物产量为4 087.05万吨（表2-2），种植面积为1 621.79万公顷。其中油菜籽种植面积最大，为564.87万公顷，占油料作物34.9%。其次为橄榄与葵花籽，分别为505.32万公顷与433.87万公顷，大豆种植面积90.79万公顷。

欧盟是世界第二大油菜籽生产者，约占世界油菜籽总产量的1/4。2013—2019年，欧盟油菜籽产量呈波动下降趋势，2019年油菜籽产量为1 704.09万吨。欧盟油菜籽第一大生产国为法国，约占欧盟总产量的1/5，其次为德国、波兰、英国与捷克，这5个国家油菜籽产量占欧盟总产量的67.7%。

表 2-2　2013—2019 年欧盟主要油料作物产量

单位：万吨

年份	油料作物	油菜籽	橄榄	葵花籽	大豆
2013	4 757.20	2 098.09	1 469.84	915.25	122.43
2014	4 657.99	2 428.91	961.18	924.25	185.91
2015	4 601.90	2 185.25	1 238.94	784.64	236.37
2016	4 520.59	2 011.53	1 241.36	870.83	248.13
2017	4 955.70	2 194.33	1 293.00	1 038.58	267.51
2018	4 798.08	1 997.46	1 358.98	996.52	283.53
2019	4 087.05	1 704.09	1 046.67	1 028.13	281.33

数据来源：FAOSTAT。

欧盟是世界最大的橄榄生产者，约占全球产量的 1/2。2013—2019 年，欧盟橄榄产量呈波动下降趋势，2019 年橄榄产量为 1 046.67 万吨。西班牙是欧盟最大的橄榄生产国，约占欧盟总产量的 57.0%，其他主要橄榄生产国为希腊、意大利与葡萄牙。

2013—2019 年，欧盟葵花籽产量波动上升，大豆产量总体呈增长趋势，2019 年欧盟葵花籽和大豆产量分别为 1 028.13 万吨与 281.33 万吨。欧盟葵花籽主要生产国为罗马尼亚、保加利亚、匈牙利、法国与西班牙，共约占欧盟总产量 90.3%。欧盟大豆主要生产国为意大利、罗马尼亚、法国、克罗地亚与奥地利，共约占欧盟总产量 84.3%。

（三）经济作物

欧盟主要经济作物有甜菜、棉花和亚麻等。2019 年甜菜种植面积为 164.08 万公顷。棉花与亚麻是主要的纤维作物，种植面积分别为 33.38 万公顷（2018 年）与 14.57 万公顷（2019 年）。

欧盟是世界第一大甜菜生产地，占世界甜菜总产量的 43.2%。甜菜为欧盟的第一大经济作物，2013—2017 年欧盟甜菜产量呈波动性上升趋势（表 2-3）。2018 年由于干旱气候导致单产下降，欧盟甜菜产量下降为 11 957.99 万吨，2019 年产量上升至 12 057.77 万吨。2019 年欧盟甜菜产量约一半以上来自法国和德国（56.2%），其他主产国包括波兰、英国与荷兰。

表 2-3 2013—2019 年欧盟主要经济作物产量

单位：万吨

年份	甜菜	棉花	亚麻
2013	10 933.99	102.02	55.46
2014	13 051.20	104.68	61.86
2015	10 137.79	101.21	63.67
2016	11 399.83	88.34	71.86
2017	14 311.07	97.33	69.22
2018	11 957.99	99.58	76.43
2019	12 057.77	—	96.94

数据来源：FAOSTAT。

2013—2019 年，欧盟棉花种植面积波动下降，其产量呈下降趋势。与棉花种植面积的下降趋势相反，亚麻种植面积持续增长，其产量呈上升趋势。2018 年，欧盟棉花产量为 99.58 万吨，欧盟棉花主产国为希腊、西班牙与保加利亚。2019 年，欧盟亚麻产量为 96.94 万吨，欧盟亚麻主产国为法国、比利时与荷兰。

（四）园艺作物

欧盟的园艺作物包括蔬菜、果树与花卉等。意大利、西班牙、波兰、德国、荷兰和法国是欧盟主要园艺作物生产大国。

1. 蔬菜

2013—2016 年，欧盟蔬菜产量呈增长趋势，自 2017 年开始产量下降。2019 年，欧盟蔬菜（以主要蔬菜计）产量为 5 529.53 万吨（表 2-4），种植面积为 180.83 万公顷，主要蔬菜品种为番茄、胡萝卜和芜菁（Carrots and turnips）、甘蓝和其他芸薹属蔬菜（Cabbages and other brassicas）、洋葱及菌菇类，主要蔬菜品种种植面积共占蔬菜总种植面积的 38.9%。

表 2-4 2013—2019 年欧盟主要蔬菜产量

单位：万吨

年份	蔬菜	番茄	胡萝卜和芜菁	甘蓝和其他芸薹属蔬菜	洋葱	菌菇类
2013	5 969.53	1 537.22	548.43	511.77	573.20	119.93
2014	6 291.00	1 679.72	569.24	533.02	641.76	122.29

（续）

年份	蔬菜	番茄	胡萝卜和芜菁	甘蓝和其他芸薹属蔬菜	洋葱	菌菇类
2015	6 251.41	1 809.60	526.82	474.02	624.75	131.58
2016	6 495.17	1 847.67	591.68	497.95	658.35	125.33
2017	6 487.37	1 804.43	606.58	502.47	676.03	125.61
2018	6 169.80	1 705.81	562.07	461.47	590.90	124.65
2019	5 529.53	1 658.22	556.12	439.29	646.42	132.52

数据来源：FAOSTAT。

番茄是欧盟第一大蔬菜，产量在欧盟蔬菜产量中的占比稳定在30%左右，2019年欧盟番茄产量为1 658.22万吨。意大利与西班牙是番茄生产大国，其番茄产量约占欧盟总量的61.8%。2019年欧盟胡萝卜和芜菁产量为556.12万吨，主产国为英国、德国、波兰、荷兰和法国，这五个国家的产量占欧盟总量的62%。2019年欧盟洋葱产量为646.42万吨，西班牙和荷兰是欧盟洋葱生产大国，二者产量占欧盟洋葱产量的42.0%。2019年欧盟甘蓝和其他芸薹属蔬菜产量为439.29万吨，波兰、德国与罗马尼亚为主产国，其产量占欧盟甘蓝和其他芸薹属蔬菜产量的51.0%。2019年欧盟菌菇类产量为132.52万吨，主产国为波兰、荷兰与西班牙，其产量占欧盟菌菇类产量的62.8%。

2. 果树

2013—2018年欧盟水果产量呈波动增长趋势，2019年欧盟水果产量下降为6 555.82万吨（以主要水果产量计）（表2-5），果树种植面积为548.28万公顷。由于气候条件丰富，欧盟生产的水果品种多样，主要为葡萄、苹果、柑橘和桃等（以产量计）。葡萄种植面积最大，为316.07万公顷，占果树总种植面积的57.6%。苹果、柑橘和桃的种植面积分别为51.81万公顷、51.25万公顷与21.70万公顷，共约占果树种植面积的1/5。西班牙和意大利是欧盟水果生产第一与第二大国，二者水果产量分别约占欧盟水果总产量的27.9%与26.3%。

表2-5　2013—2019年欧盟主要水果产量

单位：万吨

年份	水果	苹果	柑橘	桃	葡萄
2013	6 690.03	1 176.75	1 069.44	384.56	2 615.76
2014	6 709.05	1 309.75	1 126.39	384.62	2 443.21

（续）

年份	水果	苹果	柑橘	桃	葡萄
2015	6 921.88	1 277.92	1 232.45	392.02	2 544.30
2016	6 830.64	1 263.32	1 148.15	373.93	2 521.81
2017	6 288.84	1 008.53	1 068.31	406.89	2 278.03
2018	7 165.43	1 384.96	1 121.23	329.56	2 722.61
2019	6 555.82	1 204.48	1 059.26	404.65	2 421.65

数据来源：FAOSTAT。

2019 年欧盟苹果产量为 1 204.48 万吨。由于许多苹果品种可在不同的气候条件下种植，这使得几乎所有欧盟国家都可以进行商业性苹果生产。2019 年欧盟苹果产量约 25.6%来自波兰，其他主产国为意大利、法国、德国与西班牙。2019 年欧盟柑橘与桃产量分别为 1 059.26 万吨与404.65 万吨。柑橘和桃的生产受气候条件的限制较大。欧盟 2019 年柑橘产量约一半来自西班牙（51.1%），其他主产国为意大利、希腊与葡萄牙。同样，欧盟桃产量的 90%以上也来自西班牙、意大利和希腊这三个国家（91.3%）。欧盟是世界葡萄酒市场的主要参与者，葡萄的主要生产国包括意大利、西班牙、法国、德国和罗马尼亚等。欧盟 2019 年葡萄总产量为 2 421.65 万吨，法国、西班牙、意大利的葡萄产量占欧盟葡萄总产量的 79.0%。

3. 花卉

花卉生产水平的提高和观赏植物的种植使欧盟成为世界上花卉生产密度最高的地区之一。欧盟花卉种植面积占世界花卉种植总面积的 10%，花卉产量占世界花卉和盆栽植物产量的 44%。欧盟国家如荷兰、意大利等，花卉生产比较发达，尤其是设施花卉生产全球著名。2019 年欧盟花卉植物产值为 220.99 亿欧元，其中荷兰产值最高，为 67.17 亿欧元；意大利、德国、法国、西班牙产值分别为 28.23 亿欧元、27.92 亿欧元、27.11 亿欧元与 23.13 亿欧元；这五个国家花卉植物产值占欧盟花卉植物总产值的 78.5%。

二、种植业产业结构

（一）种植结构

就欧盟种植业整体结构而言，各类作物种植面积所占比重比较协调，以粮食作物为主，其他作物为辅。2019 年欧盟主要作物种植面积为 8 790.60 万公顷，其中谷物种植面积 5 686.73 万公顷，约占主要作物种植面积的 64.7%；油料作物种植面积 1 621.79 万公顷，约占 18.4%；糖料作物种植面积为 164.08 万公顷，约占 1.9%；主要园艺类作物蔬菜与果树种植面积分别为 180.83 万公顷、548.28 万公顷，二者合计约占 8.3%。

（二）产值结构

2013—2018 年欧盟种植业总产值呈波动下降趋势。2018 年，欧盟种植业总产值为 2 203.33 亿美元，比 2013 年 2 406.02 亿美元减少 8.4%。

在欧盟种植业生产中，粮食作物产值所占比例最高，其中主要粮食作物小麦、玉米、大麦与马铃薯 2018 年产值分别为 275.16 亿美元、128.16 亿美元、111.15 亿美元与 143.66 亿美元，总计约占种植业产值的 30%。在油料作物中，油菜籽与橄榄产值分别为 80.44 亿美元与 158.84 亿美元，约占种植业产值的 10%。在经济作物中，甜菜产值最高，为 37.81 亿美元。在园艺作物中，葡萄、苹果与番茄的产值较高，分别为 316.85 亿美元、79.31 亿美元与 125.23 亿美元，约占种植业产值的 1/4。

欧盟国家农业生产条件、自然、地理和气候等资源禀赋不同，各国农业科技水平存在差异，各国种植业发展也不太均衡。欧盟种植业较发达的国家有法国、西班牙、意大利、德国等。2019 年，欧盟种植业总产值的一半以上（62.4%）来自 4 个国家，分别为法国（492.31 亿美元）、西班牙（366.95 亿美元）、意大利（319.81 亿美元）和德国（195.67 亿美元）；另外 1/4 的农业总产值来自罗马尼亚（138.88 亿美元）、波兰（110.92 亿美元）、英国（97.56 亿美元）和希腊（92.85 亿美元）。

三、种植业优势与特点

（一）优势

欧盟国家具有发展种植业的优势，大多数国家从事农业生产的自然条件较好，温、光、热、水等资源充足，气候适宜大田作物生长。欧盟国家土地资源相对丰富、地势平坦、土质肥沃。农业生产条件和基础设施（灌溉、道路、交通、市场）较好，且机械化程度很高。

（二）特点

1. 作物单位面积产量较高

欧盟国家种植的许多作物单产较高，如小麦、油菜籽、甜菜、番茄等产量位居世界前列。2019 年欧盟平均小麦单产 5 980 千克/公顷，远高于世界平均水平 3 547 千克/公顷。2019 年，在小麦单产排名世界前十的国家中，有 8 个国家是欧盟成员国，其中爱尔兰、荷兰、比利时、英国位居世界前四位，单产分别为 9 379 千克/公顷、9 377 千克/公顷、9 336 千克/公顷与 8 934 千克/公顷。欧盟国家油菜籽单产水平高，2019 年单产为 3 017 千克/公顷，高于世界平均水平 2 072 千克/公顷。2019 年，在油菜籽单产排名世界前十的国家中，有 7 个国家是欧盟成员国，其中丹麦、爱尔兰、瑞典、比利时油菜籽单产分别为4 405 千克/公顷、4 057 千克/公顷、3 620 千克/公顷与3 610 千克/公顷，分别位列世界油菜籽产量第一位、第三位、第五位与第六位。

2. 农业劳动生产率持续增长，但增速放缓

鉴于粮食需求的增长以及出于环境原因需要最大限度地减少对土地和水等资源以及中间投入物（如化肥和化学药品）的额外需求，欧盟尤其重视通过促进技术进步并确保合理地发展农业生产和实现最佳生产来提高农业生产率。欧盟农业生产率持续增长，但近年来增速却有所放缓。欧盟农业在农业劳动力减少的背景下实现了产出增长。

欧盟各成员国农业劳动生产率并不均衡。农业发达国家农业劳动生产率较高。欧盟统计局数据显示，荷兰农业劳动生产率最高，2018 年达 72 825 欧元，远高于其他国家。其次为丹麦、法国、比利时与德国，农业劳动生产率分别为 45 507 欧元、39 736 欧元、39 083 欧元与 37 166 欧元。而农业劳动生产率较低的国家包括斯洛伐克（6 519 欧元）、克罗地亚（5 788 欧元）、波兰（5 692 欧元）、拉脱维亚（5 075 欧元）与罗马尼亚（4 856 欧元）。

3. 化学投入品使用量总体稳定

2013—2018 年欧盟的农药使用量均稳定在 36 万吨左右，2018 年使用量为 36.78 万吨。在 2020 年欧盟“生物多样性战略”中，欧盟希望在未来十年内将化学农药的使用量减少一半。欧盟肥料使用量总体稳定，氮肥保持在 1 100 万吨左右，钾肥约为 260 万吨，磷肥约为 300 万吨。氮肥是迄今为止欧

盟最常用的化肥之一，约占三种主要化肥（氮、磷和钾）总使用量的 2/3，磷肥和钾肥的使用量较低。在欧盟农业用地中，约 3/4 的土地使用矿物肥料施肥。大约一半的肥料用于谷物（其中小麦为 26%，粗粮为 25%），16%的肥料用于牧草和 11%用于油料作物。特殊作物（如马铃薯、甜菜、永久性农作物）使用肥料量相对较低。不同作物之间单位面积的使用量差异很大。例如，小麦的种植面积占欧盟农业用地的 15%，但肥料使用量占欧盟肥料使用总量的 26%；油料作物的种植面积占欧盟农业用地的 6%，化肥使用量占欧盟肥料总量的 11%。

第三节　畜 牧 业

一、畜牧业基本情况

畜牧业在欧盟农业经济中占有重要地位，畜牧生产主要包括肉类、乳类与蛋类等。欧盟主要畜牧业国家包括法国、德国、英国、爱尔兰、西班牙、丹麦、荷兰等。

（一）养殖规模

2013—2019 年欧盟牛存栏量呈先升高后下降的趋势。2016 年，欧盟牛存栏量达最高值 9 006.47 万头，自 2017 年开始持续下降，2019 年为 8 687.77 万头（表 2-6）。减少原因主要是基于农业部门内部的重组和盈利能力有限。在爱尔兰、法国、德国和波兰等国，由于饲料供应有限，畜群也被削减。欧盟水牛养殖数量较少，2019 年存栏量为 45.91 万头。

2013—2017 年欧盟绵羊存栏量呈持续上升趋势，2018 年开始下降，2019 年绵羊存栏量为 9 727.25 万头。山羊存栏量呈波动下降的趋势。2019 年欧盟山羊存栏量为 1 221.92 万头。

2013—2018 年欧盟猪存栏量呈上升趋势，2018 年为 15 032.13 万头，2019 年略有下降，为 14 823.69 万头。

2019 年欧盟禽类存栏量为 12.88 亿只，其中鸡存栏量占禽类存栏量的 91.8%。2013—2018 年欧盟鸡存栏量基本呈上升趋势，2018 年为 14.15 亿只，2019 年减少至 11.83 亿只。2019 年欧盟鸭与火鸡存栏量分别为 0.42 亿只与

0.56 亿只。

2019 年，欧盟牛存栏量约 3/4 来自 7 个国家：法国是欧盟第一大养牛国家，法国牛存栏量约占欧盟牛存栏量的 20.9%；其次为德国（13.4%）、英国（11.2%）、西班牙（7.6%）、爱尔兰（7.6%）、意大利（7.3%）与波兰（7.2%）。2019 年，欧盟绵羊存栏量约 2/3 来自英国（34.5%）、西班牙（15.9%）、罗马尼亚（10.6%）和希腊（8.7%）。2019 年，欧盟山羊存栏量约 2/3 来自希腊、西班牙和罗马尼亚。2019 年，欧盟猪存栏量约 70%来自 6 个国家：西班牙是欧盟第一大养猪国家，西班牙猪存栏量约占欧盟猪存栏量的 21.1%，其次为德国（17.6%），二者遥遥领先于其他成员国，两国合计占比超出欧盟猪存栏量的 1/3；其他主要养猪大国包括法国（9.1%）、丹麦（8.6%）、荷兰（8.0%）和波兰（7.6%）。2019 年，欧盟鸡存栏量主要来自法国（20.1%）、波兰（15.5%）、英国（14.9%）与罗马尼亚（6.3%），这 4 国的鸡存栏量合计超过欧盟鸡存栏量的 1/2。

表 2-6　2013—2019 年欧盟主要畜禽存栏量

年份	牛/万头	绵羊/万只	山羊/万只	猪/万头	鸡/亿只
2013	8 800.10	9 709.45	1 310.52	14 658.97	13.80
2014	8 901.25	9 717.80	1 305.01	14 872.81	12.83
2015	8 961.93	9 818.62	1 282.69	15 008.33	13.32
2016	9 006.47	9 865.89	1 287.06	14 857.87	13.77
2017	8 960.63	9 959.49	1 290.75	14 941.14	13.98
2018	8 845.32	9 843.81	1 275.37	15 032.13	14.15
2019	8 687.77	9 727.25	1 221.92	14 823.69	11.83

数据来源：FAOSTAT。

（二）肉类生产

欧盟是世界第二大肉类生产者，2019 年欧盟肉类产量占世界肉类总产量的 14.3%。在欧盟肉类生产结构上，猪肉、禽肉、牛肉和羊肉占肉类总量的比例分别为 49.8%、31.5%、16.4%和 1.9%。

2013—2019 年欧盟肉类总产量呈持续增长的趋势，2019 年肉类产量为

4 810.26 万吨，比 2013 年 4 442.73 增长 8.3%（表 2-7）。其中牛肉、猪肉与禽肉产量呈增长趋势，而羊肉产量呈下降趋势。

1. 牛肉

欧盟是世界第三大牛肉生产者，2019 年欧盟牛肉产量占世界牛肉总产量的 11.6%。2013—2018 年欧盟牛肉产量呈持续增长趋势，2018 年产量为 794.98 万吨，2019 年产量略有下降，为 790.10 万吨。2019 年，欧盟牛肉产量约 1/2 来自法国（18.1%）、德国（14.0%）、英国（11.6%）和意大利（9.9%）。

2. 羊肉

欧盟羊肉生产主要以绵羊肉为主。2019 年，欧盟羊肉产量为 89.16 万吨，其中绵羊肉产量为 83.03 万吨，占羊肉产量的 93.1%；山羊肉产量较少，仅为 6.13 万吨。2013—2019 年欧盟绵羊肉与山羊肉产量呈波动下降趋势。2019 年，英国是欧盟绵羊肉第一大生产国，约占欧盟绵羊肉产量的 37.0%，其次为西班牙（14.6%）；山羊肉的主产国是希腊和西班牙，两国产量约占欧盟山羊肉产量的 60%。

3. 猪肉

欧盟是世界第二大猪肉生产者，2019 年欧盟猪肉产量占世界猪肉产量的 21.8%。猪肉是欧盟第一大肉类产品，产量占欧盟肉类总产量的近一半，远高于其他肉类产品。2013—2018 年欧盟猪肉产量基本呈增长趋势，2018 年产量为 2 407.51 万吨，比 2013 年 2 253.08 万吨增长 6.9%；2019 年产量略有下降，为 2 395.50 万吨。2019 年，德国是欧盟第一大猪肉生产国，产量占欧盟的 21.8%，其次为西班牙（19.4%）和法国（9.2%），这 3 个国家的猪肉产量约占欧盟猪肉产量的 1/2。

4. 禽肉

禽肉是欧盟的第二大肉类产品，欧盟禽肉生产主要以鸡肉为主，2019 年欧盟鸡肉产量约占禽肉总产量的 83.2%。欧盟是世界第四大鸡肉生产者，占世界鸡肉产量的 10.7%。2013—2019 年欧盟鸡肉产量呈持续增长趋势，2019 年达1 261.75 万吨，比 2013 年 1 050.76 万吨增长 20.1%。2019 年，波兰是欧盟最大的鸡肉生产国，鸡肉产量占欧盟的 16.7%，其次是英国、西班牙和法国，这 4 个国家鸡肉产量约占欧盟的 1/2。

欧盟其他禽肉包括火鸡肉与鸭肉，2019 年产量分别为 201.91 万吨与

48.36 万吨。2019 年，欧盟火鸡肉的主产国是德国、波兰和法国，约占欧盟火鸡肉总产量的 60%。2019 年，匈牙利是欧盟最大的鸭肉生产国，其次是波兰、德国、英国和保加利亚，这 5 个国家的鸭肉产量合计约占欧盟鸭肉产量的近 1/2。

表 2-7 2013—2019 年欧盟主要肉类产量

单位：万吨

年份	肉类总计	牛肉	绵羊肉	山羊肉	猪肉	鸡肉
2013	4 442.73	739.90	87.62	9.19	2 253.08	1 050.76
2014	4 491.74	744.97	84.02	7.12	2 260.86	1 087.85
2015	4 637.18	768.44	85.36	6.72	2 346.91	1 122.50
2016	4 742.29	788.44	84.63	6.79	2 386.49	1 161.89
2017	4 721.80	787.31	84.81	6.50	2 374.22	1 173.37
2018	4 798.59	794.98	85.00	6.77	2 407.51	1 199.06
2019	4 810.26	790.10	83.03	6.13	2 395.50	1 261.75

数据来源：FAOSTAT。

（三）蛋奶类

欧盟是世界第一大牛奶生产者，2019 年欧盟牛奶产量占世界牛奶总产量的 23.5%。2019 年欧盟奶类产量总计 17 375.52 万吨，牛奶产量占奶类产量的 96.7%。2013—2017 年欧盟牛奶产量呈逐年增长的趋势，2018 年比 2017 年略有下降，2018 年产量为 16 310.12 万吨，2019 年产量上升为16 805.75万吨（表 2-8）。欧盟绵羊奶与山羊奶产量在 2013—2019 年呈增长趋势，2019 年产量分别为 296.64 万吨与 245.14 万吨。欧盟水牛奶产量较少，2019 年为 28 万吨。欧盟绝大多数原料奶被送到乳业加工企业进行加工，剩余原料奶由农场农民及其家人消费、直接出售给消费者或直接加工等。在运送到乳业加工企业的奶类中，牛奶为主要奶类，占比为 97%，其余为绵羊奶、山羊奶和水牛奶。2018 年欧盟奶粉产量为 87.30 万吨，奶酪产量为 855.05 万吨，黄油产量为 211.14 万吨。

表 2-8　2013—2019 年欧盟主要蛋奶类产量

单位：万吨

年份	牛奶	绵羊奶	山羊奶	鸡蛋
2013	15 224.75	288.20	195.51	678.96
2014	15 833.36	294.81	195.96	688.77
2015	16 152.46	295.38	197.28	699.34
2016	16 237.06	299.71	201.29	694.39
2017	16 447.18	296.43	208.96	704.36
2018	16 310.12	297.57	204.51	712.29
2019	16 805.75	296.64	245.14	797.00

数据来源：FAOSTAT。

德国是欧盟第一大牛奶生产国，2019 年德国牛奶产量占欧盟牛奶产量的 19.7%，其次为法国（14.8%）、英国（9.3%）、荷兰（8.7%）、波兰（8.6%）与意大利（7.4%），这 6 个国家的牛奶产量约占欧盟的 2/3。希腊是欧盟最大的绵羊奶生产国，希腊绵羊奶产量占欧盟绵羊奶产量的 31.8%，其次为西班牙（19.0%）、意大利（16.7%）与罗马尼亚（14.3%），这 4 个国家的绵羊奶产量约占欧盟绵羊奶产量的 80%。欧盟山羊奶的主产国为法国（26.8%）、西班牙（21.9%）、荷兰（15.7%）与希腊（14.5%），这 4 个国家的山羊奶产量约占欧盟的 80%。

2019 年欧盟蛋类（以主要蛋类计）产量总计 811 万吨，鸡蛋产量占蛋类产量的 98.2%。2013—2019 年欧盟鸡蛋产量呈不断增长的趋势，2019 年产量达 797.00 万吨。2019 年，西班牙、英国、法国、德国、意大利这 5 个欧盟鸡蛋主产国的鸡蛋产量占欧盟鸡蛋总产量的 57.4%。

二、畜牧业产业结构

2013—2018 年欧盟畜牧业总产值呈波动性下降的趋势。2018 年欧盟畜牧业总产值为 1 700.48 亿美元。2018 年，欧盟畜牧业总产值约 78.6%来自 9 个成员国：欧盟畜牧业总产值的一半以上（53.3%）来自 4 个国家，分别为德国（304.09 亿美元）、法国（267.42 亿美元）、意大利（180.46 亿美元）和西班牙（153.62 亿美元）；另外约 25.3%的畜牧业总产值来自波兰（137.23 亿美元）、荷兰（97.97亿美元）、爱尔兰（75.90亿美元）、丹麦（59.89亿美元）和英国（58.78亿美元）。

在欧盟畜产品中，牛奶与猪肉产值所占比例最高。2018年欧盟牛奶产值为666.98亿美元，占畜牧业产值的40%。在肉类产品中，猪肉产值最高，2018年为408.21亿美元，占畜牧业产值的24%；其次为牛肉与鸡肉，2018年两者产值分别为289.49亿美元与162.98亿美元，分别占畜牧业产值的17%与9.6%；绵羊肉与山羊肉产值较低，2018年分别为31.9亿美元与4.28亿美元。2018年欧盟鸡蛋产值为104.88亿美元，占畜牧业产值的6.1%。

三、畜牧业优势与特点

（一）优势

欧洲西部地形以平原为主，地势低平，主要平原有波德平原与西欧平原。温带海洋性气候温暖湿润，土壤条件优良，适宜多汁牧草生长。欧盟具有丰富的优良种畜资源，如世界著名的荷兰黑白花奶牛、丹麦杜洛克猪、德国西门塔尔肉牛等。此外，欧盟国家广泛应用现代生产技术提高家畜的生产性能与肉类品质，畜牧业生产高度机械化与自动化。

（二）特点

1. 畜牧业生产水平高

欧盟畜牧业发达国家的畜产品奶类单产、牲畜胴体重等位居世界前列。欧盟牛奶单产较高，2019年欧盟平均牛奶单产为7 426千克/头，单产远高于世界平均水平2 699千克/头。在牛奶单产排名世界前20的国家中，有13个国家为欧盟成员国。其中丹麦牛奶单产最高，位居世界第三位，为9 973千克/头；其次为爱沙尼亚、芬兰、荷兰与瑞典，单产分别为9 657千克/头、9 170千克/头、9 154千克/头与8 973千克/头。2019年欧盟猪胴体重为92.6千克/头，高于世界平均水平83.6千克/头。2018年丹麦全国平均PSY（每头母猪年提供上市肉猪）达到了33，其次是荷兰（全国平均PSY为30.6）。

2. 畜牧业区域化优势明显

欧盟的畜牧业具有显著的区域化生产特点。欧盟养猪生产集中在岛国以及欧洲大陆的沿海地区，区域化十分明显，如丹麦、比利时的弗拉芒大区

(Vlaams Gewest)、西班牙的加泰罗尼亚(Cataluna)和穆尔西亚(Murcia)地区、法国的不列塔尼地区(Bretagne)、意大利的伦巴第大区(Lombardia)、波兰中部和北克罗地亚。欧盟养牛业主要集中的地区大多数位于一条弧线上,弧线从爱尔兰穿过法国和德国,最后到达波兰。其中许多地区是温带气候,降水水平相对较高,人口稀少,这为牧场放牧提供了足够的空间。

3. 肉类产品产量年均增速具有一定的差异

欧盟不同肉类产品产量的年均增速不同,牛肉、猪肉与鸡肉产量呈正增长趋势,而羊肉产量为负增长。2013—2019年欧盟牛肉产量年均增速为1.1%,猪肉产量年均增速为1.0%。与牛肉与猪肉相比,2013—2019年欧盟鸡肉产量呈快速增长趋势,年均增速为3.1%。

第四节 林 业

一、林业基本情况

欧盟林业资源丰富。瑞典是欧盟林地面积最大的国家,2018年林地面积为2 798万公顷,其次是芬兰(2 240.9万公顷)、西班牙(1 856.36万公顷)、法国(1 708.62万公顷)、德国(1 141.9万公顷)和波兰(945.9万公顷)。瑞典、芬兰、西班牙和法国这4个国家的林地面积约为欧盟的53.1%。2018年瑞典林业产值最高(88.84亿欧元),其次为德国(88.12亿欧元)、法国(69.59亿欧元)、波兰(56.04亿欧元)和芬兰(57.20亿欧元)。德国、瑞典和法国的原木产值较高,分别为47.36亿欧元、43.23亿欧元和28.27亿欧元。

在欧盟国家中,波兰从事林业的劳动力人口最多,达7.33万人,其次为罗马尼亚(5.18万人)、瑞典(4.0万人)和德国(3.9万人)。欧盟国家的林业劳动生产率(以人均总增加值计算)也大不相同。芬兰的林业劳动生产率最高(人均19.76万欧元),法国的林业劳动生产率为人均11.56万欧元,而塞浦路斯和希腊的林业劳动生产率较低,分别为人均5 000欧元与6 100欧元。

欧盟是世界第一大原木生产者。2013—2019年欧盟的原木总产量持续增长,2019年达到5.18亿立方米,比2013年4.59亿立方米增长12.9%。德国是欧盟最大的原木生产国（7 616 万立方米），其次是瑞典（7 550 万立方米）、芬兰（6 396 万立方米）和法国（4 987 万立方米），以上 4 国的原木生产量共计约占欧盟原木总产量的 51.3%。传统上欧盟的原木生产一直以针叶树为主。2019 年，欧盟针叶树约占欧盟所有原木的 70%，总体而言，这一比例在 2000—2019 年一直保持稳定。

二、林业产业结构

2018 年欧盟原木产量的 24.2%被用作薪材，其余则是用于锯材和单板用原木或木浆木的工业原木。欧盟国家薪材在原木产量中所占的比例有所不同，塞浦路斯和意大利的薪材在本国原木产量的占比超过 60%；斯洛伐克、爱尔兰、葡萄牙和瑞典原木总量的 90%以上用作工业原木。

欧盟工业原木主要包括锯材和单板用原木及木浆木，2018 年分别占工业原木的 57%与 41%。2018 年欧盟锯材和单板用原木产量为 2.21 亿立方米，木浆木产量为 1.60 亿立方米。德国和瑞典是 2018 年欧盟的锯材两大主产国，分别约占欧盟锯材产量的 21%和 17%。欧盟的林业涵盖了一系列下游活动，包括木工工业、大部分家具工业、纸浆和造纸制造与加工工业以及印刷业。

三、林业优势与特点

（一）优势

由于气候、土壤、地形和海拔的多样性，欧盟森林类型丰富，包括针叶林、阔叶林和混交林以及过渡林地和灌木。欧盟许多国家森林覆盖率较高，如芬兰的森林覆盖率约为 70%。欧盟主要林业国家的树种优良，林产品加工业生产技术水平高。

（二）特点

1. 林业生产经营以集约化为主

欧盟的林业生产经营以北欧为代表，实行集约经营，以适应机械化采伐和抚育为前提，要求林分划一，树种单纯。例如芬兰不仅重视主伐及森林更新，而且实行科学合理的抚育间伐，人工林在一个经营周期内至少进行 3 次以上的抚育间伐。

2. 林业生产以私有制林业为主体

欧盟的林业生产以私有制林业为主体。例如芬兰私有林占全国森林总面积的 62%；奥地利森林资源总量的 80.5%属私人所有，约有 17 万私人森林农场主经营着小于 200 公顷的森林，其总经营面积约为奥地利森林总面积的一半；瑞典私人所有林地占比为 51%，其国家林业基本产权结构以私有林为经营主体，林地所有者集权、责、利于一身。

3. 促进林业生产的可持续发展

欧盟林业追求的是可持续发展。2019 年欧盟林业技术平台发布《欧洲林业 2040 年愿景》，欧盟林业的长期发展愿景是通过森林可持续经营确保生态系统的恢复力和生命力，促进欧盟成员国的森林资源继续增长，保证木材生产的可持续增长。开展森林可持续经营，保证森林能产生生产效益并提供一系列生态系统服务。欧盟主要林业国家大力促进林业的可持续发展，如瑞典政府制定了一系列有效的林业政策和措施，保障森林的可持续经营与发展；芬兰是最先开展森林可持续经营的国家之一，提出森林可持续经营标准，用于指导林业实践活动。

第五节 渔 业

一、渔业基本情况

（一）渔业概况

欧盟是世界第五大渔业生产者，欧盟渔业产量约占世界渔业产量的 3.3%。欧盟捕捞业产量保持相对稳定，约占欧盟渔业总产量的 4/5；水产养殖产量约占欧盟渔业总产量的 1/5。西班牙、英国、丹麦、法国是欧盟渔业发达国家。2017 年，欧盟渔业总产量为 670 万吨，约 57% 来自西班牙 (18.2%)、英国 (14.1%)、丹麦 (14.0%)和法国 (10.7%)。

2017 年欧盟渔业从业人员为 17.96 万人，其中约 1/3 从事水产养殖。尽管意大利、希腊和葡萄牙渔业产量仅占欧盟渔业总产量的 11.0%，但这 3 个国家渔业从业人员数量相对较多，占欧盟渔业从业人员总数的 35.9%。相比之下，丹麦、荷兰的渔业生产在欧盟渔业生产中所占比重比其渔业就业人员所占比重高得多，凸显了一些国家大型渔船捕捞与其他国家小型渔船捕捞的差异。

（二）捕捞业概况

欧盟捕捞业涵盖7个捕捞海域——大西洋东北部、大西洋西北部、地中海和黑海、大西洋中东部、大西洋东南部、大西洋西南部、印度洋西部。尽管欧盟船队在以上海域范围内开展渔业，但渔获量主要集中在大西洋东北部。捕捞最多的鱼类是大西洋鲱鱼、大西洋鲭鱼、鳗鱼和欧洲鲱鱼，它们合计占欧盟捕捞量的近40%。2013—2018年，西班牙、丹麦、英国和法国这4个国家的捕捞量合计占欧盟捕捞量的一半以上。

减少渔船容量是欧盟成员国根据共同渔业政策实现可持续利用渔业资源的重要手段。自20世纪90年代初以来，就吨位（鱼存量的指标）和发动机功率（渔具可用功率的指标）而言，欧盟渔船数量一直在持续下降。2018年欧盟注册的在役船舶数量为81 860艘，总吨位为150万总吨，发动机总功率为620万千瓦。与2008年相比，欧盟船舶数量下降了4.2%，总吨位下降了17.2%，发动机功率下降了9.9%。欧盟船队种类繁多，绝大部分船长不超过10米，少数船长超过40米。2018年欧盟渔船平均吨位为19总吨，发动机功率平均为75.1千瓦。

按总吨位衡量，西班牙拥有欧盟最大的捕捞船队（占欧盟21.4%），其次是英国（12.4%）和法国（11.4%）。按发动机功率衡量，法国拥有最大的捕捞船队（占欧盟15.7%），其次是意大利（15.1%）和西班牙（12.7%）。以船只数量衡量，欧盟最大的捕捞船队在希腊（占欧盟18.2%），其次是意大利（14.7%）和西班牙（11.0%）。希腊船只平均规模较小，2018年平均吨位为4.8总吨，平均发动机功率为28.6千瓦。

2018年欧盟捕捞量为530万吨，渔获物涵盖了在欧盟统计规则中的7个捕捞海域内所有类型和类别的船舶、渔具和渔民为各种目的而获取的鱼类、软体动物、甲壳类动物和其他水生动物和水生植物等。2018年欧盟总捕捞量与2017年的水平相似，但各成员国之间存在差异。2018年，欧盟总捕捞量的2/3来自5个国家，分别为西班牙（90万吨）、丹麦（80万吨）、英国（70万吨）、法国（60万吨）和荷兰（40万吨）。

欧盟捕捞的渔获物绝大部分产自大西洋东北部海域，占捕捞量的 3/4，捕获的主要鱼类是大西洋鲱鱼（占该地区捕捞活重的 21.8%）、大西洋鲭鱼（12.5%）、欧洲鲱鱼（11.2%）和蓝鳕（10.7%）。2018 年，欧盟渔船在大西洋东北部总捕捞量中约有 1/5 来自丹麦，其次是英国、法国和荷兰。

在地中海和黑海海域，欧盟渔船捕捞的主要鱼类约有 22.5%是沙丁鱼，另外 1/5 是醍鱼。意大利在该地区的捕捞量占欧盟在该地区总捕捞量的 2/5，其次是西班牙（18.7%）、希腊（16.6%）和克罗地亚（15.1%）。

在大西洋中东部海域，主要捕捞对象是鲣鱼、黄鳍金枪鱼、沙丁鱼和大西洋鲭鱼。欧盟渔船在该地区捕捞量的 2/5 来自西班牙，另一主要捕捞国是拉脱维亚。

在印度洋西部海域，金枪鱼是主要的捕捞鱼类。西班牙在该海域的捕捞量占欧盟在该海域总捕捞量的 2/3，法国占 1/3。

在大西洋西南部海域，欧盟捕获的鱼类主要是无须鳕、其他海域底层鱼类和鱿鱼。在大西洋东南部海域，欧盟捕获的主要是大西洋鲭鱼和金枪鱼。在大西洋西北部海域，欧盟捕获的主要是红鱼、大比目鱼和鳕鱼。

（三）水产养殖业概况

水产养殖业是欧盟许多成员国的一项重要产业，欧盟水产养殖产量占世界水产养殖总产量的 1.23%，产值占 2.29%。2017 年欧盟水产养殖产量为 140 万吨，约为渔业总产量的 20%。2017 年，欧盟水产养殖的主要国家是西班牙、英国、法国、意大利和希腊，欧盟水产养殖产量约 3/4 来自这 5 个国家。其中西班牙水产养殖产量最大，2017 年为 31.5 万吨，约占欧盟水产养殖总产量的 1/5；英国居第二位（16.3%），其次是法国（13.8%）、意大利（11.4%）和希腊（9.2%）。2008—2017 年，欧盟水产养殖产量保持相对稳定。地中海贻贝产量约占欧盟水产养殖产量的 1/4，大西洋鲑鱼和虹鳟鱼产量共计占欧盟水产养殖产量的不到 1/3。

2017 年，在欧盟国家中，英国是水产养殖产值最高的国家（13 亿欧元），占欧盟水产养殖总产值的 1/4；产值位居第二的是法国（7.64 亿欧元，占 15%），其次是西班牙（5.78 亿欧元）、希腊（5.46 亿欧元）和意大利（5.43 亿欧元）。

欧盟内陆国家（捷克、匈牙利、奥地利和斯洛伐克）的渔业生产主要来自水产养殖。水产养殖在地中海和黑海周围国家的渔业中尤为重要，这些国家通常使用平均吨位低于欧盟平均水平的小型船只进行海洋捕捞。水产养殖产量在马耳他本国渔业产量中占比较高（87.6%），其次为塞浦路斯（80.7%）、希腊（66.7%）、罗马尼亚（57.3%）、保加利亚（53.5%）和意大利（44.9%）。

二、渔业产业结构

欧盟捕捞业产量保持相对稳定，约占欧盟渔业总产量的4/5。欧盟水产养殖产量约占欧盟渔业总产量的1/5。欧盟水产养殖产值为51亿欧元，约占欧盟渔业总产值的40%。

欧盟水产养殖主要包括有鳍鱼类和软体动物等。2017年，鳍鱼类（特别是鲑鱼、鳟鱼、海鲈鱼、鲤鱼和金枪鱼）和软体动物（尤其是贻贝、牡蛎和蛤）占欧盟水产养殖产量的大部分。欧盟大西洋鲑鱼的水产养殖产值约占欧盟水产养殖产值的1/4。鳟鱼的产值位居第二，约占总产值的1/8，其次是欧洲海鲈鱼、鲷鱼和牡蛎（每种约占10%）。

在欧盟国家，水产养殖部门具有高度专业性。2017年，英国养殖鲑鱼占欧盟的90%以上。2017年，欧盟金头鲷（Sparus aurata）和欧洲鲈鱼（Dicentrarchus labrax）产量的一半以上来自希腊。捷克和波兰是欧盟主要的鲤鱼（Cyprinus carpio）生产国，各占欧盟鲤鱼总产量的1/4。

大西洋金枪鱼（Thunnus thynnus）仅在3个成员国进行网箱养殖——马耳他（占欧盟网箱养殖量近2/3）、西班牙和克罗地亚。马耳他和克罗地亚仅在地中海养殖大西洋金枪鱼，而西班牙在大西洋东北部也养殖一小部分。有24个欧盟国家养殖虹鳟鱼，2017年欧盟生产的虹鳟鱼一半来自法国（18.5%）、意大利（18.2%）和丹麦（16.2%）。

2017年西班牙养殖的地中海贻贝（Mytilus galloprovincialis）产量约占欧盟总量的70%。在大西洋东北部海域养殖的蓝贻贝（Mytilus edulis）中，法国的产量约占欧盟总量的36%，其次为荷兰（约35%）和爱尔兰（约13%）。太平洋牡蛎（Crassostrea gigas）主要在法国养殖。2017年法国太平洋牡蛎的产量约占欧盟总量的88%。菲律宾蛤仔（Ruditapes philippinarum）主要在意大利养殖（94.8%）。

三、渔业优势与特点

（一）优势

欧洲是世界上海岸线最曲折复杂的一个洲，多半岛、岛屿、港湾和深入大陆的内海，丰富的海洋环境为其提供了富饶的渔业资源。欧盟的一些国家西濒大西洋，南临地中海，内陆河流湖泊众多，渔业资源丰富。近年来，欧盟国家水产养殖业快速发展，已成为欧盟蓝色经济最具活力和竞争力的行业。利用高度集成化的工厂化水产养殖系统进行鱼、贝、软体动物等养殖，具有更好的单位产出率和更低的人工成本。

（二）特点

1. 生产者组织是捕捞业和水产养殖业的主要参与者

生产者组织是由捕捞业或水产养殖生产者建立的官方认可机构。其负责渔业的日常管理，并在执行共同渔业政策和共同市场组织中发挥重要作用。生产者组织指导生产者实现可持续的渔业和水产养殖业，特别是通过管理其成员活动，使产品供应与市场需求相匹配，并且支持创造产品附加值。为了实现共同市场组织的目标，生产者组织采取措施引导其成员对产品进行供销，通过认证计划、质量标志与地理标志等进行促销。生产者组织促进从业人员的相关职业培训，努力减少其成员的捕捞或水产养殖活动对环境的影响。

2. 水产养殖高度专业化

水产养殖在欧盟及其各成员国内部均高度专业化，并且受到地理和物种自然栖息地的强烈影响。英国是鲑鱼的主产国，法国是牡蛎的主产国，希腊是金头鲷和欧洲海鲈鱼的主产国，法国和西班牙是贻贝的主产国。欧盟水产养殖业以其高质量、可持续性和消费者保护标准而闻名，水产养殖企业 90%为小微企业（雇员低于 10 人）。

3. 促进渔业可持续发展

2014 年 1 月生效的修订后的共同渔业政策的目标是确保渔业和水产养殖业在环境、经济和社会方面的可持续发展，即不仅要提供健康和可追溯的食品，还要增加渔业的活力。自发布《欧洲水产养殖业可持续发展战略指南》以来，欧盟委员会一直在与成员国紧密合作，以解决阻碍其发展的障碍。地区层面在水产养殖中扮演着关键角色，在为其可持续发展创造适当条件方面发挥作用。欧盟水产养殖业不仅提供高质量的产品，同时遵守严格的环境可持续性以及动物健康和消费者保护标准。

第三章 CHAPTER 3
欧盟农产品对外贸易

第一节　贸易概况

欧盟农业以及与食品相关的产业和服务业为欧盟提供了近 4 400 万个就业机会，其中在农业部门长期就业的就有 2 200 万人。2017 年 2 月发布的《欧盟自由贸易协定对农业部门的影响》表明，欧盟与墨西哥、韩国和瑞士的自由贸易协定使欧盟对这些国家的农产品出口增加超过了 10 亿欧元，为欧盟农业及食品部门提供了近 2 万个就业机会，其中有 1.37 万个就业岗位来自初级农业。出口已成为欧盟农业和食物生产者日益重要的收入来源。

一、贸易平衡

根据统计，欧盟是目前全球农产品贸易额最大的地区。2018 年，欧盟农产品出口额 1 375 亿欧元，高于全球农产品贸易额排名第二的美国（1 281 亿欧元）；欧盟农产品进口额1 168 亿欧元，低于全球农产品贸易额排名第二的美国（1 177 亿欧元）。根据欧盟发布的最新数据，2019 年欧盟农产品出口大幅增长，进口小幅增长，分别达到 1 512 亿欧元和 1 193 亿欧元，预计其进出口额均将位居全球第一。

欧盟产业链各个环节的农产品均有出口，这表明欧盟农业及食品部门从初级农产品到高度加工的食品等在全球均具有竞争力。欧盟农产品出口额占欧盟商品出口总额的比例稳定在 7%，仅次于机械、其他制成品和化学药品，排名第四。欧盟农产品贸易在 2010 年转变为净出口，此后顺差快速增长，2018 年顺差为 211 亿欧元（图 3 - 1），2019 年大幅增长到 319 亿欧元。

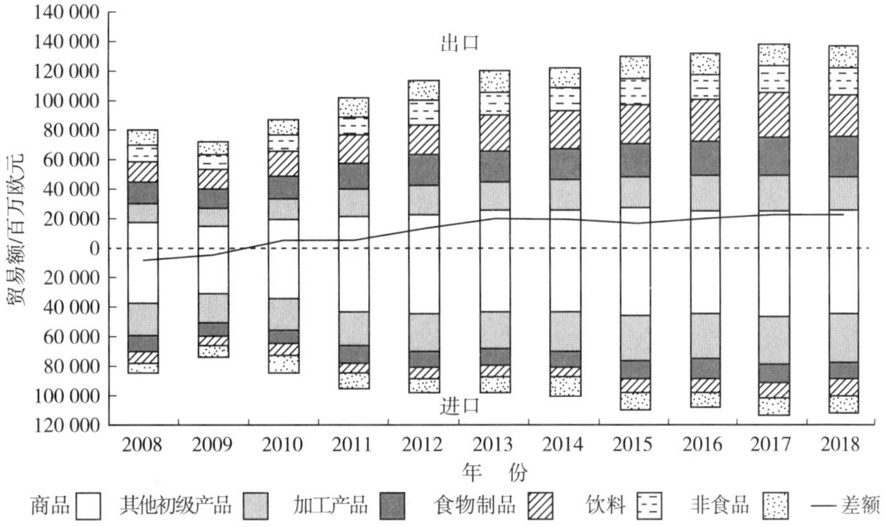

图 3-1　欧盟农产品贸易平衡

资料来源：European Commission，Agri-food trade in 2018。图 3-2 至图 3-5 同。

注：1. 欧盟统计的农产品不包含水产品。

2. 商品指高度标准化大量交易的产品，如谷物、植物油、奶粉、可可、咖啡和豆类产品等。其他初级产品指肉类、水果和蔬菜等。加工产品指红酒、奶酪、橄榄油和加工果蔬等。食物制品指含有多种成分的产品，其中农业成分在最终产品中只占一小部分，如糖果、巧克力、面团、饼干和婴儿食品等。饮料包括烈酒、水、软饮料和啤酒等。非食品包含烟草、动物生毛皮、棉麻丝以及花卉等。

在与主要贸易伙伴的贸易平衡中，欧盟对美国保持顺差，2018 年顺差 102 亿欧元，同比下降 7%。欧盟向美国主要出口酒水饮料等，占对美出口的 49%；从美国主要进口大豆和水果等，占自美进口的 40%。2011 年以来欧盟对中国一直保持顺差，2018 年顺差 54 亿欧元，同比下降 16.5%。主要原因是欧盟对中国出口的其他初级产品、非食品和加工产品大幅下降，而从中国进口的非食品、食物制品和饮料大幅上升。2018 年欧盟从巴西的进口小幅增长，改变了 2012 年以来持续下降的势头，贸易逆差为 101 亿欧元。欧盟从巴西进口的主要是豆粕、大豆、咖啡和茶、水果汁四类产品，这四类产品的进口合计占从巴西进口的 63%。

二、贸易产品

自 2008 年以来，欧盟农产品出口额翻了一番，进口额增长超过 50%。总体看，欧盟农产品进出口结构并未发生重大变化。

（一）主要出口产品

与2017年相比，2018年欧盟用于直接消费的最终产品出口额进一步增加，占欧盟农产品出口额的56%，而商品和其他初级产品出口额下降，占比34%。分大类看，出口额超过50亿欧元的有六类产品，合计约占欧盟农产品出口额的35%（图3-2）。葡萄酒、苦艾酒、苹果酒和苹果醋继续在出口产品中占主导地位，同比增长2.4%，出口额达到122亿欧元。烈酒和利口酒出口额排名第二，同比增长5.5%，达到113亿欧元。婴儿食品和其他谷物、面粉、淀粉或乳制品出口额同比增长1.9%，达到75亿欧元。食物制品出口额同比下降1.5%，为61亿欧元。巧克力、咖啡和冰激凌出口额同比增长2.2%，达到53亿欧元。面食和糕点出口额同比增长5.6%，达到53亿欧元。

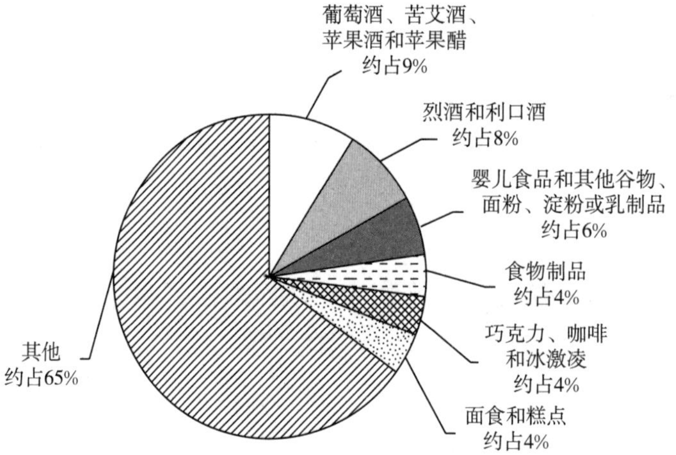

图3-2　2018年欧盟农产品主要出口类别

（二）主要进口产品

图3-3显示了欧盟主要的进口农产品类别。总体上，欧盟进口农产品主要包括三类：一是由于自然条件限制，欧盟不生产或产量很小的产品，如热带水果、坚果和香料、茶和咖啡、新鲜水果或干果，这类产品约占欧盟农产品进口的24%；二是主要用于动物饲料的产品，如豆粕和大豆，约占欧盟农产品进口的10%；三是用作深加工原料的产品，如棕榈油和棕榈仁油，约占欧盟农产

品进口的5%。

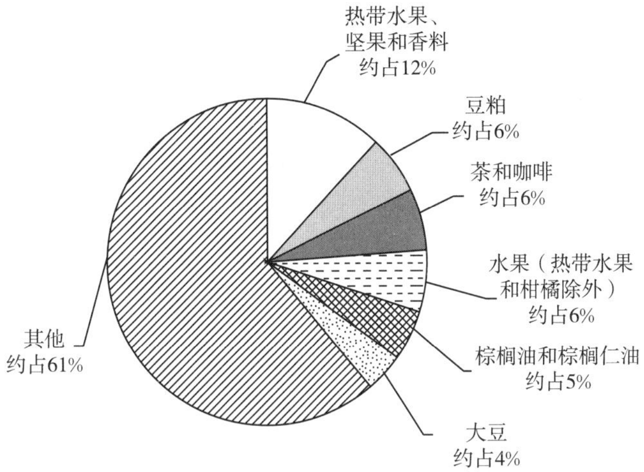

图3-3　2018年欧盟农产品主要进口类别

从具体产品看，豆粕和棕榈油的进口来源地集中度高。进口豆粕的84%来自欧盟豆粕进口的前五大来源，其中70%来自巴西和阿根廷。进口棕榈油的88%来自欧盟棕榈油进口的前五大来源，其中65%来自印度尼西亚和马来西亚。而热带水果、咖啡、新鲜水果和干果的进口来源则比较分散。

尽管中国是欧盟第三大农产品进口来源，但欧盟主要的进口产品均不来自中国。欧盟从中国主要进口可食用的内脏、蔬菜和宠物食品，这三类产品分别占欧盟从中国进口的10%、8.6%和7.3%。

三、贸易伙伴

欧盟农产品前五大贸易伙伴分别是美国、中国、巴西、日本和乌克兰。欧盟与美国和中国的农产品贸易互惠性比较强；与巴西和日本的农产品贸易更多是单向贸易，巴西是欧盟农产品第二大进口来源，而日本是欧盟农产品主要出口目的地。此外，近年乌克兰在欧盟农产品贸易中的地位日益凸显。

（一）主要出口目的地

欧盟非常注重拓展农产品出口，通过多种贸易促进活动来帮助欧盟出口商发现出口机会。其中，欧盟农业贸易专员选择那些对欧盟农业出口具有潜力的国家或地区进行访问，以促进对其出口。2018 年，欧盟农产品出口的前五大市场是美国、中国、瑞士、日本和俄罗斯，欧盟对此五国的农产品出口额合计占欧盟农产品出口总额的 40%（图 3-4）。这五大出口市场中，欧盟与瑞士的自由贸易协定已生效多年，但由于瑞士对农业高度保护，欧盟农产品对瑞士出口享受的优惠较低；欧盟与日本的经济合作协议已于 2020 年 2 月 1 日生效，预计未来欧盟对日本的农产品出口优势将进一步扩大；欧盟与美国、中国和俄罗斯均无自由贸易协定，享受的出口税率为最惠国税率（表 3-1）。

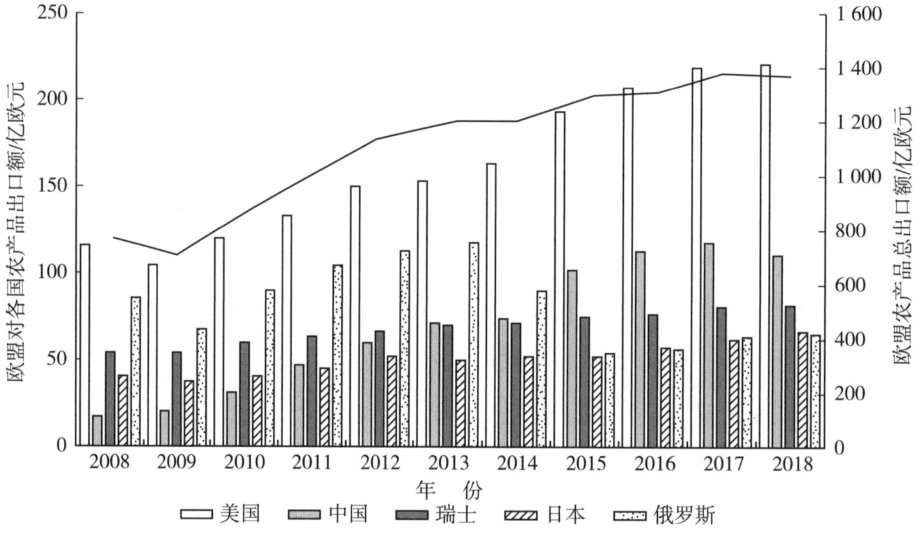

图 3-4　欧盟农产品主要出口目的地

表 3-1　2018 年欧盟农产品出口面临的关税（前五大出口市场）

单位：%

国家	适用税率一贸易税目		享受优惠关税	享受零关税	
	简单平均	加权平均	加权平均	税目占比	出口额占比
美国	7.2	2.5	0.0	24.0	39.1
中国	15.6	12.7	0.0	7.1	5.0
瑞士	37.4	22.2	4.7	31.5	41.1
日本	27.6	16.2	0.0	23.1	18.0
俄罗斯	9.7	10.5	0.4	7.8	10.4

数据来源：WTO Secretariat & European Union，Trade Policy Review：European Union。

美国是欧盟农产品最大的出口市场，占欧盟农产品出口总额的16%。2009年以来，欧盟对美国的农产品出口保持稳定增长，但2018年增幅较小，仅为1.4%，2018年欧盟对美国的农产品出口额为222.5亿欧元。欧盟对美国出口的主要农产品是烈酒和利口酒、葡萄酒、水和软饮料、啤酒、面食和糕点等，合计占欧盟对美国出口农产品的53%。

中国是欧盟农产品第二大出口市场，占欧盟农产品出口市场份额的8.1%。2007年以来，欧盟对中国的农产品出口增长迅猛，2015年中国已成为欧盟农产品第二大出口目的地，2018年欧盟对中国的农产品出口额达到111亿欧元。欧盟对中国主要出口的农产品是奶粉、面食和糕点、动物内脏、猪肉和酒类等，合计占欧盟对中国出口农产品的55%。

瑞士是欧盟农产品第三大出口市场，占欧盟农产品出口市场份额的6%。其次是日本和俄罗斯，各占4.8%。

（二）主要进口来源

美国、巴西、中国、阿根廷和乌克兰是欧盟前五大农产品进口来源地（图3-5），合计占欧盟农产品进口总额的35%。

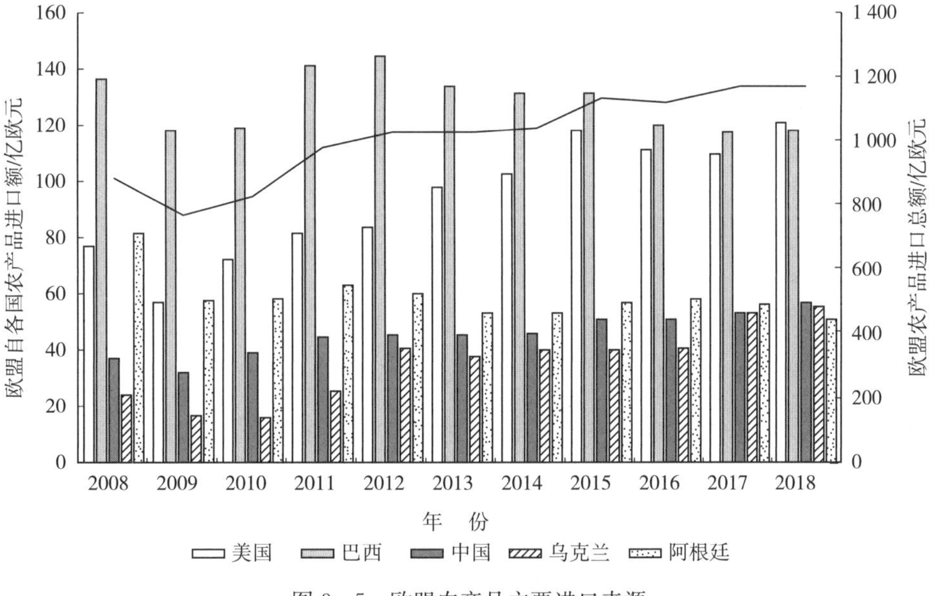

图3-5 欧盟农产品主要进口来源

2018年欧盟从美国进口的大豆和豆粕激增，其进口量增加了70%，进口额增加了180%，这两种农产品进口额占欧盟从美国农产品进口总额的比例达到了23%。这使得美国成为欧盟所有进口来源中增长最快的。2018年欧盟从美国的进口总额达到121亿欧元，占欧盟农产品进口总额的10.4%，美国首次超过巴西成为欧盟农产品第一大进口来源。欧盟从美国进口的主要农产品包括大豆、热带水果、烈酒和利口酒、食物制品和葡萄酒等，合计占欧盟从美国进口农产品的56%。

2018年，欧盟从巴西的农产品进口额与2017年相比仅增长0.7%，为119亿欧元，占欧盟农产品进口总额的10.2%。欧盟从巴西进口的主要农产品包括豆粕、咖啡和茶、大豆、水果汁，合计占欧盟从巴西进口农产品的64%。

2018年，欧盟从中国的农产品进口额与2017年相比增长5.7%，达到57亿欧元，占欧盟农产品进口总额的4.9%。欧盟从中国进口的农产品比较分散，主要进口动物内脏和脂肪、蔬菜、宠物食品、热带水果和果蔬制品，合计占欧盟从中国进口农产品的40%。

第二节　中国欧盟农产品贸易

根据中国海关统计①，2019年欧盟是中国农产品第二大进口来源地，第三大出口市场。中国在与欧盟的农产品贸易中，2011年为顺差，2012年转变为逆差，此后逆差持续快速增长。2019年中国对欧盟农产品贸易逆差达到92亿美元，占当年中国农产品贸易总逆差的12.8%。

一、贸易平衡

近年来，中国自欧盟的农产品进口持续快速增长，对欧盟的农产品出口虽总体保持增长，但增速较慢。2012年起中国在与欧盟的农产品贸易中由顺差转为逆差，此后一直延续这一态势。中国自欧盟的农产品进口额从2010年的49.4亿美元增长到2019年的186.3亿美元，年均增长15.9%；而同期中国对欧盟的农产品出口额从69.4亿美元增长到94.3亿美元，年均仅增长3.5%（图3-6）。2012年中国在与欧盟的农产品贸易首次出现逆差，逆差额为

① 中国农产品口径与欧盟农产品口径不同，最主要差异是中国农产品口径包含水产品，而欧盟农产品口径不包含。

7.7亿美元，此后逆差持续扩大，2019年达到92亿美元，年均增长42.5%。中国在与欧盟的农产品贸易，逆差主要来自法国、荷兰、丹麦、爱尔兰和西班牙，2019年中国与这5国的农产品贸易逆差分别为39.2亿美元、14亿美元、13.3亿美元、12.3亿美元和10.2亿美元，5国逆差合计占中国对欧盟农产品贸易逆差总额的96.8%。

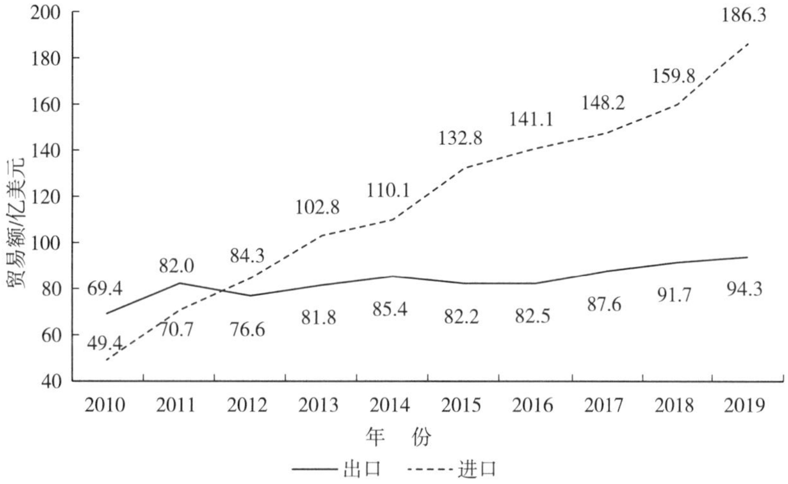

图3-6　中国欧盟农产品贸易平衡

数据来源：中国海关。

二、贸易产品

总体看，中国与欧盟农产品贸易的互补性较强，中方出口比较分散，而进口相对集中。2019年，中国对欧盟出口的主要农产品是鱼类、贝类和虾类等水产品和辣椒等蔬菜，这两大类分别占中国对欧盟出口农产品的29.3%和13.4%；中国自欧盟进口的农产品则集中于奶粉、猪肉和猪杂碎等畜产品以及酒类等饮品，这两大类分别占中国自欧盟进口农产品的56.6%和18.3%。

（一）出口产品

2019年，中国对欧盟出口的主要农产品是水产品（主要是鱼类、贝类和虾类）、蔬菜（主要是辣椒、芦笋和姜）、畜产品（主要是肠衣、禽肉和动物毛）、饮品（主要是烈性酒、绿茶和咖啡）以及水果（主要是柑橘、加工葡萄和苹果汁）五大类，出口额分别为26.7亿美元、12.6亿美元、10.6亿美元、

4.1 亿美元和 3.9 亿美元，合计占对欧盟出口农产品总额的 61.5%。

从中国对欧盟主要农产品的出口市场看，水产品主要出口到德国、西班牙、英国、法国和荷兰，出口额分别为 6.6 亿美元、4.4 亿美元、4.1 亿美元、2.5 亿美元和 1.9 亿美元，合计占中国对欧盟水产品出口额的 73.4%。蔬菜主要出口到荷兰、西班牙、德国、意大利和英国，出口额分别为 2.6 亿美元、2.1 亿美元、2.1 亿美元、1.7 亿美元和 1.5 亿美元，合计占中国对欧盟蔬菜出口额的 78.6%。畜产品主要出口到德国、荷兰、英国、西班牙和波兰，出口额分别为 3.3 亿美元、1.7 亿美元、1.5 亿美元、1 亿美元和 0.7 亿美元，合计占中国对欧盟畜产品出口额的 77.4%。

（二）进口产品

2019 年，中国自欧盟进口的主要是畜产品（主要是奶粉、猪肉和猪杂碎）、饮品（主要是酒类、可可和无醇饮料）、棉麻丝（主要是亚麻、原棉和大麻）、水产品（主要是鱼类、贝类和虾类）和谷物（主要是大麦、小麦和玉米）五大类，进口金额分别为 105.4 亿美元、34.1 亿美元、6.7 亿美元、5.3 亿美元和 4.7 亿美元，合计占中国自欧盟进口农产品总额的 83.9%。

从中国自欧盟主要农产品的进口来源看，畜产品进口主要来自荷兰、德国、西班牙、丹麦和法国，进口额分别为 25 亿美元、18.9 亿美元、14.8 亿美元、12.1 亿美元和 11.7 亿美元，合计占中国自欧盟畜产品进口额的 78.3%。饮品进口主要来自法国、意大利、德国、英国和西班牙，进口额分别为 19.5 亿美元、3.1 亿美元、3.1 亿美元、2.6 亿美元和 2.1 亿美元，合计占中国自欧盟饮品进口额的 89.1%。棉麻丝基本全部来自法国、比利时、希腊、西班牙和荷兰，进口额分别为 5.2 亿美元、1.1 亿美元、0.3 亿美元、0.1 亿美元和 0.1 亿美元，合计占中国自欧盟棉麻丝进口额的 100%。

三、贸易伙伴

从贸易额看，法国、德国、荷兰、西班牙和英国是中国在欧盟最主要的农产品贸易伙伴。2019 年，中国与上述国家的农产品贸易额分别为 51.6 亿美元、48.5 亿美元、47.8 亿美元、33.8 亿美元和 21.3 亿美元，合计超过中国与欧盟农产品贸易额的七成。

（一）主要出口市场

中国农产品在欧盟的主要出口市场是德国、荷兰、英国、西班牙和法国，2019 年出口额分别为 21.0 亿美元、16.9 亿美元、12.4 亿美元、11.8 亿美元和 6.2 亿美元（表 3－2），合计超过中国对欧盟农产品出口额的七成。

表 3－2　2019 年中国与欧盟的主要农产品贸易伙伴

单位：亿美元

国　家	出口额	国　家	进口额
德　国	21.0	法　国	45.4
荷　兰	16.9	荷　兰	30.9
英　国	12.4	德　国	27.5
西班牙	11.8	西班牙	22.0
法　国	6.2	丹　麦	15.1

数据来源：中国海关。

2019 年，中国对德国主要出口的农产品是水产品、畜产品、蔬菜、坚果和水果，出口额分别为 6.6 亿美元、3.3 亿美元、2.1 亿美元、1.2 亿美元和 1.2 亿美元，上述产品合计超过中国对德国农产品出口额的 2/3。中国对荷兰主要出口的农产品是蔬菜、水产品、畜产品、水果和粮食制品，出口额分别为 2.6 亿美元、2.1 亿美元、1.7 亿美元、1.2 亿美元和 0.7 亿美元，上述产品合计接近中国对荷兰农产品出口额的一半。中国对英国主要出口的农产品是水产品、畜产品、蔬菜、粮食制品和水果，出口额分别为 4.1 亿美元、1.5 亿美元、1.5 亿美元、0.6 亿美元和 0.4 亿美元，上述产品合计约为中国对英国农产品出口额的 2/3。

（二）主要进口来源

2019 年，中国从欧盟进口的农产品主要来自法国、荷兰、德国、西班牙和丹麦，进口额分别为 45.4 亿美元、30.9 亿美元、27.5 亿美元、22.0 亿美元和 15.1 亿美元（表 3－2），合计超过从欧盟农产品进口额的 75%。

2019 年，中国从法国主要进口的农产品是饮品、畜产品、棉麻丝、谷物和水产品，进口额分别为 19.5 亿美元、11.7 亿美元、5.2 亿美元、4.1 亿美元和1.7亿美元，合计超过中国从法国农产品进口额的九成。中国从荷兰主要进口的农产品是畜产品、花卉、饮品、水产品和粮食制品，进口额分别为25.0亿美元、1.2亿美元、0.6亿美元、0.3亿美元和0.3亿美元，合计接近中国从荷兰农产品进口额的九成。中国从德国主要进口的农产品是畜产品、粮食制品、糖类、饮品和水产品，进口额分别为18.9亿美元、3.1亿美元、0.4亿美元、0.4亿美元和0.3亿美元，合计占中国从德国农产品进口额的84%。

第三节　贸易政策

目前欧盟的农业贸易政策尤其是关税政策主要是在乌拉圭回合谈判中确定的。此外，欧盟还有一套非关税贸易政策，比关税更能维护欧盟农业利益。

一、与关税相关的政策

（一）关税政策

农产品进入欧盟依然面临复杂的关税结构，不同产品的关税差异巨大。根据保护程度不同，关税的形式也不同。根据世界贸易组织（WTO）提供的欧盟2019年贸易政策审议报告，欧盟农产品简单平均约束税率和简单平均适用税率分别为12.7%和11.4%（表3-3）。其特点主要有：一是采用高关税。税率100%以上的产品几乎都是农产品，将其非从价税转换后，适用税率果蔬和植物最高为261%、乳品为205%、酒类和烟草为140%、油脂油料为129%、糖类109%（表3-4）。二是大量使用非从价税。非从价税包括从量税和复合关税（从量税加从价税），非从价税在国际市场价格走低时，对本国（地区）农产品的保护程度提高。欧盟农产品使用非从价税的税目比率高达46.5%，而美国和日本分别为41.8%和18.5%，中国仅为0.4%，在主要经济体中欧盟这一比率是最高的。三是采用季节性和选择性关税。为了保护欧盟农产品不受国际市场冲击，欧盟对果蔬等农产品实行季节性关税，对一些农产品实行选择性关税。欧盟规定，针对新鲜果蔬、加工果蔬和葡萄汁进口，其进入欧盟市场的价格必须等于根据欧盟第2913/92号条例和第2454/93号条例计算的海关完税价格。这意味着通过季节性或选择性关税，其进入欧盟市场的价格基本等于欧盟内部市场的价格。

表 3-3 欧盟关税概况

单位：%

税率	年份	总体	农产品	非农产品	农产品	
简单平均约束税率	2019	5.1	12.7	3.9	关税配额	特保措施
简单平均适用税率	2019	5.1	11.4	4.2	13.5	23
贸易加权平均税率	2018	3	9.2	2.6		

数据来源：WTO Secretariat & European Union，Trade Policy Review：European Union。表3-4同。

表 3-4 2018 年欧盟农产品关税

单位：%

品种	约束税率			适用税率		
	简单平均	零关税	最大关税	简单平均	零关税	最大关税
动物及产品	17.2	24.3	112	16.3	28.4	112
乳品	42.2	0	244	37.5	0	205
果蔬和植物	12.2	21.7	280	10.9	19.8	261
咖啡和茶	6	27.1	17	5.9	27.1	16
谷物及制品	18	6.5	82	13.9	13	62
油脂油料	5.7	47	140	5.3	48.1	129
糖类	26.9	0	117	24.5	11.8	109
酒类和烟草	19.8	19.6	148	19.3	18.4	140
棉花	0	100	0	0	100	0
其他	4.6	64.7	405	3.1	65.5	66
水产品	11.4	11.8	26	11.6	7.5	26

（二）关税配额

欧盟大量使用关税配额，是全球使用关税配额最多的 WTO 成员之一。欧盟农产品关税配额分为欧盟以配额内关税从第三国进口、出口关税配额和第三国以配额内关税从欧盟进口。一般所说的关税配额是指欧盟以配额内关税从第三国进口产品的配额。不同产品关税配额的管理不一样，有的全部由欧盟管理，有的部分由欧盟管理，欧盟鼓励尽可能地用足出口关税配额。关税配额的分配有先到先得法、比例分配法和兼顾传统与新增贸易商法。关税配额的有效期从几周到一年不等。关税配额的产品涉及粮油糖、肉蛋奶、果菜茶等所有产品，欧盟 15 国[①]实行关税配额的海关四位码产品有 87 个，而后入盟的波兰、保加利亚和匈牙利分别有 109 个、73 个和 70 个，都远超过美国和日本的 54 个和 20 个。根据欧盟 2019 年贸易政策审议报告，实施关税配额的农产品税目占欧盟农产品总税目的 13.5%。

为了落实乌拉圭回合协定，西班牙每年必须以关税配额进口 200 万吨玉米和 30 万吨高粱，葡萄牙必须以关税配额进口 50 万吨玉米。

（三）特保措施

特保措施（SSG）是指当进口数量或进口价格达到触发标准时，在原关税基础上再额外征收一定的关税。在乌拉圭回合谈判中，欧盟 15 国保留了对谷物、糖、果蔬和加工果蔬、牛肉、牛奶和乳制品、猪肉、羊肉、禽蛋、禽肉、香蕉和葡萄汁等共 539 个税目（全球 6 156 个）的农产品实行 SSG 的权利。根据欧盟 2019 年贸易政策审议报告，实施特保措施的农产品税目占欧盟农产品总税目的 23%。当上述产品的进口价格低于欧盟在 WTO 承诺的触发价格，以及进口量超过触发数量时，欧盟将启动 SSG。

欧盟实行 SSG 的税目数量在全球也是最多的，远超美国的 189 个和日本 121 个，而中国为 0。但欧盟实际使用 SSG 的产品范围较小，主要是鸡肉、火鸡和食糖，其进口价格持续不断地触发 SSG；2007/2008 年度禽蛋产品也开始价格触发 SSG。

二、技术性贸易壁垒

广义的技术性贸易壁垒（TBT）也被称为非关税贸易壁垒。广义的 TBT 除了包含 WTO 的 TBT 内容之外，还包括卫生与动植物检疫措施（SPS）及其他任何对贸易产生影响的技术性措施，如包装和标签及标志要求、绿色壁垒、信息技术壁垒等，这些措施可能成为其他成员方的商品或服务进入该方市场的障碍。欧盟的非关税贸易壁垒主要包括 SPS、技术要求、环境要求和营销标准四大类。

---

① 欧盟 15 国指欧盟 15 个老成员，包括奥地利、比利时、丹麦、芬兰、法国、德国、希腊、爱尔兰、意大利、卢森堡、荷兰、葡萄牙、西班牙、瑞典和英国。随着欧盟东扩，后入盟的国家各有数量不同的关税配额产品，但由于有些产品重复，无法简单相加，因此本文未做相关处理。

（一）SPS

为了保护人类和动物健康，欧盟要求进口的产品必须满足 SPS 要求。SPS 的主要要求可以分为四类：食品和饲料安全、动物健康、植物健康和公众健康。欧盟的 SPS 规则由第 882/2004 号和第 854/2004 号两个条例构成，其中前者设定了官方控制的原则和责任，确保与欧盟动物和食品法、动物健康和动物福利规则相一致，后者是组织官方对用于人类消费的动物源性产品的控制。

1. 食品和饲料安全

欧盟食品安全规则是为了保护人类生命和健康，动物饲料安全规则则是为了保护人类和动物生命及健康，实际上也成了贸易的壁垒。进口食品和饲料必须满足：①在生产和流通的所有环节，都必须满足欧盟食品安全基本法的原则和要求；②根据第 178/2002 号条例第 18 条的要求，进口商必须登记清楚其来源国，便于可追溯；③食品卫生和动物源性食品卫生规范的要求；④食品微生物标准规则；⑤食品药残、杀虫剂、兽医和污染物的规则；⑥转基因食品和饲料、生物蛋白和新奇食品的特殊规定；⑦对特定食品生产企业（如矿物质水、可可和速冻食品等）和特定人群（如婴儿和青少年）消费的食品的特殊规定；⑧饲料原料、复合饲料和为了特定营养目的的饲料的特别营销和标签要求；⑨与食品接触物质的一般规定。

如果非欧盟国家的食品和饲料安全问题可能对人类、动物健康和环境带来严重风险，欧盟就会采取保护措施，或者施加特殊限制条件，或者暂停从该国及该国部分地区的进口。

2. 动物健康

欧盟对动物和动物源性产品的健康规则是为了保护和改善动物健康状况。动物和动物产品进口必须满足适用的健康标准和国际责任，主要包括以下规则：①出口国必须在欧盟授权的相关产品的出口国清单上；②只有经过清单上的出口国批准的加工厂生产的动物源性产品，欧盟才会进口；③所有动物和动物产品的进口必须有出口国兽医主管机构出具的官方健康证明；④每一批产品到达欧盟边境检查站时都要进行健康检查。

如果非欧盟国家暴发了动物疾病，对动物或公众健康产生严重威胁，欧盟将采取临时保护措施，包括暂停从该国或该国部分地区的进口，以及对该国的产品进口附加特别要求。

3. 植物健康

欧盟的植物健康指令设置了防止对植物或植物产品有害的微生物的引入和在欧盟范围内的扩散。该指令涵盖的植物包括活体植物和特定的活体部分（包含种子），具体有水果（不含冰冻保存的水果）、蔬菜（不含冷冻保存的蔬菜）、块茎、球茎、鳞茎和根状茎、鲜切花、带叶树枝、已砍但仍然带叶的树、叶子、植物组织培养、活的花粉、树芽、插条、接穗。植物产品是指来源于植物的产品，未加工或经过简单处理但不再是植物的产品。

植物和植物产品（包含果蔬和林产品）出口欧盟必须满足欧盟法律和植物健康的要求。欧盟设置了植物检验检疫要求，以防止微生物的引入和扩散对欧盟植物和植物产品造成影响。欧盟不允许某些有可能携带害虫的植物产品进口，对特定的植物和植物产品进口要求必须持有植物健康证明。植物检验检疫要求同样适用于用来包装、支撑食品以及非食品的木材（木质包装材料）。因此，即使主要目标是出口水产品或者玩具，但如果用木质包装材料，也需考虑植物检验检疫要求，但加工的木头产品如家具和木制工艺品不受此项规定约束。

（1）一般要求。出口到欧盟的植物和植物产品必须满足的一般要求包括：由出口国相关主管机构签发的植物健康证明，进入欧盟边境时须接受海关和植物检验检疫局的检查，进口商必须已经在欧盟官方注册机构注册，在进入海关之前已经通告了海关。

如果非欧盟国家的植物和植物产品可能对欧盟带来风险，欧盟成员国或欧盟将采取紧急措施。

（2）附加要求。油料和纤维作物、谷物、蔬菜、种用马铃薯、甜菜（糖和饲料）、葡萄、果类植物、饲料作物、观赏植物和林产品等必须满足特定的营销要求以确保健康和品质。

（3）特殊要求。如果是野生植物或野生植物产品出口到欧盟，需要考虑欧盟对濒临灭绝物种进口的相关要求［《濒危野生动植物种国际贸易公约》（CITES）］。欧盟禁止进口部分物种，某些物种进出口必须有特殊的进出口证书。

欧盟还有保护植物品种权的规则，其知识产权在欧盟范围内有效，具体由欧盟植物品种局负责执行。

4. 公众健康

与农产品相关的主要是烟草和酒精。为了公众健康，欧盟监督和控制欧盟公民不健康的生活方式，控制烟酒贸易。

（二）技术要求

欧盟的技术要求主要包括产品安全、技术标准、包装要求和标签要求四个方面。

1. 产品安全

产品安全的一般要求是进口产品必须符合一般的产品安全要求，要告知消费者产品可能带来的风险和注意事项。如果发现产品有危险，要告知成员国政府并与其合作采取措施保护消费者，欧盟成员国进行市场监督和执行产品安全规则。欧盟、成员国和欧盟委员会可以通过欧盟快速信息交换机制来处理危险产品。

2. 技术标准

欧盟对许多制成品规定了极为严格的技术标准和法规，进口商品必须符合这些标准和法规才能进口。欧盟鼓励成员国采取统一的技术标准。多年来，欧盟的统一技术标准已经发生了改变，从技术和详细的特定产品指令（老方法）过渡到了新方法，但老方法仍然适用于食品领域。统一的技术标准由欧盟三个独立的机构欧洲标准化委员会、欧洲电工技术标准委员会和欧洲电信标准协会共同制定。在欧盟制定统一技术标准和法规的同时，各国也有各自的严格标准，它们对进口商品可以随时选择对自己有利的标准。要进入欧盟市场的产品必须至少达到以下三个条件之一，即：①符合欧洲标准 EN，取得欧洲标准化委员会 CEN 认证标志；②与人身安全有关的产品，要取得欧盟安全认证标志 CE；③进入欧盟市场的产品厂商，要取得 ISO 90006 合格证书。同时，欧盟还明确要求进入欧盟市场的产品凡涉及欧盟指令的，必须符合指令的要求并通过一定的认证，才允许在欧盟流通。

3. 包装要求

欧盟要求产品包装必须满足环境和健康要求，其一般性规定是1994 年 12 月 20 日通过的第 94/62 号指令。该指令在 2004 年、2005 年、2009 年和 2013 年均进行了修订。之前对包装尺寸有明确规定，但2007 年废除了这一规定。欧盟第 1935/2004 号条例对接触食品的包装材料有特殊的规定。此外，对木质包装材料和植物产品的进口要求符合植物健康规定。用木箱、木盒作为包装时，必须通过联合国粮农组织《国际植物检疫措施标准》附录 1

第 15 条允许的措施的检验，并按该标准附录 2 的要求进行标识。

4. 标签要求

欧盟要求产品标识必须提供含量、组成成分、安全使用和注意事项等信息。目前适用的是欧盟第 1169/2011 条例。该条例将第 2000/13 号条例（食品标识、描述和广告的相关要求，于 2014 年 12 月 12 日失效）和第 90/496 号条例（食品营养标识）合二为一，于 2014 年 12 月 13 日生效。第 1169/2011 号条例要求，从 2016 年 12 月 13 日起产品标签上必须注明营养成分。欧盟对咖啡、朗姆酒、基围虾、果汁和纯棉 T 恤进口的标识做了特别要求。此外，获得欧洲生态标签（或者其独特的花卉图案）的产品表示可以帮助改善环境，为消费者提供环境影响方面的指导。

（三）环境要求

欧盟环境要求主要涉及化学品、臭氧消耗物质、氟化温室气体、濒危物种和废物处理等。其中涉及农业的主要是化学品和濒危物种。

1. 化学品

（1）植物保护产品和杀虫剂。植物保护产品及其组成成分在进入欧盟前必须获得欧盟的授权。欧盟第 1107/2009 号条例对植物保护产品的授权和批准进行了详细的规定。杀虫剂必须满足欧盟的特殊规定。由于欧盟各成员国对生物产品的要求并不统一，因此出口生物产品到欧盟之前，必须先和其成员国主管机构进行沟通。

（2）肥料。满足欧盟第 2003/2003 号条例要求的肥料被称为“EC 肥料”，可在欧盟市场上自由流通。同时，所有的肥料都必须满足欧盟关于包装和标签的要求。

2. 濒危物种

欧盟认为野生动植物贸易并没有威胁到濒危物种，因为欧盟要求进口这些物种必须符合 1973 年《濒危野生动植物种国际贸易公约》的要求。此公约规定，濒危物种名录上的动植物标本及其产品是禁止或限制贸易的。因此，欧盟禁止濒危物种标本进口。对其他物种标本，也只有在获得官方（再）出口许可证、进口许可证和进口通知的情况才能贸易。欧盟要求，濒危物种标本进口必须要有许可证和证书。欧盟第 338/97 号条例对濒危物种进口做了详细规定。

（四）营销标准

欧盟营销标准要求提供的农产品和水产品必须保证新鲜，以保障产品质量。农产品共同营销系统对不同产品的要求各不相同，包括新鲜度、大小、质量和说明等，具体见 2013 年 12 月 17 日通过的欧盟第 1308/2013 号条例。水产品营销标准包括质量、大小、重量、包装、说明和标签等，具体见 1999 年 12 月 17 日通过的水产品共同市场组织第 104/2000 号条例。该条例在 2004 年、2006 年和 2011 年进行了修订。为了确保进口的农产品和水产品符合欧盟要求，欧盟成员国要对进口产品进行文件和实物核查。

符合欧盟有机农场规则的产品可以贴欧盟有机农场商标，证明该产品符合有机标准。在欧盟市场上，对有机产品的生产、营销、认证、标识和商标都有非常严格的要求。现行有机产品的生产和标识要求是 2007 年 6 月 28 日通过的欧盟第 834/2007 号条例规定的。

此外，欧盟还对进口产品有绿色要求，这也是最严厉的一种非关税壁垒，主要有下述几种：一是绿色生产。要求进口商品的生产企业严格执行欧盟制定的清洁生产标准，控制生产过程中化学物料尤其是有害物料、清水和有机溶剂的用量，采用欧盟的清洁生产技术和设备。二是绿色技术标准。欧盟制定了许多发展中国家难以达到的环境标准，限制国外产品进口。如欧盟启动一项名为 ISO 14000 的环境管理系统，要求进入欧盟国家的产品从生产前到制造、销售、使用以及最后的处理阶段都要达到规定的技术标准，一般以消费品为主，不含服务业和已有严格环保标准的药品及食品。三是绿色环境标志。它是一种在产品或其包装上的图形，表明该产品不但质量符合标准，而且在生产、使用、处理过程中均符合环保要求，对生态环境和人类健康均无损害。四是绿色包装制度。绿色包装指能节约资源、减少废弃物、用后易于回收再用或再生、易于自然分解、不污染环境的包装。五是绿色卫生检疫制度。欧盟对食品的安全卫生指标十分敏感，尤其对农药残留、放射性残留、重金属含量的要求日趋严格。欧盟对在食品中残留的 22 种主要农药制定了新的最高残留限量。

随着人们对环保、健康和安全的要求越来越高，欧盟的技术标准要求也更加严格，20 世纪 90 年代至今欧盟的非关税贸易壁垒越来越严厉，在某种程度上对贸易的影响已经超过了关税。在 WTO 和自由贸易区框架下，传统的贸易壁垒越来越少，这为非关税贸易壁垒的发展提供了巨大的空间，它也正在成为欧盟等发达地区限制市场准入的重要手段。

（五）其他政策

1. 进出口许可证

欧盟对大多数农产品实行进出口许可证制度。2014—2020 年，欧盟实行进出口许可证的农产品包括谷物、糖、种子、橄榄油、亚麻和大麻、新鲜果蔬、加工果蔬、香蕉、红酒、活植物、牛肉、牛奶和乳制品、猪肉、羊肉、禽蛋、禽肉和农业原料的生物乙醇等。欧盟企业可以在欧盟境内向任意成员国申请进出口许可证，无论它是否在该国运营以及是否有实体存在。

2. 部分农产品进口要求

谷物：对一些谷物，其进口税是基于干预价的 155%和基于美国离岸价、芝加哥商品交易所的（玉米、高粱和黑麦）报价或明尼阿波利斯谷物交易所的普麦报价，再加上美国到鹿特丹的运费以及其他成本计算的到岸价之间的差异来征收的。

麻类：海关编码为 53021000 的生麻和以前的海关编码为 12079920 的用于播种的亚麻种子进口，其四氢大麻酚含量不能超过 0.2%；海关编码为 12079991 的不是用于播种的亚麻种子，只能由成员国授权进口的机构进口。

啤酒花：进口的啤酒花其质量至少与欧盟的啤酒花质量相等，否则不能进口。对于啤酒花粉、具有较高啤酒花苦味素含量的啤酒花粉、啤酒花提取物和啤酒花混合产品的进口，必须要能够证明其 α 酸的含量不低于欧盟在产的啤酒花中 α 酸的含量。

红酒：部分红酒相关产品进口在通关时，进口商需要向海关提交变质保证金。退还保证金时，进口商需向海关证明并未从变质中获利；或者即使已经获利，但产品没有酿酒；如果已经酿酒，则需证明相关产品已经做了合适的标识。

用于精炼的原糖：到 2016/2017 市场年度末，在每个市场年度独家白糖进口能力达到 250 万吨的进口商，欧盟应授予它全职炼糖厂资格。葡萄牙 2005 年开工运行的唯一一家甜菜糖企业应当被认定为全职炼糖厂。用于精炼的原糖进口许可证在每个市场年度前三个月签发，应当签发给全职炼糖厂。许可证只能在全职炼糖厂之间流转，且只能在每个市场年度的前三个月流转，有效期为签发的市场年度。为了保障必要的供给，在 2016/2017 市场年度末之前，欧盟可以暂停征收或者调低部分食糖进口关税，包括海关编码为 1701 的糖以及海

表 3-5 欧盟历年通报的农产品出口补贴预算

单位：百万欧元

农产品	1995 年	1996 年	1997 年	1998 年	1999 年	2000 年	2001 年	2002 年	2003 年	2004 年	2005 年	2006 年	2007 年	2008 年	2009 年	2010 年	2011 年	2012 年	2013 年
小麦	118.7	317.5	177.7	500.3	509.3	108.3	8.5	141.2	—	50.4	107.7	50.4	—	—	—	—	—	—	—
粗粮	303.4	389	273.2	764.1	730.2	191.5	112.8	167	82.1	180.9	98.6	46	—	—	—	—	—	—	—
大米	30.3	72.2	32.6	25.6	26.4	32.3	30.3	24.9	21.8	1.4	—	—	—	—	—	—	—	—	—
橄榄油	62.1	39	7.8	—	—	—	—	—	—	—	—	—	—	—	—	—	—	—	—
糖	379	525	779	794.8	470.1	372.7	482.8	292.5	325.9	466.9	442.8	470.1	441.3	—	—	—	—	—	—
黄油	256.2	551.8	310.5	285.7	333.4	337.9	324.9	545.1	618.4	519.2	292.3	239.2	—	54.3	42.1	—	—	—	—
脱脂奶粉	140.9	170.1	116.4	191.7	337.8	26.2	36.7	163	143.2	66	14.6	—	—	25.8	32.3	—	—	—	—
奶酪	437.6	271.3	176	149.1	235.8	238	188.6	267.7	239.1	157.1	142.6	108.8	—	24.7	23.9	—	—	—	—
其他乳品	727.6	732	756.4	758.9	905.4	410.1	402.2	596.2	630.8	408.8	278.4	130.3	2	96.1	97.3	—	—	—	—
牛肉	1 506.5	1 527	840.7	642.9	726.1	383.3	388.4	285.1	274.1	240	121	54.1	31.5	29.2	30.5	66.5	30.8	1.8	—
猪肉	100.5	71.1	74.4	356.1	243	33.8	20	14.6	43.9	18.6	19.5	18.3	125.7	39.9	17	19	16.7	—	—
禽肉	115.9	73	76.1	89.7	75.1	56.8	60.2	90.5	87.7	90.3	58.9	96.7	96.9	88.2	98.8	74.6	77.7	55.3	0.04
禽蛋	12.9	6.9	13	17.33	14.1	8.1	6	5.1	3.4	6.4	6.3	4.5	4.4	2.8	1.9	3.4	1.3	—	—
红酒	51.1	59.6	37.2	29.3	26.2	23.7	22.9	17.9	15	20.7	17.8	17.9	14.6	—	—	—	—	—	—
新鲜果蔬	70.4	61.8	26	31.6	37.2	27	20.8	15.3	15.7	13.4	20.2	14.5	4.4	—	—	—	—	—	—
加工果蔬	11.3	10.2	5.7	4.5	5.5	3.9	3.6	3.1	3.9	3.6	3.9	4.4	2.4	—	—	—	—	—	—
生烟叶	18.2	3.4	—	—	—	—	—	—	—	—	—	—	—	—	—	—	—	—	—
酒精	51.2	118.5	105.5	121.2	218.6	95.6	52.8	90.4	45.6	—	—	—	—	—	—	—	—	—	—
其他	491.1	565.9	553.1	573.4	719.5	414	412	413.6	411	389.2	295.9	206.8	126.7	89.8	32.6	10.3	8	2.0	—
合计	4 884.9	5 565	4 361	5 336	5 614	2 763.2	2 574	3 133.2	2 962	2 633	1 921	1 462	849.9	450.8	376.4	173.8	134.5	59.1	0.04

数据来源：欧盟历年向 WTO 的通报。

关编码 17023010、17024010、17026010 和 17029030 的食糖产品。

3. 暂停加工

如果成员国或欧盟认为加工或者来料加工扰乱或容易扰乱欧盟农产品市场，则可完全或者部分暂停谷物、糖、橄榄油、新鲜果蔬及加工果蔬、红酒、牛肉、牛奶和乳制品、猪肉、羊肉、禽蛋、禽肉和农业原料的生物乙醇等产品的加工和来料加工。

如果成员国或欧盟认为出料加工扰乱或容易扰乱欧盟农产品市场，则可完全或者部分暂停谷物、新鲜果蔬及加工果蔬、红酒、牛肉、猪肉、羊肉和禽肉等产品的出料加工。

4. 出口补贴

1992 年欧盟共同农业政策改革以来，欧盟的农产品出口补贴大幅下降。WTO 成立以来，欧盟 1996 年的出口补贴高达 55.65 亿欧元，之后波动走低，2013 年只有禽肉享受了 3.6 万欧元的出口补贴。近年来，欧盟享受出口补贴的农产品越来越少，实际享受出口补贴的农产品主要是禽肉、牛肉、猪肉和禽蛋等产品。根据 2015 年 12 月 WTO 第十届部长级会议通过的《内罗毕部长宣言》，发达经济体承诺将立即取消其大部分农产品的出口补贴，但对部分重要农产品的出口补贴将保留到 2020 年。从欧盟向 WTO 通报的出口补贴看，1995—2013 年均有出口补贴（表 3-5），2014—2018 年均无出口补贴。

第四节　贸易保护评估

目前，对农业贸易政策定性评估的较多，定量评估的较少。OECD 用生产者名义保护系数［生产者价格与边境价格的比率（PNPC）］和消费者名义保护系数［消费者价格与边境价格的比率（CNPC）］来定量评估农产品贸易保护和市场开放程度。这也是目前认可度相对较高的一种贸易政策评估。

一、总体评估

总体看，欧盟农产品 PNPC 和 CNPC 展现出相同的波动下降趋势，近年保持稳定（图 3-7）。1987 年，欧盟农产品 PNPC 和 CNPC 均达到最高点，分别为 1.75 和 1.72，表示欧盟生产者价格和欧盟消费者购买农产品价格分别高于国际市场价格75%和72%，市场严重扭曲。此后，欧盟PNPC和CNPC波动下降，在2005年之后持续下降，2011年达到历史最低点，均为1.03；2014年以来稳定在1.04。这意味着目前欧盟生产者价格和欧盟消费者购买农产品的价格均高于国际市场4%。

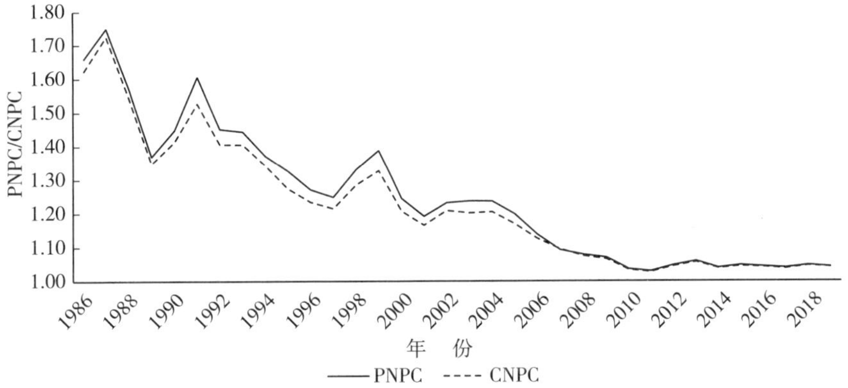

图3-7 欧盟历年农产品CNPC和PNPC

数据来源：OECD。

二、对特定农产品的评估

从具体产品看，欧盟对不同产品的保护程度差异很大。其中，重点保护的产品是糖、牛肉、禽肉、大米和马铃薯；谷物（大米除外）和油籽等产品初期保护程度较高，但目前已经基本不保护；牛奶和羊肉等部分畜产品初期保护程度较高，但目前保护程度已经较低；猪肉和花卉等产品保护程度不高。

（一）重点保护的产品

在重点保护的五类产品中，糖的保护程度高，但波动也非常大，1987年PNPC达到最高的3.36，此后波动下降，2010年以来保护程度相对较低，但2019年仍高于国际市场11%；牛肉的保护程度也较高，最高为1991年的2.56，此后波动下降，2019年仍高于国际市场31%；大米在1995年之前的价格均高于国际市场的1倍，但此后波动下降，在2012年和2013年价格与国际市场持平，但随后波动上升，2019年比国际市场价格高28%；禽肉PNPC在

1986—2013 年一直在 1.3～1.8 波动，此后下降，到 2015 年为最低点 1.1，随后波动，2019 年为 1.28；欧盟对马铃薯的保护比较稳定，在 1994 年之前马铃薯的 PNPC 基本稳定在 1.17 的水平，之后下降，1998 年以来基本稳定在 1.1（图 3-8）。

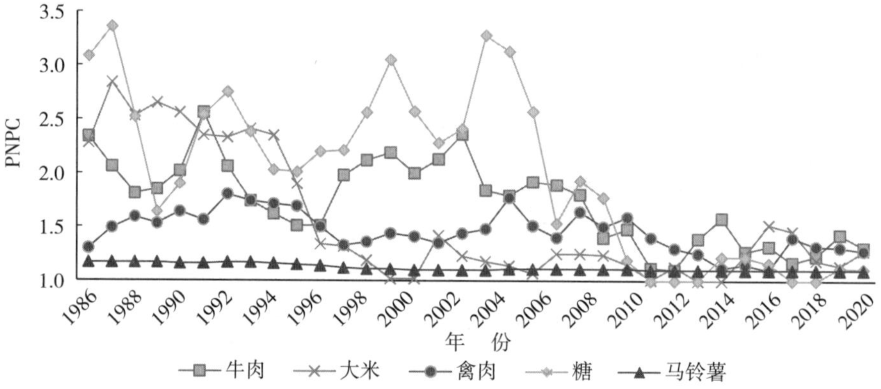

图 3-8 欧盟历年糖、牛肉、禽肉、大米和马铃薯的 PNPC

数据来源：OECD。

（二）其他产品

1. 谷物（大米除外）

小麦在 2001 年以来多数年份的 PNPC 都维持在 1，2012—2018 年略有保护，但其生产者价格均不超过国际市场的 5%。对大麦的保护在 2000 年以来时断时续，但 PNPC 均不超过 1.2，2010 年以来即使有保护，其生产者价格也不超过国际市场的 5%。燕麦和玉米的 PNPC 分别从 2006 年和 2008 年起均维持在 1。

2. 油籽

大豆、葵花籽和油菜籽的 PNPC 在 1986—1991 年基本保持在 2 以上，意味着这期间欧盟生产者获得的价格基本都高于国际市场 1 倍以上。从 1992 年起，欧盟基本不再对此类生产者实行贸易保护。

3. 畜产品

牛奶一度是欧盟高度保护的农产品，1987 年其 PNPC 和 CNPC 分别高达 6.13 和 6.18，即牛奶生产者和消费者价格分别高于国际市场 613%和 618%，但 2009 年以来欧盟的牛奶 PNPC 和 CNPC 基本维持在 1，等于国际市场价格，

表 3-6　欧盟部分农产品的 PNPC

年份	牛肉	大米	禽肉	糖	马铃薯	大麦	花卉	小麦	玉米	燕麦	油菜籽	葵花籽	大豆	牛奶	羊肉	猪肉	禽蛋	番茄	红酒
1986	2.34	2.28	1.30	3.08	1.17	2.55	1.09	2.10	2.07	1.83	2.53	2.43	3.11	4.51	2.34	1.00	1.68	1.17	1.08
1987	2.06	2.84	1.49	3.36	1.17	3.27	1.09	2.25	2.63	1.77	2.45	2.50	2.69	6.13	3.11	1.08	1.53	1.15	1.09
1988	1.81	2.53	1.59	2.52	1.17	1.82	1.09	1.77	1.75	1.14	2.22	1.96	2.08	2.88	2.65	1.31	1.70	1.15	1.10
1989	1.85	2.65	1.53	1.64	1.17	1.43	1.11	1.28	1.58	1.16	2.51	2.53	2.18	1.77	2.34	1.18	1.98	1.00	1.05
1990	2.02	2.56	1.64	1.90	1.16	1.89	1.09	1.51	1.99	1.48	2.56	2.47	2.47	1.95	1.90	1.17	1.59	1.02	1.07
1991	2.56	2.35	1.56	2.54	1.16	2.13	1.10	2.23	2.12	1.39	1.97	2.11	2.60	2.00	1.99	1.32	1.55	1.00	1.10
1992	2.06	2.33	1.80	2.75	1.17	2.03	1.10	1.68	2.04	1.62	1.00	1.00	1.00	1.88	1.88	1.01	1.50	1.00	1.11
1993	1.74	2.41	1.74	2.38	1.17	2.05	1.07	1.54	1.69	1.44	1.00	1.00	1.00	1.88	1.58	1.15	1.64	1.08	1.16
1994	1.62	2.35	1.71	2.03	1.16	2.00	1.07	1.40	1.45	1.43	1.00	1.00	1.00	1.87	1.58	1.16	1.30	1.11	1.10
1995	1.51	1.90	1.69	2.01	1.15	1.41	1.07	1.14	1.53	1.41	1.00	1.00	1.00	1.87	1.96	1.10	1.30	1.00	1.04
1996	1.51	1.34	1.50	2.20	1.14	1.02	1.06	1.00	1.14	1.34	1.00	1.00	1.00	2.44	1.75	1.09	1.07	1.02	1.04
1997	1.98	1.32	1.33	2.21	1.12	1.07	1.05	1.00	1.19	1.25	1.00	1.00	1.00	1.87	1.41	1.04	1.05	1.00	1.06
1998	2.12	1.19	1.36	2.56	1.11	1.62	1.05	1.22	1.31	1.49	1.00	1.00	1.00	2.16	1.42	1.08	1.08	1.00	1.03
1999	2.19	1.02	1.44	3.05	1.11	1.42	1.05	1.31	1.37	1.81	1.00	1.00	1.00	2.15	1.48	1.38	1.11	1.00	1.02
2000	2.00	1.02	1.41	2.57	1.10	1.02	1.03	1.06	1.10	1.60	1.01	1.01	1.01	1.70	1.51	1.16	1.07	1.00	1.02
2001	2.13	1.42	1.35	2.28	1.10	1.00	1.04	1.00	1.01	1.31	1.01	1.00	1.00	1.40	1.36	1.15	1.05	1.00	1.02
2002	2.36	1.23	1.44	2.41	1.10	1.00	1.02	1.00	1.00	1.00	1.00	1.00	1.00	1.85	1.27	1.11	1.03	1.00	1.02
2003	1.84	1.18	1.48	3.28	1.10	1.01	1.02	1.01	1.25	1.02	1.00	1.00	1.00	1.82	1.29	1.15	1.03	1.02	1.02

（续）

年份	牛肉	大米	禽肉	糖	马铃薯	大麦	花卉	小麦	玉米	燕麦	油菜籽	葵花籽	大豆	牛奶	羊肉	猪肉	禽蛋	番茄	红酒
2004	1.79	1.14	1.77	3.13	1.11	1.16	1.02	1.00	1.10	1.19	1.00	1.00	1.00	1.70	1.23	1.17	1.02	1.00	1.01
2005	1.92	1.07	1.51	2.57	1.11	1.11	1.03	1.00	1.15	1.18	1.00	1.00	1.00	1.41	1.19	1.07	1.04	1.00	1.02
2006	1.89	1.25	1.40	1.53	1.11	1.06	1.02	1.00	1.09	1.00	1.00	1.00	1.00	1.26	1.33	1.06	1.03	1.00	1.01
2007	1.80	1.25	1.64	1.93	1.11	1.00	1.02	1.00	1.30	1.00	1.00	1.00	1.00	1.01	1.35	1.00	1.02	1.00	1.01
2008	1.40	1.24	1.50	1.77	1.11	1.07	1.02	1.00	1.00	1.00	1.00	1.00	1.04	1.11	1.25	1.00	1.02	1.00	1.01
2009	1.48	1.15	1.59	1.19	1.11	1.08	1.03	1.00	1.00	1.00	1.00	1.00	1.02	1.01	1.29	1.00	1.01	1.00	1.00
2010	1.12	1.01	1.40	1.00	1.10	1.00	1.03	1.00	1.00	1.00	1.00	1.00	1.00	1.01	1.14	1.02	1.01	1.00	1.00
2011	1.10	1.13	1.30	1.00	1.10	1.02	1.02	1.00	1.00	1.00	1.00	1.00	1.00	1.01	1.00	1.00	1.01	1.00	1.00
2012	1.39	1.00	1.25	1.00	1.10	1.00	1.02	1.04	1.00	1.00	1.00	1.00	1.00	1.01	1.00	1.00	1.01	1.00	1.00
2013	1.58	1.00	1.12	1.22	1.10	1.03	1.02	1.04	1.00	1.00	1.00	1.00	1.00	1.01	1.10	1.02	1.00	1.00	1.00
2014	1.27	1.24	1.15	1.22	1.10	1.01	1.03	1.02	1.00	1.00	1.00	1.00	1.00	1.01	1.02	1.00	1.00	1.00	1.00
2015	1.32	1.52	1.10	1.16	1.10	1.00	1.03	1.05	1.00	1.00	1.00	1.00	1.00	1.03	1.01	1.00	1.00	1.00	1.00
2016	1.17	1.46	1.40	1.00	1.10	1.05	1.03	1.01	1.00	1.00	1.00	1.00	1.00	1.01	1.21	1.00	1.00	1.00	1.00
2017	1.23	1.19	1.32	1.00	1.10	1.03	1.03	1.02	1.00	1.00	1.00	1.00	1.00	1.01	1.00	1.00	1.00	1.00	1.00
2018	1.43	1.14	1.31	1.12	1.10	1.00	1.02	1.01	1.00	1.00	1.00	1.00	1.00	1.00	1.00	1.00	1.00	1.00	1.00
2019	1.31	1.28	1.28	1.11	1.10	1.02	1.02	1.00	1.00	1.00	1.00	1.00	1.00	1.00	1.00	1.00	1.00	1.00	1.00

数据来源：OECD。

表 3-7 欧盟部分农产品的 CNPC

年份	牛肉	大米	禽肉	糖	马铃薯	大麦	花卉	小麦	玉米	燕麦	油菜籽	葵花籽	大豆	牛奶	羊肉	猪肉	禽蛋	番茄	红酒
1986	2.34	2.26	1.30	3.36	1.17	2.57	1.09	2.16	2.10	1.83	1.00	1.00	1.00	4.61	2.34	1.00	1.68	1.17	1.08
1987	2.06	2.84	1.49	3.85	1.17	3.33	1.09	2.39	2.70	1.77	1.00	1.00	1.00	6.18	3.11	1.08	1.53	1.15	1.09
1988	1.81	2.40	1.59	2.84	1.17	1.85	1.09	1.87	1.79	1.14	1.00	1.00	1.00	2.88	2.65	1.31	1.70	1.15	1.10
1989	1.85	2.30	1.53	1.83	1.17	1.45	1.11	1.35	1.62	1.16	1.00	1.00	1.00	1.79	2.33	1.18	1.98	1.00	1.05
1990	2.02	2.41	1.64	2.00	1.16	1.94	1.09	1.62	2.07	1.48	1.00	1.00	1.00	1.93	1.90	1.17	1.59	1.02	1.07
1991	2.56	2.38	1.56	2.79	1.16	2.18	1.10	2.42	2.20	1.39	1.00	1.00	1.00	2.00	1.99	1.32	1.55	1.00	1.10
1992	2.06	2.38	1.80	2.97	1.17	2.02	1.10	1.66	2.02	1.62	1.00	1.00	1.00	1.89	1.88	1.01	1.50	1.00	1.11
1993	1.74	2.05	1.74	2.60	1.17	2.05	1.07	1.53	1.69	1.44	1.00	1.00	1.00	1.89	1.58	1.15	1.64	1.08	1.16
1994	1.62	2.32	1.71	2.27	1.16	2.00	1.07	1.39	1.45	1.43	1.00	1.00	1.00	1.87	1.58	1.16	1.30	1.11	1.10
1995	1.51	1.88	1.69	2.20	1.15	1.41	1.07	1.14	1.53	1.41	1.00	1.00	1.00	1.87	1.96	1.10	1.30	1.00	1.04
1996	1.51	1.33	1.50	2.39	1.14	1.02	1.06	1.00	1.14	1.34	1.00	1.00	1.00	2.45	1.75	1.09	1.07	1.02	1.04
1997	1.98	1.30	1.33	2.41	1.12	1.07	1.05	1.00	1.19	1.24	1.00	1.00	1.00	1.89	1.41	1.04	1.05	1.00	1.06
1998	2.12	1.17	1.36	2.81	1.11	1.62	1.05	1.22	1.31	1.48	1.00	1.00	1.00	2.15	1.42	1.08	1.08	1.00	1.03
1999	2.19	1.00	1.44	3.38	1.11	1.42	1.05	1.30	1.37	1.81	1.00	1.00	1.00	2.16	1.48	1.38	1.11	1.00	1.02
2000	2.00	1.00	1.41	2.82	1.10	1.01	1.03	1.05	1.09	1.59	1.00	1.00	1.00	1.68	1.51	1.16	1.07	1.00	1.02
2001	2.13	1.39	1.35	2.43	1.10	1.00	1.04	1.00	1.01	1.31	1.00	1.00	1.00	1.39	1.36	1.15	1.05	1.00	1.02
2002	2.36	1.22	1.44	1.93	1.10	1.00	1.02	1.00	1.00	1.00	1.00	1.00	1.00	1.85	1.27	1.11	1.03	1.00	1.02
2003	1.84	1.16	1.48	3.52	1.10	1.01	1.02	1.01	1.25	1.02	1.00	1.00	1.00	1.82	1.29	1.15	1.03	1.02	1.02

（续）

年份	牛肉	大米	禽肉	糖	马铃薯	大麦	花卉	小麦	玉米	燕麦	油菜籽	葵花籽	大豆	牛奶	羊肉	猪肉	禽蛋	番茄	红酒
2004	1.79	1.13	1.77	3.25	1.09	1.16	1.02	1.00	1.10	1.19	1.00	1.00	1.00	1.65	1.23	1.16	1.02	1.00	1.01
2005	1.92	1.05	1.51	2.76	1.09	1.11	1.03	1.00	1.15	1.18	1.00	1.00	1.00	1.37	1.19	1.07	1.04	1.00	1.01
2006	1.89	1.23	1.40	1.65	1.10	1.06	1.02	1.00	1.09	1.00	1.00	1.00	1.00	1.24	1.33	1.06	1.03	1.00	1.01
2007	1.80	1.24	1.64	1.93	1.10	1.00	1.02	1.00	1.30	1.00	1.00	1.00	1.00	1.00	1.35	1.00	1.02	1.00	1.01
2008	1.40	1.22	1.50	1.76	1.10	1.07	1.02	1.00	1.00	1.00	1.00	1.00	1.00	1.11	1.25	1.00	1.02	1.00	1.01
2009	1.48	1.14	1.59	1.18	1.10	1.08	1.03	1.00	1.00	1.00	1.00	1.00	1.00	1.00	1.29	1.00	1.01	1.00	1.00
2010	1.12	1.00	1.40	1.00	1.10	1.00	1.03	1.00	1.00	1.00	1.00	1.00	1.00	1.00	1.14	1.02	1.01	1.00	1.00
2011	1.10	1.12	1.30	1.00	1.10	1.02	1.02	1.00	1.00	1.00	1.00	1.00	1.00	1.00	1.00	1.00	1.01	1.00	1.00
2012	1.39	1.00	1.25	1.00	1.10	1.00	1.02	1.04	1.00	1.00	1.00	1.00	1.00	1.00	1.00	1.00	1.01	1.00	1.00
2013	1.58	1.00	1.12	1.21	1.10	1.03	1.02	1.04	1.00	1.00	1.00	1.00	1.00	1.00	1.10	1.02	1.00	1.00	1.00
2014	1.27	1.24	1.15	1.22	1.10	1.01	1.03	1.02	1.00	1.00	1.00	1.00	1.00	1.00	1.02	1.00	1.00	1.00	1.00
2015	1.32	1.52	1.10	1.15	1.10	1.00	1.03	1.05	1.00	1.00	1.00	1.00	1.00	1.02	1.01	1.00	1.00	1.00	1.00
2016	1.17	1.46	1.40	1.00	1.10	1.05	1.03	1.01	1.00	1.00	1.00	1.00	1.00	1.00	1.21	1.00	1.00	1.00	1.00
2017	1.23	1.19	1.32	1.00	1.10	1.03	1.03	1.02	1.00	1.00	1.00	1.00	1.00	1.00	1.00	1.00	1.00	1.00	1.00
2018	1.43	1.14	1.31	1.12	1.10	1.00	1.02	1.01	1.00	1.00	1.00	1.00	1.00	1.00	1.00	1.00	1.00	1.00	1.00
2019	1.31	1.28	1.28	1.11	1.10	1.02	1.02	1.00	1.00	1.00	1.00	1.00	1.00	1.00	1.00	1.00	1.00	1.00	1.00

数据来源：OECD。

这表明欧盟对牛奶生产基本不再实行贸易保护。初期，羊肉保护程度很高，1987 年 PNPC 达到最高（3.11），随后波动下降，2010 年降到 1.14，2011 年以来基本维持在 1（2013 年和 2016 年除外，分别为 1.10 和 1.21）。猪肉保护程度相对较低，1986—2006 年均未超过 1.4，2007 年以来基本维持在 1。1986—1995 年，禽蛋的 PNPC 在 1.30～2.00 波动，1996—2011 年在 1.01～1.11 波动，此后基本稳定在 1。

4. 其他

欧盟对红酒、番茄和花卉的贸易保护程度低。红酒的 PNPC 最高仅为 1993 年的 1.16，1998—2008 年其生产者价格不超过国际市场的 4%，此后稳定在 1。番茄的 PNPC 1995 年以来基本维持在 1。花卉的 PNPC 最高仅为 1989 年的 1.11，1997 年以来均不超过 1.05。

上述产品历年 PNPC 和 CNPC 的趋势一致，许多产品多年 PNPC 和 CNPC 的数值相同（表 3-6 和表 3-7）。

三、评估结论

随着 WTO 谈判的不断深入和欧盟自由贸易区范围的不断拓展，欧盟农产品的市场开放程度不断提高，农业贸易政策自由化程度提高，贸易保护程度大幅降低，多数价格与国际市场相同，这大大增强了欧盟农业的竞争力。

但是，欧盟仍然是全球对农产品市场高度保护的 WTO 成员之一。由于欧盟 28 国在 WTO 谈判中保留了超过 720 亿欧元的综合支持量（AMS）空间，同时还保留了从量税、季节税、选择税、高关税、关税配额和特保措施等政策手段，欧盟具备了足够的调控空间和调控手段，能够有效地保护欧盟农产品市场不受进口冲击，有效地保障欧盟主要农产品的供给和农民收入。

第四章 CHAPTER 4

欧盟共同农业政策

共同农业政策（Common Agriculture Policy，简称CAP）一直是欧共体和欧盟的核心政策之一，也是联盟内最早实施的共同政策。从1962年出台以来，为保障粮食安全、促进欧盟各区域平衡发展和实现农业的可持续发展，共同农业政策历经了多次改革，到目前形成了包括市场支持和直接转移支付、农村发展两个支柱的政策体系。

第一节　政策的出台

一、出台过程

由于第二次世界大战对农业的破坏，欧共体粮食供应不能得到稳定的保障，粮价波动大，农民生产积极性遭到极大挫伤。为了增加粮食供给，稳定农产品价格，提高农民生产积极性，欧共体希望出台共同农业政策，鼓励农业生产。

1957年的《罗马条约》为共同农业政策制定了五个目标，即提高农业生产力、保障农民与其他行业人员有相同的生活水平、保障食物供给、稳定农产品市场和以合理价格提供稳定的供给。

《罗马条约》为共同农业政策制定了目标，但并未对共同农业政策的具体内容和实施做出规定。1958年7月3—12日，欧洲委员会专家、欧共体六国（法国、联邦德国、意大利、荷兰、比利时和卢森堡）农业部长、农场主工会代表和各成员国专家齐聚意大利的斯特雷扎，开始协商制定共同农业政策。会后，农业委员Sicco Mansholt开始起草提案。

1960年6月30日，共同农业政策提案出台，致力于实现以下目标：建立农产品在欧共体六国自由流动的统一大市场，消除贸易壁垒，使各成员国农产品价格逐步一致，价格有保障，欧共体内部的产品优先，可以进行干预，建立欧洲农业指导和保障基金（EAGGF），建立共同预算。经过漫长谈判，1961年底各方达成妥协，就共同农业政策的基本问题制定了总原则。1962年1月14日，共同农业政策正式生效。从共同农业政策的发展历程看，初始阶段的政策全部为市场支持政策。

二、主要内容

共同农业政策由三个支柱原则、两个主要的实施机制以及一系列政策措施构成。

（一）三个支柱原则

一是单一市场原则，即要求消除成员国间的交易壁垒，在欧共体内实行统一的价格；二是财政统一原则，即共同农业政策的价格支持经费均由欧共体预算承担；三是内部优先原则，原则上只有欧共体无法满足需求时才从欧共体之外的国家进口，在实践中主要是通过共同外部关税和边境价格等措施来控制进口。

（二）两个实施机制

1. 共同市场组织

1962年1月14日，欧洲理事会通过决议，建立谷物、猪肉、禽蛋、禽肉、果蔬和葡萄酒六类产品的共同市场组织，并要求设置乳品、牛肉和食糖的日程表等措施，促进联盟内部贸易。从实践看，1966年11月1日，橄榄油首先实行了统一价格；1967年7月1日，谷物、食糖、植物脂肪和植物油实施统一价格；1967年9月1日，稻谷实施统一价格；1968年4月1日，牛奶、奶制品以及牛肉实施统一价格。到20世纪90年代初，欧共体国家置于统一的农产品价格体系和共同农业政策管辖之下的农产品有谷物、水稻、蔬菜、水果、糖、酒类、烟草、牛奶、肉、蛋、植物油、动物脂肪和油料等，占欧共体生产的农产品的96%左右。欧共体总共建立了21个产品的共同市场组织，负责实施市场和价格政策，但干预程度和干预手段因产品性质不同而有差异。

2. 欧洲农业指导和保障基金

1962 年 1 月 14 日，欧洲理事会通过决议，要求建立欧洲农业指导和保障基金，为欧共体提供农业政策资金保障。EAGGF 下设的保障部门提供农产品市场干预和价格支持的全部资金。

（三）政策措施

政策措施也就是市场支持政策，旨在建立对外统一的农产品关税壁垒和对内统一的农产品价格体系。市场支持政策主要包括价格政策和干预政策。

1. 价格政策

价格政策通过一套价格体系进行运作，具体包括目标价格、干预价格和门槛价格。这一体系对内是统一农产品价格，对外则是统一农产品关税，价格用欧洲货币单位埃居（现在用欧元）作为计算单位。目标价格是价格机制的中心，干预价格是农产品价格的下限，这两个价格均在每年生产之前公布。门槛价格则是为了保护欧共体农产品免受进口冲击。在这一价格体系下，目标价格最高，门槛价格次之，干预价格最低。通过门槛价格、目标价格和干预价格等措施对欧共体市场价格实行统一管理，维护市场平衡，保护生产者利益。

2. 干预政策

干预政策主要包括公共干预、私人存储、进口干预、出口干预和产量配额。公共干预的产品是建立了共同市场组织的产品，主要包含谷物、橄榄油、糖、猪牛羊禽肉、奶和奶制品以及果蔬等。同时鼓励私人存储，如猪肉等。进口干预主要包括征收差价税、进口许可证、进口数量配额管理和保障措施等。出口干预主要是出口补贴，包括谷物、食糖、肉蛋奶等产品。

三、实施效果

由于 CAP 人为推高了农产品价格，农民生产积极性得到了广泛调动，欧共体农产品自给水平迅速提高，1968 年起欧共体主要农产品已开始过剩。农产品过剩成为困扰 CAP 发展的一大难题。农产品过高的目标价格和干预价格导致大量农产品过剩，过剩客观上又打压了农产品市场价格，这又迫使欧盟必须拿出大量资金干预救市。由于农民对欧盟干预救市的预期非常稳定，因此又会无节制地生产，导致恶性循环。同时，欧盟需要为干预收购的大量农产品找到销路，出口成为主要选择。由于欧盟农产品价格大大高于国际市场价格，这使得欧盟必须斥巨资对农产品出口进行补贴。对内的价格干预和对外的出口补贴虽然保障了农民收入和市场供应，但这也意味着欧盟每年必须支付巨额的财政资金，这给 CAP 的财政预算带来了巨大压力，这一压力也是推动 CAP 改革的不竭动力。

第二节　市场支持政策的演变

随着 CAP 的运行，控制支出、缓解农产品过剩问题成了头号难题。为了加速农场结构调整、解决农产品过剩，CAP 被迫进行改革。

一、20 世纪 80 年代改革

为应对农产品过剩给 CAP 带来的巨大财政压力，欧盟委员会进行了许多改革。1980 年 5 月 30 日，欧盟理事会决定调整农场结构，并强制欧盟委员会拿出 CAP 的改革提案。1981 年 6 月 24 日，欧盟委员会提交了改革提案，并于同年 7—10 月对改革措施进一步细化，但效果并不明显。1983 年 7 月，欧盟委员会提议把已经应用于食糖的产量配额制度拓展到牛奶领域；1984 年牛奶产量配额制度正式生效。1985 年 1 月，新一届欧盟委员会决定发起对 CAP 看法的公共讨论。1985 年底，欧盟委员会以绿皮书的形式发布了公共讨论的结果。在此基础上，1988 年 CAP 引入了预算稳定器［CAP 资金增速不能高于欧盟国民生产总值（GNP）增速的 74%］，设定接受补贴的最大数量和制定农业结构调整的新方案，使保障资金和结构调整资金的分配更加协调。但这些改革并没有从根本上解决农产品过剩问题。1973—1988 年，欧共体农业产量年均增长 2%，而消费同期仅增长 0.5%。巨大的财政压力促使 1992 年 CAP 开始了历史性的改革。

二、1992 年改革

1992 年，CAP 进行了历史性的一次改革。这次改革最关键的步骤是引入了挂钩直接转移支付，把削减的价格支持资金转移到挂钩直接转移支付。

（一）改革原因

从外因上看，CAP 对农产品价格的扭曲引发了贸易伙伴的不满，贸易争端日益增多，这使欧共体在贸易谈判中变得被动；乌拉圭回合谈判的深入迫使欧共体必须改革 CAP。但 CAP 改革的主要推动力还是来自欧共体内部，主要是以下几方面的原因：一是 CAP 的财政压力依然巨大。在整个 20 世纪 80 年代，欧共体一些农产品几乎长期过剩，被形象地称为“红酒湖”“牛奶湖”“黄油山”和“牛肉山”。处理过剩农产品成为困扰欧共体的一大难题，虽然其中一些过剩农产品在出口补贴的帮助下可以出口，但其余大部分产品必须储存在欧共体或者在欧共体内部处理。以 2011 年不变价格计算，CAP 的总支出从 1980 年的略超 200 亿欧元上升到 1991 年的将近 500 亿欧元，CAP 支出占欧共体财政支出的比例始终高于 60%（图 4-1）。二是引起了消费者和纳税人的不满。欧共体的价格补贴使其食品价格远高于世界水平，增加了居民食品支出。三是 CAP 以产量为基础的补贴客观上鼓励了生产。这一方面造成了对环境的破坏；另一方面造成大量补贴流向少数大农场，大量中小农场获得的补贴很少。这意味着 CAP 需要进行大变革，才能从根本上解决农产品过剩的问题。

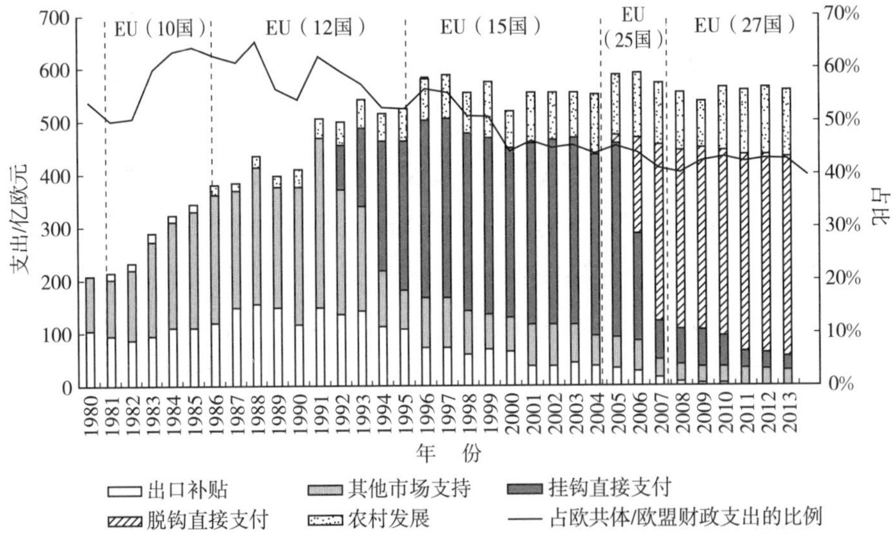

图 4-1　CAP 历年支出及演变一览（以 2011 年不变价格计算）

资料来源：欧盟农业与农村发展总司。

（二）改革内容

1992 年 5 月 21 日，欧共体理事会通过了 CAP 改革协议。改革的重要步骤是在实质性削减谷物和牛肉干预价格的同时引入了挂钩直接转移支付，这是本次改革最核心的措施。直接转移支付和市场支持一起构成了 CAP 的第一支柱。市场支持改革的主要内容是大幅降低价格支持水平。在 1994—1996 年的 3 年间，谷物的干预价格水平下降 35%，牛肉的干预价格水平下降 15%，这使欧盟市场价格更加接近世界市场价格。

三、2000 年议程

（一）改革原因

世纪之交，欧盟对 CAP 进行了再一次改革。这次改革从动因来看，主要是为了满足《阿姆斯特丹条约》[①] 中提出的经济、社会和环境要求目标。从当时欧盟内外部的情形来看：一是新一轮 WTO 谈判即将开始，欧盟需要增强其农业在国际农产品贸易市场上的竞争力，强化欧盟在谈判中的地位。二是 1998 年 3 月，欧盟开始与波兰、匈牙利、捷克、斯洛文尼亚、爱沙尼亚和塞浦路斯 6 国进行入盟谈判，马耳他、斯洛伐克、拉脱维亚和立陶宛 4 国也等待着谈判。若 10 国都加入，欧盟的农业劳动力和耕地将分别增加 55%和 25%。如果不改革，预计到 2006 年欧盟的谷物将过剩 5 000 万～6 000 万吨，牛肉将过剩150 万吨，CAP 的支出将大大超出预算。三是欧盟当时的预算框架于 1999 年到期，需要制定 2000—2006 年新的财务框架。

（二）改革内容

（1）价格支持水平进一步下降，同时涉及的品种范围也扩大。其中谷物和牛肉的干预价格分别再下降 15%和 20%，从 2004/2005 年度起牛奶的干预价格下降 15%，但牛奶配额增加 2%。

（2）强化财政约束。欧盟预算上限为欧盟 GNP 的 1.27%；农业支出的增

① 《阿姆斯特丹条约》是对 1951 年《巴黎条约》、1957 年《罗马条约》和 1992 年《马斯特里赫特条约》的修订，于 1999 年 5 月 1 日正式生效。

速为欧盟 GNP 增速的 74%（农业指导线），2000—2006 年 CAP 预算总额定为 2.75 亿欧元（以 1997 年不变价格计算）。

此外，欧盟将进口数量配额调整为关税配额。乌拉圭回合谈判后，进口数量管理不再适用，欧盟对部分农产品实行关税配额管理，主要是果蔬和加工果蔬产品，包括番茄、葱类蔬菜、卷心菜、莴苣、萝卜、黄瓜、豆类等新鲜或冷冻蔬菜，坚果、香蕉、无花果、菠萝、柑橘、葡萄、甜瓜、苹果、杏、樱桃、桃、梨及其他新鲜或暂时保藏的水果或干果，果胶以及上述果蔬的加工品。对配额内外的产品关税有别，有些产品实行特惠关税。

四、2005—2008 年改革

（一）EAGGF 改革

2005 年，在原有 EAGGF 及其下设的保障部门的基础上成立了欧洲农业保障基金（EAGF），为市场支持和直接转移支付提供资金；原 EAGGF 下设的与农村发展相关的部门以及指导部门则进入新的欧洲农业农村发展基金（EAFRD），为农村发展提供资金。

（二）组建单一共同市场组织

为了减轻监管负担，欧盟委员会 2005 年提议建立单一共同市场组织（SCMO），替代以前各个产品的共同市场组织。在 CAP 的改革历程中，这一改革也称为“CAP 的简化”。2007 年 10 月 22 日，欧盟委员会通过了第 1234/2007 号条例，即 SCMO 替代当时的 21 个不同产品的共同市场组织（果蔬、加工果蔬和葡萄酒未达成协议，没进入单一共同市场组织；生物能源作物、养蜂、养蚕等则被列入考察对象）。SCMO 形成了新的市场支持政策，通过一套新的价格体系来运行。新价格体系包括参考价格、干预价格和边境价格，这一价格体系替代了原有的包括目标价格、干预价格和门槛价格的价格体系。但新价格体系仍或多或少带有原有价格体系的痕迹，在不同的场合有时还使用着过去的词汇，只是含义已经不同。

（三）2008 年体检

2008 年，欧盟对 CAP 进行了体检，继续减少市场干预。废除对猪肉的干预，对大麦和高粱实行零干预。对小麦的干预价格定为101.3欧元/吨，最多不超过300万吨，超过后采取招标购买。对黄油和脱脂奶粉的干预收购量分别为3万吨和10.9万吨，超过后采取招标购买。2009/2010年度至2013/2014年度，牛奶产量配额每年增加1%，2015年4月废除牛奶产量配额制度。同时欧盟成员国也可以根据市场状况，对奶农进行援助。

五、2013年改革

2013年的CAP改革进一步降低了市场支持。保留了出口补贴、学生牛奶和水果计划，减少了公共干预和私人存储的产品品种，废除了食糖、乳品和红葡萄酒的产量限制，建立危机储备资金，加强了对生产者合作的支持。总体来看，本次改革减少了对市场的直接干预，更加侧重对生产者的支持和危机应对。改革后市场支持资金总额低于CAP总支出的5%。

（一）减少了公共干预和私人存储的产品品种

无论是公共干预还是私人存储，均需依照授权法案执行。在公共干预方面：①保留了普通小麦、硬麦、大麦、玉米、大米、牛肉、黄油和脱脂奶粉8种产品。黄油和脱脂奶粉的干预截止日期延长了1个月，即从以前每年的3月1日至8月31日延长到9月30日。②取消了高粱、白糖和原糖3种产品。在私人存储方面：①保留了白糖、3种橄榄油、猪肉、牛肉、绵羊肉和山羊肉8种产品。②调整了3类产品，将无盐和有盐黄油调整为必须是直接用纯牛奶中的奶油生产的黄油；将长期保存的或者用羊奶生产的到期日至少还有6个月的奶酪调整为受原产地保护和地理标识保护的奶酪；将由欧盟许可的企业直接用纯脱脂牛奶生产的质量上乘的脱脂奶粉调整为用牛奶生产的脱脂奶粉。③取消了帕达诺、帕玛森和普罗卧3种奶酪以及奶油这4种产品。④新增了原糖和亚麻纤维2种产品。

（二）废除食糖、乳品和红葡萄酒的产量限制

本次改革确认了将分别在2015年和最晚于2018年废除乳制品产量配额和葡萄种植权，并预计在2017年9月30废除食糖产量配额，但特殊情况下可以给予食糖领域一定的调整时间。废除食糖产量配额后，糖厂和农民之间的标准

合同将继续保留，白糖可以获得私人存储援助。

（三）建立危机储备资金

危机储备也称保障性条款，各产品领域均适用，金额为4亿欧元（以2011年不变价格计算），从直接转移支付资金中扣除，当年未用完的资金下年返还农民。若遭遇严重市场失衡，欧盟委员会可授权生产者组织及其分支机构采取临时性综合措施（如退市、私人存储等）来稳定市场。

（四）加强对生产者合作的支持

本次改革加强对生产者合作的支持政策主要包括三方面：一是一些法律法规有可能提高生产者组织在所有领域的供货合同谈判能力，同时也可能提高其在棕榈油、牛肉、谷物和其他特定作物领域集体讨价还价的能力；二是鼓励生产者合作、增强食物链的运行功能，为此专门成立了食品供应链决策小组；三是在特殊情况下，受地理标识认证保护和以原产地命名的火腿的生产者组织可以控制产量。欧盟委员会将为这些组织提供增强竞争力的指导。

果蔬领域是生产者组织支持的重点，生产者组织运营的项目通常为3～5年，由生产者组织、成员国和欧盟共同出资。但欧盟对单个项目的出资最高为50%～60%，且其中的10%必须用于与环境相关的行动。欧盟对单个生产者组织的资助不超过该组织生产销售额的4.1%～4.6%，对相关联的生产者组织的累计资助不超过其生产销售额的4.7%。

此外，以前一些较小的和没有使用的支持措施将被废除，如对动物饲料和酪蛋白中使用脱脂牛奶和脱脂奶粉的援助和对桑蚕的挂钩直接转移支付。

第三节　直接转移支付政策的演变

一、1992年改革

本次改革最重要的特点就是引入了挂钩的直接转移支付。引入直接转移支付，将原来以价格支持为中心的实施机制转变为价格支持和直接转移支付并用的机制，事实上是把价格支持削减的资金转移到直接转移支付。对种植业来说，直接转移支付与新旧支持水平的差异、历史平均产量、历史平均种植面积等因素相关。对于畜牧业的补贴则按头数进行计算（适用于婴幼奶牛和公肉牛），同时对地区总额上限、成年公牛和存栏比例等都有明确的要求。因此这种直接转移支付是与现有产量或牲畜数量进行挂钩的补贴。此外，休耕和缩减牛奶生产配额也可以获得直接转移支付。

二、2000 年议程

在直接转移支付上，确立了交叉遵守的原则。当某些地区不满足交叉遵守或农业劳动力下降到某一特定水平时，允许成员国减少对这些地区的直接转移支付，减少的直接转移支付资金可以用于成员国的环境项目，同时也要求对接受直接转移支付金额超过 10 万欧元的大农场逐步削减补贴。

三、2003 年改革

2003 年改革有几个重要的创新，包括脱钩直接转移支付、强制性交叉遵守和强制性资金调整（削减第一支柱资金，转移到第二支柱），并制定了 2007—2013 年欧盟农村发展政策。

（一）脱钩直接转移支付

脱钩直接转移支付是 2003 年 CAP 改革中最重要的措施，即引入了单一农场转移支付计划，也叫单一转移支付计划。单一转移支付计划下直接转移支付金额不再和农产品产量或牲畜数量挂钩。使用挂钩直接转移支付的欧盟 15 国最早可以于 2005 年 1 月 1 日起实施这一计划，最晚于 2007 年 1 月必须实施。欧盟将在两年内（从各成员国开始实施单一转移支付计划的时间开始计算，最晚也就是 2009 年）对欧盟 15 国单一转移支付计划的实施情况进行检查。考虑到新成员实施单一转移支付计划存在困难，因此允许它们使用单一面积转移支付计划（SAPS）作为过渡。

在脱钩直接转移支付下，转移支付金额的确定依据是受转移支付的历史记录和作物面积的历史记录。脱钩直接转移支付以 2000—2002 年为基期，在操作上主要有三种方法：一是基本（历史）法，即每个农民获得的脱钩直接转移支付金额根据其在基期获得的转移支付金额来计算，本国直接转移支付总额的增减也将导致农民获得脱钩直接转移支付金额的相应增减。二是地区（均价）法，即以本地区在基期获得的转移支付金额除以单一转移支付计划实施时可以享受补贴的土地数量，得出的平均数为一个单位的权益。实施单一转移支付计划时本地区各个农民有多少土地，也就相应有多少份权益，从而参与本地区脱钩直接转移支付的分配，这在一定程度上会导致转移支付金额在农场主之间的重新分配。三是混合法，即以上两种的混合，也就是部分采取基本法，部分采取地区法。如果成员国的混合标准不随时间改变，则称为静态混合法；如果成员国的混合标准随时间改变相应调整，则称为动态混合法。此外，欧盟还调节了直接转移支付金额的上限，削减的直接转移支付资金转向农村发展。对大农场的直接转移支付金额封顶为 30 万欧元，2007—2013 年每年削减 3%，直至累计削减 20%；低于 5 000 欧元的不削减。

（二）强制性交叉遵守

2000 年 CAP 改革议程就提出了交叉遵守的原则，但当时是自愿措施，且只需符合环境标准。本次改革中，交叉遵守制度则成为强制性措施，而且要求脱钩直接转移支付需要遵守环境、食品安全、动物健康和动物福利标准等方面的法规要求。所有获得直接转移支付的农民（即使不是获得脱钩直接转移支付的农民）必须符合交叉遵守制度的要求。一是保持所有耕地良好的农业和环境状况。所有希望获得直接转移支付的农民，无论他们的土地是否实际生产，必须遵守欧盟第 1782/2003 号条例附录 4 的要求（如土壤保护等）。二是农民必须遵守欧盟第 1782/2003 号条例附录 3 中 18 个欧盟指令的法定管理要求。这些指令涉及公众和动植物健康以及动物福利。若不遵守交叉遵守制度，农场主获得的直接转移支付资金将会被削减甚至完全取消。

（三）强制性资金调整

资金调整是指削减第一支柱的资金，转移到第二支柱以支持农村发展。2000 年 CAP 改革议程就提出了资金调整，当时是基于自愿而非强制，事实上也很少有成员国自愿采用。本次改革要求各成员国必须按照设定的时间进行调整。除获得直接转移支付金额低于 5 000 欧元的农民、欧盟的海外省以及新入盟的成员国外，此次资金调整适用于欧盟所有农民。为了筹集本次改革新提出的农村发展措施所需的资金，所有直接转移支付资金（挂钩和脱钩）都要削减，2005 年和 2006 年分别削减 3%和 4%，2007—2012 年各年均削减 5%，大农场的直接转移支付金额封顶在 30 万欧元。各成员国 2005 年削减额的 33%、2006 年削减额的 25%和 2007—2012 年各年削减额的 20%将留在本国，其余资金将在欧盟所有成员国之间统一分配。分配标准主要有农场面积、农业就业人口和按购买力计算的人均 GDP。通常各成员国至少要获得本国调整资金的 80%。黑麦占本国谷物产量比例较高的（2000—2002 年欧盟平均是 5%）或 2000—2002 年本国黑麦产量超过欧盟黑麦总产量 50%的成员国，将至少获得本国调整资金的 90%。

2003 年改革是 CAP 改革的又一个里程碑，从挂钩直接转移支付到脱钩直接转移支付的演变使欧盟的农业补贴从“黄箱”演变为“绿箱”，强制性调整大大强化了 CAP 的第二支柱，而强制性交叉遵守制度有利于发挥欧盟农业在欧盟经济社会和环境中的作用。

四、2008 年体检

由于欧盟一些老成员国一直在某些领域沿用挂钩直接转移支付，2008 年 CAP 改革同意对产奶奶牛、山羊和绵羊继续维持当时水平的挂钩直接转移支付，其余产品需脱钩。但 2004—2007 年加入欧盟的 12 个新成员国所使用的单一面积转移支付可沿用到 2013 年，不会在 2010 年被单一转移支付计划强制替代。从2012 年开始，一系列小的转移支付措施将实行脱钩，转移到单一转移支付计划。取消能源作物保费补贴。

所有接受直接转移支付超过 5 000 欧元的农民，他们获得的直接转移支付总额的 5%将被转移到农村发展预算，到 2012 年这一比例提高到 10%。如果每年接受的直接转移支付额超过 30 万欧元，转移比例将再提高 4%。废除 10%的休耕计划，使农民最大化他们的产量潜能。对年轻农民的投资援助从 5.5 万欧元提高到 7 万欧元。

此次改革中，对具有特殊问题的领域的援助规定：欧盟 12 个新成员国可以用其国内直接转移支付总额的 10%作为上限对某一农作物进行直接转移支付，用于改善环境、提高产品质量或者市场营销等。但事实上，这笔资金的使用非常灵活，可以随便用于别的领域。为了 12 个新成员能够更好地运用这一条款，欧盟提供了 9 000 万欧元的资金，直到他们完全采用单一转移支付计划。使用单一转移支付计划的新成员国可以把本国当时未用完的资金用于这一条款或转移到农村发展基金。

五、2013 年改革

2013 年 CAP 改革新增了 6 项转移支付措施见图 4－2。

- CAP 政策框架
  - 第一支柱
    - 直接转移支付
      - **自愿直接转移支付**
        - **自然条件恶劣地区直接转移支付≤5%**
        - **小农场直接转移支付≤10%**
        - **挂钩直接转移支付≤15%**
        - **重新分配直接转移支付≤30%**
      - 强制直接转移支付
        - **青年农民直接转移支付≤2%**
        - **绿色直接转移支付＝30%**
        - 新基础直接转移支付<70%
    - 市场支持（主要方面）
      - 取消糖酒奶产量配额
      - 强化对生产者合作的支持
      - 强化危机应对
      - 公共干预和私人存储
      - 学生牛奶和水果计划
      - 出口退税
  - 第二支柱——农村发展（6 个优先方面）
    - 知识转化和创新
    - 增强农业、林业竞争力
    - 农业产业链发展
    - 生态系统
    - 资源效率和低碳经济
    - 社会包容、减贫和经济发展

图 4－2　2014—2020 年 CAP 政策框架

资料来源：根据《Overview of CAP Reform 2014－2020》整理。

注：1. 直接转移支付中的百分比指该项补贴占成员国直接转移支付总额的比例。

2. 加粗字体为本次改革的新增措施，未加粗字体的“新基础直接转移支付”是整合了以前的直接转移支付。

本次改革后，直接转移支付分为强制直接转移支付和自愿直接转移支付。若不考虑两个支柱间的资金转换，直接转移支付资金约占 CAP 支出的70%，主要用于稳定农民收入。2015—2020 年，欧盟各成员国直接转移支付上限见表 4－1。强制直接转移支付除整合了以前的直接转移支付（改革后叫“新基础直接转移支付”）外，新增了绿色直接转移支付和青年农民直接转移支付。自愿直接转移支付是新增内容，包括重新分配直接转移支付、自然条件恶劣地区直接转移支付、挂钩直接转移支付和小农场直接转移支付。

表 4－1　欧盟各成员国 2015—2020 财年直接转移支付上限

单位：百万欧元

国家/地区	2015 年	2016 年	2017 年	2018 年	2019 年	2020 年
比利时	544.0	536.1	528.1	520.2	512.7	505.3
保加利亚	642.1	721.3	792.4	793.2	794.8	796.3
捷克	875.3	874.5	873.7	872.8	872.8	872.8
丹麦	926.1	916.6	907.1	897.6	889.0	880.4
德国	5 178.2	5 144.3	5 110.4	5 076.5	5 047.5	5 018.4
爱沙尼亚	110.0	121.9	133.7	145.5	157.4	169.4
爱尔兰	1 216.5	1 215.0	1 213.5	1 211.9	1 211.5	1 211.1
希腊	2 047.2	2 039.1	2 015.1	1 991.1	1 969.1	1 947.2
西班牙	4 833.6	4 842.7	4 851.7	4 866.7	4 880.0	4 893.4
法国	7 586.3	7 553.7	7 521.1	7 488.4	7 462.8	7 437.2
克罗地亚	113.9	130.6	149.2	186.5	223.8	261.1
意大利	3 953.4	3 902.0	3 850.8	3 799.5	3 751.9	3 704.3
塞浦路斯	51.3	50.8	50.2	49.7	49.2	48.6
拉脱维亚	168.9	195.6	222.4	249.0	275.9	302.8
立陶宛	393.2	417.9	442.5	467.1	492.0	517.0
卢森堡	33.7	33.6	33.5	33.5	33.5	33.4
匈牙利	1 272.8	1 271.6	1 270.4	1 269.2	1 269.2	1 269.2
马耳他	5.2	5.1	5.0	4.9	4.8	4.7
荷兰	793.3	780.8	768.3	755.9	744.1	732.4
奥地利	693.7	693.1	692.4	691.8	691.7	691.7
波兰	2 970.0	2 987.3	3 004.5	3 021.6	3 041.6	3 061.5
葡萄牙	557.7	565.8	574.0	582.1	590.7	599.4
罗马尼亚	1 428.5	1 629.9	1 813.8	1 842.4	1 872.8	1 903.2
斯洛文尼亚	139.0	138.0	137.0	136.0	135.1	134.3
斯洛伐克	377.4	380.7	383.9	387.2	390.8	394.4
芬兰	523.2	523.3	523.4	523.5	524.1	524.6
瑞典	696.5	696.9	697.3	697.7	698.7	699.8
英国	3 548.6	3 555.9	3 563.3	3 570.5	3 581.1	3 591.7
欧盟	**41 679.9**	**41 923.9**	**42 128.9**	**42 131.8**	**42 168.6**	**42 205.4**

资料来源：Multiannual Financial Framework 2014 - 2020 and the financing of the CAP，http：//ec.europa.eu/agriculture/cap-funding/budget/mff-2014 - 2020/mff-figures-and-cap _ en.pdf。

注：不含棉花和 POSEI（最外围地区农业特殊支持措施）下的直接转移支付，未考虑两个支柱间的转换。

（一）强制直接转移支付

一是新基础直接转移支付。这是整合以前针对欧盟老成员国不同农场的单一转移支付计划和针对欧盟新成员国的单一面积转移支付计划。整合后，根据农场土地面积发放资金，这主要是为了应对当前单位土地面积获得的转移支付金额差异过大。改革后这一差异将逐步缩小，改革前单位面积获得的转移支付金额低于欧盟平均数90%的成员国，其获得的直接转移支付金额将增长，增长幅度为欧盟平均数的90%与它们当前单位面积获得转移支付金额之差的1/3，到2019年各成员国单位面积获得的转移支付金额必须达到一个最低数量标准（各国的最低标准有所不同）。新基础直接转移支付的资金上限低于直接转移支付资金总额的70%。二是绿色直接转移支付。主要包括保持永久性草地直接转移支付、作物多样化①直接转移支付、生态重点区②直接转移支付。通常有机农场和农业环境绿化计划下的措施可视同绿化。成员国必须把本国直接转移支付资金的30%用于绿色直接转移支付；若违反则要受欧盟处罚，第一年和第二年不削减资金，第三年和第四年欧盟则最多可分别削减该国直接转移支付资金的20%和25%。三是青年农民直接转移支付。必须将不超过本国直接转移支付总额的2%用于支持40岁及以下的青年农民。

（二）自愿直接转移支付

一是重新分配直接转移支付。成员国最多可以把本国直接转移支付总额的30%重新分配给面积小于30公顷③的农场主。二是自然条件恶劣地区直接转移支付。成员国最多可以将本国直接转移支付总额的5%用于支持自然条件落后地区，这并不影响这些地区同时获得农村发展资金的支持。三是挂钩直接转移支付。成员国最多可以把本国直接转移支付总额的8%（若目前挂钩直接转移支付比例高于5%则可提高到13%）用于支持对经济、社会和环境非常重要的农产品的生产。如保加利亚、希腊、西班牙和葡萄牙可以继续对棉花实行挂

---

① 10公顷以上农场至少种植两种作物，30公顷以上的农场至少种植3种作物。

② 如田地边缘带、树篱、休耕地、绿化带等。可耕地面积大于15公顷的农场必须保留5%以上的生态重点区，2017年之后可能提高到7%。

③ 若成员国农场平均面积大于30公顷，则取本国农场平均面积数。欧盟农场平均面积为15公顷，这意味着若采用本措施，则绝大多数小农场主获得的补贴将增加。

钩直接转移支付，但限制了支付额（表 4－2）。特殊情况下这一比例还可提高，如可能为蛋白作物提供额外 2%的挂钩直接转移支付。四是小农场直接转移支付。采用单一面积转移支付国家的农场主、一个日历年度获得总直接转移支付低于 100 欧元的农场主、获得直接转移支付的农场面积不足 1 公顷的农场主，可以申请加入小农场直接转移支付。加入小农场直接转移支付后，无论农场大小，农场主每年都可以获得一笔固定的资金，资金额度为 500～1 250 欧元，具体金额各成员国自行确定。但各成员国用于支持小农场直接转移支付的资金总额不得超过本国直接转移支付总额的 10%。

表 4－2　棉花的挂钩直接转移支付

国家	面积/公顷	固定单产/(吨/公顷)	支付额/(欧元/公顷)
保加利亚	3 342	1.2	584.88（2015 年） 其余：649.45
希腊	250 000	3.2	234.18
西班牙	48 000	3.5	362.15
葡萄牙	360	2.2	228

资料来源：Regulation（EU）No. 1307/2013，Article 58。

（三）削减大农场获得的转移支付

本次改革中，各成员国同意削减大农场获得的资金。对获得直接转移支付金额超过 15 万欧元的大农场，超过部分将至少削减 5%。若成员国采用了自愿直接转移支付的重新分配直接转移支付，则无须削减，因为重新分配直接转移支付的金额远超上述削减额。成员国也可选择将单个农场获得的转移支付金额封顶在 30 万欧元。为防止主业不是农业的农场主获得直接转移支付，欧盟要求各成员国必须采用负面清单。负面清单应当包括机场和铁路相关业务、水务、房地产以及永久性运动和游乐场等。负面清单的范围可以扩大。

第四节　农村发展政策的演变

一、早期萌芽

在 20 世纪 70 年代初，CAP 启动了第一轮改革，其标志性内容为

Mansholt 计划（M 计划）。M 计划鼓励将近 500 万农场主放弃农业，把他们的土地重新分配给其余保留下来的家庭农场，提高这些家庭农场的规模和活力，以使他们的收入和当地其他行业的收入相当。但 M 计划于 1972 年被欧盟农业委员会否决，只有其中 3 条改革的指导方针获得通过，即农业现代化、提前退休（以 55 岁为退休年龄）和向农民提供培训。1975 年，为推进 CAP 改革又增加了一条方针，即向在山地和难以耕种地区的农民提供更大扶持。这是农村发展政策最早的探索。

二、1992 年改革

本次改革主要是为了控制 CAP 的预算，同时提高欧共体农业的竞争力、稳定农产品市场、保护生物的多样性和生态环境。在环境要求方面，把农业环境指导措施从成员国层面上升到欧共体层面。涉及农村发展改革的主要内容包括：一是确立了休耕计划，休耕面积为 15%，控制农产品生产和财政预算开支的过度增长。二是增加对环境保护的投入，引入了农业环境计划、植树造林计划、生物多样性项目，继续实行提前退休（以 55 岁为退休年龄）计划。三是保持农民人数并保持农业稳定等。

三、2000 年议程

早在 1996 年 11 月的爱尔兰科克会议上，欧盟就指出可持续发展应该成为农村政策的基础原则。2000 年议程的改革目标是提出欧洲农业的具体模式，保护欧洲农业系统的多样性。具体包括：一是增强农业生产的市场导向性，提高农业竞争力；二是确保粮食安全和食品安全；三是稳定农业收入；四是把环境政策和农业政策融为一体；五是提升农村地区的活力；六是简政放权。

（一）政策目标

本次改革决定沿着 1992 年改革的方向推进。欧盟认为第一支柱（市场支持和直接转移支付）已经不足以实现 CAP 的目标，确定了把农村发展政策作为 CAP 的第二支柱，至此 CAP 的政策框架正式形成。本次改革确立了农村发展政策的三个目标：①通过结构政策措施，强化农业部门；②保护环境和维持乡村传统；③在农业的基础上发展农村的现代化和多样化。农村发展政策试图把分散的政策整合成一个统一的政策框架，强调在资金分配方面优先重视农村发展。

（二）改革内容

本次农村发展政策改革的内容具体包括对改善农场条件和促进农村活动多样性进行投资援助、青年农民首次创业援助、农民培训、促进农产品加工和营销、帮助农村改善基础设施（如村庄改造和连接互联网）、加强对自然条件较差的地区支持、鼓励提前退休、人工造林、对有利于改善环境的农业活动成本进行补贴以及为农村地区创造更加平等的发展机会。

四、2013 年改革

2013 年底，CAP 进行了新一轮的改革，设定了 2014—2020 年欧盟农业政策的框架。本次改革保留了市场支持和直接转移支付为第一支柱、农村发展政策为第二支柱的框架，但对其具体内容都进行了改革。本次对农村发展政策的改革强调了优先发展的 6 个方面，以与“欧盟 2020 战略”相衔接。

（一）改革背景

CAP 的持续改革为欧盟农村发展做出了积极贡献，但随着经济社会发展，欧盟农业面临新的挑战：一是经济方面，粮食安全形势不容乐观，全球化对欧盟农业的影响加大，农业生产力增速下降，农产品价格波动较大，农业生产成本增加，农民在食物供应链中地位下降。二是环保方面，资源利用效率有待提高，土地和水资源质量下降，生物多样性受到威胁。三是区域发展方面，农村人口数量减少，农村商业面临重新布局等问题。为应对这些挑战，欧盟委员会着手对 CAP 再次进行改革，2014 年底正式达成改革协议。

（二）改革目标

本次的改革目标与 CAP 长期目标相对应。经济方面，CAP 的长期目标是要实现适应需求变化的粮食生产，本次改革的目标是增强欧盟农业的竞争力；环境方面，CAP 的长期目标是实现自然资源可持续管理与应对气候变化，本次改革的目标是改善欧盟农业发展的可持续性；区域发展方面，CAP的长期目标是实现区域平衡发展，本次改革的目标是提高农村发展政策的有效性（图4-3）。

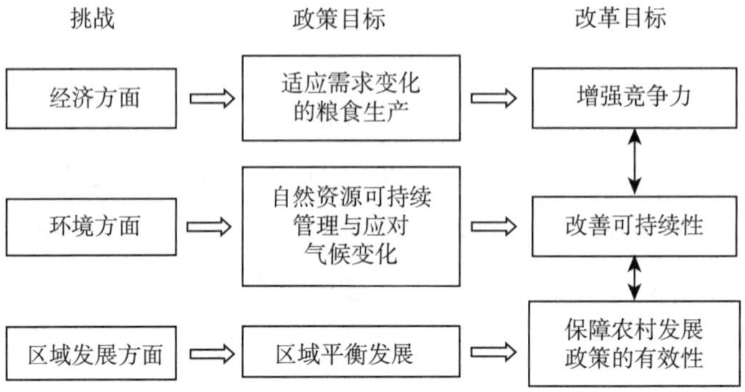

图4-3　2013年欧盟CAP改革面临的挑战与改革目标

（三）资金预算

为了实现上述目标，本次改革后各年的预算额与2013年相比变化不大，但对预算资金的具体使用赋予了更大的灵活性。2014—2020年，各年CAP的市场支持和直接转移支付、农村发展两个支柱的预算均不超过2013年水平。2014—2020年，两个支柱预算上限累计分别为3 127亿欧元和956亿欧元，总额4 083亿欧元，平均每年约583亿欧元（图4-4）。但本次改革增强了两个支柱的联系，即从2015年起，各成员国可把本国获得的CAP资金在两个支柱间相互转换，转换额不超过本国CAP总额的15%①。若不考虑两个支柱间的资金转换，欧盟每年的市场支持、直接转移支付和农村发展资金的上限分别约为27亿欧元、422亿欧元②和137亿欧元。相比欧盟委员会此前的提案，若以2011年不变价格计算，第一支柱和第二支柱的总额分别削减了1.8%和7.6%。但即便如此，CAP支出占欧盟预算总支出的比例依然高达37.8%。

① 由于立陶宛、爱沙尼亚、拉脱维亚、罗马尼亚、匈牙利、斯洛伐克、葡萄牙、波兰和英国9国每公顷耕地获得的直接转移支付金额低于欧盟平均值的90%，欧盟允许其将本国第二支柱资金的25%转移到第一支柱。

② 不包含棉花直补、偏远和岛屿地区特殊支持项目（Programmes of Options Specifically Relating to Remoteness and Insularity）的直接转移支付。

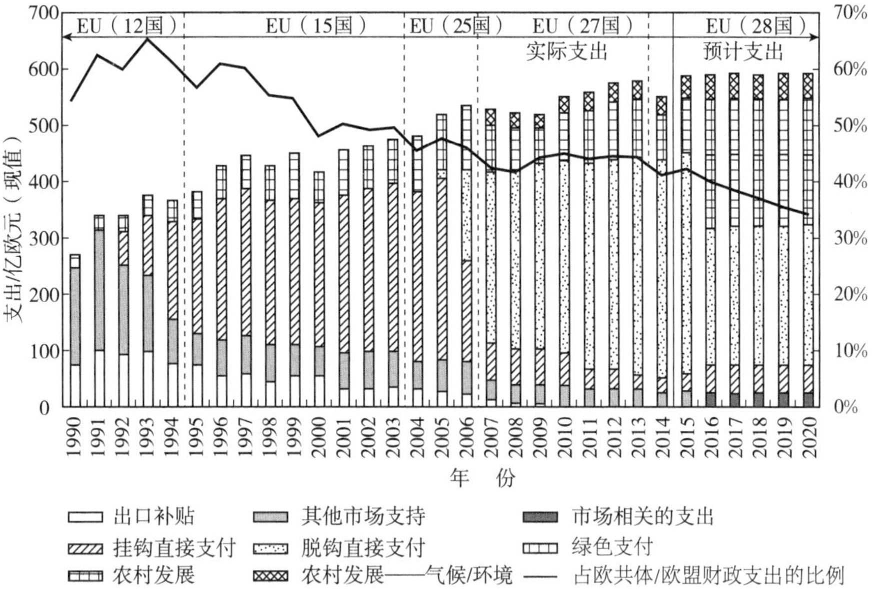

图 4-4　1990—2020 年 CAP 支出一览

资料来源：欧盟农业与农村发展总司。

注：1. 2013 年改革后，绿色直接转移支付占直接转移支付总额的 30%；农村发展中至少 30%的资金用于气候/环境方面的支出。

2. 新市场支持主要用于红酒项目、果蔬生产者组织、学生牛奶和水果计划、农产品促销和蜜蜂养殖。

3. 1990—2014 年为实际支出额，2015 年为预算额，2016—2020 年为 2013 改革协议额，但未考虑两个支柱间资金的转换。

（四）第二支柱的改革

农村发展政策在实现 CAP 的环境目标和应对气候目标过程中发挥着关键作用。本次改革欧盟通过协调整合现有各种农村发展资源的方式，以促进农村可持续发展和区域平衡发展，形成了与欧盟共同渔业政策等其他政策相协调的农村发展新政策框架。本次改革后，农村发展资金约占 CAP 总额的 25%（未考虑两个支柱间的资金转换）。2014—2020 财年，欧盟各成员国的农村发展预算见表 4-3。

农村发展政策将保持此前成功的理念，即成员国或地区继续在欧盟的措施清单基础上，设计本地的多年项目，以满足本地农村发展的需要。这些项目将由欧盟和成员国共同出资。改革后农村发展政策将比以前具有更大的灵活性，欧盟不再将措施划分为几个轴并要求每个轴的最低支出。相反，成员国或地区

表 4-3 欧盟各成员国 2014—2020 财年农村发展预算

单位：百万欧元

国家/地区	2014年	2015年	2016年	2017年	2018年	2019年	2020年
比利时	78.3	78.5	78.7	78.8	79.0	79.2	79.3
保加利亚	335.5	335.1	334.6	334.1	333.7	333.2	332.6
捷克	314.3	313.0	311.6	310.1	308.7	307.1	305.5
丹麦	90.3	90.2	90.0	89.9	89.8	89.7	89.5
德国	1 178.8	1 177.3	1 175.7	1 174.1	1 172.5	1 170.8	1 168.8
爱沙尼亚	103.6	103.7	103.7	103.7	103.7	103.8	103.8
爱尔兰	313.1	313.1	313.0	312.9	312.8	312.7	312.5
希腊	601.1	600.5	600.0	599.5	598.9	598.3	597.7
西班牙	1 187.5	1 186.4	1 185.3	1 184.2	1 183.1	1 182.1	1 182.1
法国	1 404.9	1 408.3	1 411.8	1 415.3	1 418.9	1 422.8	1 427.7
克罗地亚	332.2	332.2	332.2	332.2	332.2	332.2	332.2
意大利	1 480.2	1 483.4	1 486.6	1 489.9	1 493.2	1 496.6	1 499.8
塞浦路斯	18.9	18.9	18.9	18.9	18.9	18.9	18.9
拉脱维亚	138.3	138.4	138.4	138.4	138.5	138.5	138.5
立陶宛	230.4	230.4	230.4	230.5	230.5	230.5	230.4
卢森堡	14.2	14.3	14.3	14.4	14.4	14.5	14.5
匈牙利	495.7	495.0	494.4	493.7	493.0	492.3	491.4
马耳他	13.9	14.0	14.1	14.1	14.2	14.3	14.4
荷兰	87.1	87.0	86.9	86.8	86.6	86.5	86.4
奥地利	557.8	559.3	560.9	562.5	564.1	565.7	567.3
波兰	1 569.5	1 567.5	1 565.3	1 563.2	1 561.0	1 558.7	1 556.0
葡萄牙	577.0	577.9	578.8	579.7	580.6	581.5	582.3
罗马尼亚	1 149.8	1 148.3	1 146.8	1 145.2	1 143.6	1 141.9	1 139.9
斯洛文尼亚	118.7	119.0	119.3	119.7	120.0	120.4	120.7
斯洛伐克	271.2	270.8	270.4	270.1	269.7	269.3	268.8
芬兰	335.4	336.9	338.5	340.0	341.6	343.2	344.8
瑞典	248.9	249.0	249.2	249.3	249.5	249.7	249.8
英国	371.5	370.5	369.5	368.6	367.5	366.6	365.9
欧盟	**13 618.1**	**13 618.7**	**13 619.2**	**13 619.7**	**13 620.2**	**13 620.8**	**13 621.4**
技术援助	**34.1**	**34.1**	**34.1**	**34.1**	**34.1**	**34.1**	**34.1**
合计	**13 652.2**	**13 652.8**	**13 653.3**	**13 653.8**	**13 654.3**	**13 654.9**	**13 655.5**

资料来源：Multiannual Financial Framework 2014 - 2020 and the financing of the CAP，http：//ec.europa.eu/agriculture/cap-funding/budget/mff-2014-2020/mff-figures-and-cap _ en. pdf。

注：未考虑两个支柱间的转换，同时包含了技术援助资金。

将自主决定使用哪些措施以及如何使用这些措施，以满足农村发展政策的6个优先方面：一是有利于把知识转化为实用科技，鼓励农业、林业和农村地区的创新；二是增强农场活力和竞争能力，促进农场科技创新，促进森林可持续发展；三是促进农业产业链的发育，包括农产品加工和营销、增进动物福利、强化农业风险管理；四是恢复、保护和强化与农业、林业相关的生态系统；五是提升资源效率，支持农业、食品和林业的低碳发展；六是促进社会包容，减少农村贫困，促进农村经济发展。

改革后，各成员国将根据欧盟的措施目录，设计本国的农村发展项目，并可以决定采用哪些措施以及如何采用这些措施。成员国必须将30%的农村发展资金用于土地管理和应对气候变化，包括环境和气候相关的实物资产的投资、所有森林领域的投资、农业环境气候投资、有机农场、“自然2000计划”① 补贴和自然条件恶劣地区补贴等。

第五节 2020年改革

通常，CAP的出台要经过公开讨论、提交提案、磋商以达成政治协议、正式签署四个程序。欧盟委员会与欧洲议会、欧盟理事会磋商的过程一般比较长，2013年CAP改革就经过了长达两年的磋商。由于受新冠肺炎疫情影响以及英国脱欧等因素影响，欧洲议会与欧盟理事会目前仍在就2021—2027年CAP提案进行磋商，预计到2023年1月1日才能正式实施。欧洲议会与欧盟成员国于2020年11月27日达成了CAP过渡期（2021—2022年）规则的政治协议，明确了政策方向。为确保新旧CAP平稳过渡，过渡期规则在延续2014—2020年CAP基础上，加入了新元素。过渡期规则主要包括三个方面：一是延续现行CAP的直接转移支付和农村发展政策；二是维持现行对最外围地区（POSEI）和爱琴海小群岛（SAI）的农业支持水平；三是延长新冠肺炎疫情期间执行的农村发展特殊措施，在特定条件下，成员国还可将补贴申请和支付日期再延长6个月。同时，欧盟还要求成员国在环境和气候目标方面不能“开倒车”，要为推动落实《欧洲绿色协议》做出贡献。根据欧盟委员会公布的相关消息，可以大致了解本次改革的方向。

① “自然2000计划”是旨在保护欧盟鸟类、动植物栖息地以及生物多样生态网络的计划。

一、改革目标

2017 年 2 月，欧盟委员会就 CAP 的未来展开了为期三个月的磋商，于当年 7 月就 CAP 的未来召开了会议，并于当年 11 月 29 日发布了题为《食物和农业的未来》的文件。此后，欧盟委员会于 2018 年 6 月 1 日提交了 2021—2027 年 CAP 改革的三项提案：一是各成员国根据 CAP 制定战略计划；二是修订欧盟第 1308/2013 号条例（建立共同市场组织）和其他法规；三是关于 CAP 筹资、管理和监督的横向法规。目前，欧盟委员会仍在与欧洲议会和欧盟理事会对这三项提案进行磋商。

这些提案旨在确保 CAP 能够继续为欧洲的农业提供有力的支持，在确保农村地区繁荣的同时，生产高质量的食品。这些提案也希望 CAP 能够为《欧洲绿色协议》做出重大贡献，尤其是希望能够有助于实现"从农场到餐桌战略"和"生物多样性战略"。这些提案主要有三个方面的目标：一是确保农民能够获得公平交易和稳定农民的经济预期；二是为环境和气候行动设定更高的雄心水平；三是保障农业在欧洲社会的核心地位。

为了实现上述三个方面的目标，欧盟委员会制定了九个具体目标：一是确保农民收入，二是提高农业竞争力，三是重新平衡食物链中各方的力量，四是气候变化行动，五是环境保护，六是保护景观和生物多样性，七是支持农民代际更新，八是培育充满活力的农村地区，九是保护食品和健康质量。为了解释这九个目标背后的原因，欧盟委员会编写了一系列说明材料。这些材料概述了相关事实以及目标之间的相关性。

二、改革措施

（一）与 CAP 目标直接相关的措施

1. 强化对小农和青年农民的转移支付

收入支持仍然是 CAP 的核心内容。其中，基础转移支付资金将继续按照农场面积大小进行分配。但 CAP 必须优先考虑对中小农场的转移支付，并鼓励青年人从事农业。欧盟委员会的改革建议包括：①中小型农场每公顷耕地可以获得更高的支持金额。②为确保直接转移支付更加公平，对获得直接转移支付超过6万欧元的农场，削减其获得直接转移支付的金额，并将每个农场获得的直接转移支付金额上限设定为10万欧元。③每个欧盟成员国必须将一定比例的直接转移支付资金用于支持青年农民，其比例不能低于本国获得的CAP直接转移支付金额的2%。同时，在农村发展政策下，要对青年农民提供财政支持，并出台有利于青年农民获得土地以及土地转让的措施。④欧盟成员国必须确保只有真正的农民才能获得支持。

2. 更高的绿色欧洲雄心

农民在应对气候变化、保护环境以及保护景观和生物多样性方面发挥着关键作用。欧盟委员会旨在确保CAP将为缓解和适应气候变化以及可持续能源做出贡献；促进水、土壤和空气等自然资源的可持续发展和有效管理；保护生物多样性，增强生态系统服务功能，并保护生物栖息地和景观功能。现有提案为CAP制定了新的绿色架构，其特点是强化了强制性要求并增加了绿色农业的资金。相关措施包括：①通过保护富碳湿地和实行作物轮作来保护土壤；②实行强制性的水土养分管理工具，旨在帮助农民改善水质并降低农场的氨和一氧化二氮水平；③从CAP的“生态计划”直接转移支付预算中拿出资金以支持并激励农民采取有益于气候、生物多样性和环境的农业实践。

通过这些措施，CAP希望把欧盟农业置于《欧洲绿色协议》、“生物多样性战略”以及“从农场到餐桌战略”的核心。

3. 农业在欧洲社会的核心地位

农民是欧洲农村社区的核心，负责提供重要的公共物品。未来CAP将通过以下措施促进农村社区的发展：

（1）鼓励农业知识代代相传，帮助青年农民获得土地，帮助新一代农民加入农业；（2）促进农村地区的就业、经济增长、社会包容和社会发展，包括促进生物经济和可持续林业的发展；（3）提升欧盟农业对食物和健康需求的反应能力，包括食品安全、营养和可持续发展、食物浪费以及动物福利等；（4）在农村地区发展行动联合（LEADER计划）下，通过智慧乡村计划和社区主导的当地发展计划，为农村社区提供持续支持。

（二）配套措施

1. 调整CAP的执行模式

欧盟委员会建议调整CAP的执行模式，将重点从规则和合规性转移到结果和绩效上。主要调整内容包括设定新框架和制定战略计划两部分。一是设定新框架。为了实现社会、经济和环境方面的九个具体目标，欧盟委员会将提供一个包含一系列政策措施的工具箱，成员国可以根据本国的需求和能力来选择使用其中某些措施。与此同时，欧盟委员会还将提供一套共同的成果评价指标，以评估成员国在实现 CAP 目标方面的进展。二是制定 CAP 战略计划。每个欧盟成员国都将制定本国的 CAP 战略计划，阐明如何将 CAP 资金用于特定目标，以及这些目标将如何促进欧盟总目标的实现。每个成员国在制定战略计划时都需与欧盟委员会保持密切联系，与专家和利益相关者进行广泛磋商，对本国的具体需求进行 SWOT（优势、劣势、机会和威胁）分析。各成员国的战略计划必须提交欧盟委员会进行评估，得到欧盟委员会的批准后方可实施。此外，成员国需提交本国的 CAP 执行年度绩效报告，报告本国在实现 CAP 设定目标方面取得的进展。

调整后主要有以下几方面的成效：一是更有效。调整后的 CAP 执行模式将详细的计划、明确的目标、可行的措施和全面监控相结合，确保能够实现结果。二是更灵活。未来，在 CAP 的执行中，只要符合欧盟标准和目标，成员国将获得更大的自主权来围绕当地农民和农村社区的需求制定规则和分配资金。三是更简化。各成员国仅需提交一份涵盖收入支持、产业战略和农村发展的战略计划，以使执行更顺畅，并减轻行政负担。四是更有利于实现环保目标。在制定战略计划时，各成员国必须展现出比目前更高的环保雄心。调整后的执行方式使各成员国能够将欧盟层面的环保标准和目标转变为与当地实际情况相符的具体行动。

2. 促进创新

由于知识和创新对于智慧农业、有弹性和可持续的农业发展至关重要，CAP 鼓励增加对研究和创新的投资，并使农民和农村社区从中受益。因此，必须建立更强大的农业知识和创新系统（AKIS），以促进创新项目的启动和发展，传播其成果并促进创新成果尽可能地被广泛利用。将成员国的 AKIS 战略纳入 CAP 战略计划中，将激励各成员国创新生态系统的构建。在欧盟范围内运行良好的 AKIS，可以避免各成员国重复工作、节省成本，提升欧盟层面和成员国层面资金使用的效率，并加快创新。

成功的 AKIS 战略包括四大类行动：一是加强知识流动，加强研究与实践之间的联系；二是加强农场咨询服务，并促进它们在 AKIS 内部的相互联系；三是加强跨主题和跨边境的交互创新；四是支持农业的数字化转型。

欧盟委员会建议从“地平线欧洲”（Horizon Europe）计划中拨出100亿欧元用于食品、农业、农村发展和生物经济领域的研究和创新。“欧洲农业创新伙伴关系”（EIP-AGRI）将继续从“地平线欧洲”和农村发展政策中筹集资金，以提升欧盟农业与林业的竞争力和可持续性。

三、资金预算

2020 年 7 月，欧盟理事会通过了欧盟委员会关于 2021—2027 年欧盟预算的提案，将其提交给欧洲议会。该提案于同年 12 月获得通过。下一阶段，各成员国的财政资金将据此划拨。未来 CAP 将获得的资金支持核心体现为以下三个数字。

（一）总资金为 3 870 亿欧元

根据 2020 年 7 月欧洲理事会的意见，CAP 欧洲农业保障基金的规模将设定为 2 911 亿欧元（现价），而欧洲农业农村发展基金将达到 955 亿欧元（包括“欧盟下一代基金”），两者合计约 3 870 亿欧元。平均来看，CAP 每年获得的资金支持约为 553 亿欧元，比 2014—2020 年每年获得的约 583 亿欧元减少 30 亿欧元。

（二）“欧盟下一代基金”为农业提供75 亿欧元

“欧盟下一代基金”将为 EAFRD 提供 75 亿欧元预算（已涵盖在 955 亿欧元的 EAFRD 之中），目的是帮助农村地区进行必要的结构改革，以实现《欧洲绿色协议》和数字化转型的目标。

（三）资金转换高达 25%

为了使欧盟成员国能够更好地支持其农业优先发展事项，各成员国可以选择将本国 CAP 资金的 25%在收入支持和农村发展之间进行转换。成员国为了某些特定目的，如支持环境和气候目标、单位面积的直接转移支付低于欧盟平均水平的国家支持青年农民等，还可以获得额外的灵活性。

2013 年 CAP 改革首次增强了两个支柱的联系，即从 2015 年起，各成员国可把本国获得的CAP资金在两个支柱间相互转换，但转换金额不超过本国CAP总额的15%。此次将这一比例提升了10个百分点，展示了更大的灵活性。

第六节　经验及启示

农业政策的制定既要明确一定时期内的总目标，又要根据农业发展的现实情况进行调整，核心是既要保供给，又要保收入、保生态，最终要协调农业、农村和农民的发展，实现预期效果。

一、从“保价格”到“保收入”

CAP出台后之所以能够快速刺激欧洲农业生产，是因为CAP的核心就是欧共体内部农产品价格高于国际市场1倍甚至几倍，农民生产积极性被大大调动。但随之而来的主要农产品过剩以及由此造成的财政负担成了CAP改革的不竭动力。如何既能使欧共体内部农产品的市场价格与国际接轨，同时又能够调动农民的生产积极性、使农民能保持体面的生活，成为决策者们始终面临的难题。

1992年CAP改革后，欧共体对市场支持的资金大幅下降，欧共体内部农产品价格也逐渐下降，但CAP的总支出并没有减少，只不过把市场支持的资金转移到了对农民收入的支持。2003年CAP改革又将这种与产量挂钩的支持转变为不挂钩的支持，但核心仍然是保障农民收入。

2013年CAP改革进一步强化了对农民收入的支持。2015—2020年，欧盟每年对农民的直接转移支付超过420亿欧元。据此计算，每年欧盟平均每个农场、每个全职农民和每亩农业用地获得的直接转移支付分别约为3 500欧元、3 500欧元和16欧元。在获得直接转移支付最多的法国，上述三项则分别高达1.5万欧元、1万欧元和270欧元。

2020年之后的CAP继续强调对农民的收入支持，提案首先关注的就是确保农民能够实现公平交易和稳定农民的经济预期，在欧盟委员会制定的九个具体目标中第一个就是确保农民收入。欧盟委员会认为，为了确保稳定性和可预测性，收入支持将仍然是CAP的核心内容。

二、从“保产量”到“保生态”

20世纪60年代，CAP出台的初衷就是保供给，核心就是提高欧共体内部的农产品产量。到20世纪60年代后期，欧共体内部农产品产量过剩，高产量也造成了对生态的破坏，于是欧共体开始鼓励农民减少生产。20世纪70年代初，欧共体开始关注农村发展，1992年CAP改革明确鼓励休耕。到2000年议程时，农村发展成为CAP的第二支柱，旨在保护农村地区的生态发展。

2013年，CAP改革对绿色直接转移支付提出了明确要求，主要包括保持永久性草地直接转移支付、作物多样化直接转移支付、生态重点区直接转移支付。欧盟要求成员国必须把本国直接转移支付资金的30%用于绿色直接转移支付（整个欧盟每年约126亿欧元），若违反则要受欧盟处罚，第一年和第二年不削减资金，第三年和第四年欧盟则最多可分别削减该国直接转移支付资金的20%和25%。此外，第二支柱改革也要求成员国必须将30%的农村发展资金用于土地管理和应对气候变化，在农村发展的六个优先方面有两个均是为了保护生态，即恢复、保护和强化与农业和林业相关的生态系统以及提升资源效率，支持农业、食品和林业的低碳发展。

2020年之后的CAP政策尚未出台，但从目前的提案来看，明显具有更高的绿色欧洲的雄心。提案为CAP制定了新的绿色架构，强化了强制性要求并增加了绿色农业的资金。希望通过保护土壤、实行强制性的水土养分管理、生态计划等措施，有效应对气候变化和自然资源的可持续管理，维护整个欧盟的农村地区风貌和景观，以适应《欧洲绿色协议》和“生物多样性战略”的需要。

三、从“保供给”到“保三农”

第二次世界大战严重破坏了欧洲的粮食供给。为了增加粮食供给，欧共体出台CAP的核心就是鼓励农业生产，保障稳定的供给。CAP起到了立竿见影的效果。1968年起欧共体主要农产品开始过剩，欧共体实现了从“短缺”到“过剩”的烦恼。此后，CAP的政策焦点开始转向在保障农产品有效供给的情况下，如何平衡农业生产、农民收入和农村发展。削减农产品在欧共体内部的收购价格以减轻财政负担也成为推动 CAP 改革永恒的动力。CAP 历经多次改革，其核心始终是在削减农产品收购价格的同时，保障农民收入和产品供给，同时保障农村的发展。

近年来，CAP 的目标已经更加多元，但其中始终明确包含：支持农民并提高农业生产率，确保稳定供给；保障欧盟农民过上合理的生活；通过促进农业、农产品加工业和相关部门的就业来保持农村经济的活力。

四、从“保原则”到“保效果”

CAP 出台后的很长时期，欧共体出台统一政策，各成员国遵照执行，执行过程中须确保合规性。21 世纪以来，随着欧盟东扩，成员国间的差异扩大，执行统一政策将削弱政策效果。比如，单位面积获得直接转移支付在不同成员国间的差异非常大，阻碍了区域间的平衡发展。如果继续坚持原则的坚定性，CAP 的最终效果将大打折扣。于是决策者们在 CAP 的执行上赋予了各成员国更多的灵活性，这在 2013 年 CAP 改革中体现得相当明确。

2013 年改革中，为了确保执行效果，CAP 主要在直接转移支付和农村发展两方面赋予成员国更大的灵活性。一是直接转移支付。在资金分配更加公平的基础上，为了提高资金使用效率，欧盟一方面允许各成员国将 15%的 CAP 资金在两个支柱之间自主转换；另一方面各成员国几乎可以将本国 70%的直接转移支付资金进行自主分配。这意味着各成员国 CAP 资金的分配在欧盟范围内存在很大的差异。直接转移支付资金的公平分配保障了农民稳定的转移收入，政策执行的灵活性有利于增加农民的经营收入。二是农村发展。欧盟提供一个措施清单，各成员国可在欧盟的措施清单基础上，设计本国的项目，以满足本地农村发展的需要；欧盟不再将措施划分为几个轴并要求每个轴的最低支出，相反，将由成员国或地区决定使用哪些措施以及如何使用这些措施，以满足农村发展政策的优先方面。

2020 年之后的 CAP 改革，欧盟委员会建议调整执行模式，将重点从规则和合规性转移到结果和绩效上。主要调整内容包括设定新框架和制定战略计划两部分。在新框架方面，欧盟继续提供措施工具箱，成员国可以根据本国的需求和能力来选择使用其中某些措施。在制定战略计划方面，各成员国负责制定本国战略计划，但要与欧盟的战略计划相匹配，执行之前必须提交欧盟并获得批准。

第五章 CHAPTER 5
欧盟农业在世界农业中的地位

第一节 欧盟农业投入与生产在世界上的地位

一、农业投入的世界地位

（一）自然资源

欧盟的自然资源相当丰富，但随着经济活动的增加，人类对自然资源的使用越来越多，大大超过全球自然资源的消耗平均值。过度开发使用土地、水资源、化石燃料以及渔业资源等造成气候变暖、生态失衡以及能源枯竭等严重问题。欧盟委员会负责环境的委员季马斯曾表示，欧洲经济发展模式消耗了大量的自然资源，这种模式对环境造成了恶劣影响，对人类赖以生存的资源基础和未来经济发展构成了威胁。为此，欧盟 2005 年提出了一个旨在减少能源消耗、持久使用自然资源的发展战略，目的就是要保证在经济迅猛增长的情况下，避免继续过度开发自然资源。欧盟委员会基于这一战略提出了以下措施：成立一个由欧盟委员会负责的数据中心，收集并向欧盟政策制定者提供所有关于自然资源及其保护的资料；与联合国环境规划署合作成立一个国际工作组，收集整理全世界科学家关于合理使用自然资源的研究成果和建议；欧盟各成员国在欧盟委员会等机构的协调下制定出本国的保护资源措施等。与此同时，这一战略还确定了三个目标：一是通过改进技术充分提高自然资源的附加值，即利用更少的资源创造更高的价值；二是提高资源的经济效益，尽可能减少使用资源造成的环境污染；三是开发污染小的新型能源，减少使用对环境破坏严重的自然资源[①]。

然而，即便欧盟早已意识到自然资源的耗竭问题，但其自然资源的消耗速度仍远高于世界其他地方。2019年5月，世界自然基金会（WWF）和全球生态足迹网络（GFN）发布的人类自然资源消耗调查分析报告指出，地球自然资源的更新远赶不上欧盟28个成员国居民消耗资源的速度。此外，欧盟没有任何一个国家在实施永续消费政策。报告显示，欧盟所有成员国居民的生活方式对自然资源的消耗均已超出地球负荷，其消耗速度为境内生态系统更新速度的3倍。报告指出，尽管欧盟人口仅占全球人口的7%，但欧盟占用了地球近20%的自然生态承载力。换言之，假设地球上每个人都像欧盟居民一样消耗自然资源，必须有2.8个地球资源才能够满足人类社会的需求。该数据比现在全球自然资源的消耗平均值，多出了1.7倍以上[②]。

（二）化工品投入

1. 化肥

国际上，为保持农作物产量持续增加，化肥用量都是先呈现快速增长、达到峰值后保持稳中有降或持续下降的趋势，欧盟也同样。1925—2010年欧盟化肥消费数据显示，20世纪60—80年代是欧盟各国化肥消费增长最快的时期，1990年前后化肥消费量高峰时达到3 100多万吨，其中氮肥1 500万吨、磷肥810万吨、钾肥790万吨。随后十年欧盟化肥消费量连续下滑，2010年达到最低点。2011年，欧洲肥料工业协会（EFMA）发布的《欧盟27国2011—2021年肥料需求报告》显示，欧盟地区农田施肥面积为1.344亿公顷，其中小麦、谷子、草场分别占14%、17%、20%，不施肥的草场和果园分别占20%和6%。从消费结构看，谷物化肥消费量占60%（其中25%为小麦消费）。该报告还基于过去化肥消费数据，展望了2021年欧盟化肥消费总量将稳步增长至1 660万吨。分国家看，丹麦、法国、爱尔兰、荷兰等国家化肥消费总量将继续下降，而葡萄牙、西班牙等国家由于农业生产发展将带动化肥消费强劲恢复。奥地利、比利时、卢森堡、西班牙、葡萄牙、瑞典、罗马尼亚、匈牙利、保加利亚等国家的磷肥和钾肥消费量将显著增长。报告指出，CAP将

① 欧盟出台持久使用自然资源战略，http：//www.ce.cn/macro/gjbd/om/200512/22/t20051222_5602133.shtml.

② 欧盟资源消耗速度为地球自然更新的3倍，https：//www.sohu.com/a/313071961_120020524.

促进谷物、甜菜、饲料作物种植面积的增长，尤其是欧盟为减少温室气体排放而推进的生物能源计划，这些因素将带动化肥消费继续增长[①]。

根据欧洲肥料工业协会的统计数据，目前欧洲化肥消费以氮肥为主，氮肥需求占比达 69%，钾肥需求占比为 16%，磷肥需求占比为 15%（图 5-1）[②]。

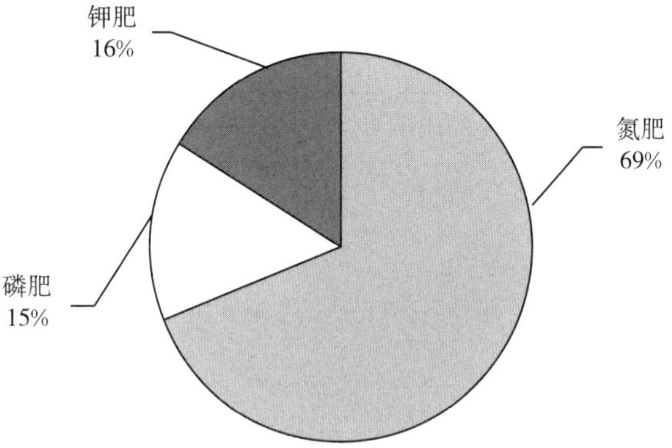

图 5-1　欧盟化肥需求结构

2019 年 7 月，欧盟委员会发布的化肥市场报告表明近年来欧盟化肥使用量已经稳定下来。报告指出，欧盟化肥用量下降并已趋于平稳，主要是由于最近加入欧盟的成员国化肥使用量略有增加，抵消了其他成员国的下降趋势。尽管欧盟 90%的化肥是在欧盟内部生产的，欧盟仍然是化肥净进口地区，其大部分供应来自北非、俄罗斯和美国。欧盟磷肥主要从摩洛哥和俄罗斯进口，钾肥主要来自俄罗斯和白俄罗斯[③]。

2. 农药

欧盟统计局（Eurostat）2020 年 5 月 18 日发布的最新数据显示，2018 年，欧盟农药销售量约为 368 420 吨，同比增长 1.9%（表 5-1）。其中，杀真菌剂、杀细菌剂的销售量排在首位，为 16.84 万吨，同比增长 4.3%；除草剂、脱叶剂、杀苔藓剂的销售量排在第二位，为 12.88 万吨，同比增长 1.4%；杀虫剂、杀螨剂的销售量排在第三位，为3.94 万吨，同比增长 7.4%。由此可

① 欧盟化肥消费量逐年递增，https：//news.cnhnb.com/rdzx/detail/48333/.

② 欧洲化肥市场分析，http：//www.chyxx.com/industry/201512/374204.html.

③ 精准农业为欧盟进一步减少化肥使用量提供了可能，https：//www.sohu.com/a/328786017_99936350.

见，欧盟主要农药产品类型均实现了销售量的增长。但杀螺剂（−32.4%）、植物生长调节剂（−19.1%）、其他产品（−8.1%）的销售量均出现了较大幅度的下滑。这些数据是根据《欧盟农药统计条例（第1185/2009号）》的规定收集的，基于保密原因，该条例允许一些数据从总量中删除。

表5-1 2017—2018年欧盟农药销售量

单位：吨

产品类型	2017年	2018年	同比
杀真菌剂、杀细菌剂	161 403	168 400	4.3%
除草剂、脱叶剂、杀苔藓剂	126 989	128 795	1.4%
杀虫剂、杀螨剂	36 712	39 419	7.4%
杀螺剂	961	656	−32.4%
植物生长调节剂	13 517	10 939	−19.1%
其他产品	21 984	20 211	−8.1%
总计	361 566	368 420	1.9%

资料来源：欧盟统计局。

注：1. 保密数据已从总量中删除。

2. 缺少丹麦、卢森堡、保加利亚、爱沙尼亚、西班牙、立陶宛、波兰、瑞典、马耳他、英国2018年的数据。

3. 包括矿物油、植物油、土壤杀菌剂（包括杀线虫剂）、杀鼠剂。

2018年，在欧盟成员国中，法国的农药销售量最高，为84 970吨，占欧盟农药销售总量的23.1%；其后依次为西班牙（61 343吨，占16.7%）、意大利（54 038吨，占14.7%）、德国（44 925吨，占12.2%）（表5-2）。

表5-2 2018年欧盟28国农药销售量

单位：吨

国家	杀真菌剂、杀细菌剂	除草剂、脱叶剂、杀苔藓剂	杀虫剂、杀螨剂	杀螺剂	植物生长调节剂	其他产品
奥地利	2 269	1 277	1 569	6	84	75
比利时	2 458	2 648	476	16	269	769
保加利亚	1 798	2 607	596	c	18	25
克罗地亚	767	718	127	2	80	4
塞浦路斯	823	161	151	2		47
捷克	1 755	2 572	292	8	265	287
丹麦	na	na	na	na	na	na
爱沙尼亚	107	428	29	c	73	c

（续）

国家	杀真菌剂、杀细菌剂	除草剂、脱叶剂、杀苔藓剂	杀虫剂、杀螨剂	杀螺剂	植物生长调节剂	其他产品
芬兰	3 814	982	21	1	68	14
法国	39 087	34 392	5 728	385	3 567	1 811
德国	11 682	14 533	16 237	154	2 138	181
希腊	1 729	1 833	1 009	2	119	169
匈牙利	3 535	3 824	787		169	219
爱尔兰	602	1 833	29	10	161	17
意大利	31 539	6 880	1 653	36	475	13 455
拉脱维亚	213	965	36	5	355	14
立陶宛	677	1 054	57	c	262	c
卢森堡	c	54	c		8	c
马耳他	83	3	3		0	c
荷兰	4 288	2 978	243	11	386	1 476
波兰	7 992	11 371	1 770	c	1 609	415
葡萄牙	4 335	1 939	675	11	3	1 095
罗马尼亚	4 542	5 188	1 012	5	313	48
斯洛伐克	676	1 329	151		268	65
斯洛文尼亚	849	257	55	2	5	4
西班牙	38 067	16 593	6 488	c	195	c
瑞典	223	1 483	94	c	50	22
英国	4 492	10 892	132	c	c	c
总计	**168 400**	**128 795**	**39 419**	**656**	**10 939**	**20 211**

资料来源：欧盟统计局。

注：1. c=保密，na=未得到。

2. 包括矿物油、植物油、土壤杀菌剂（包括杀线虫剂）、杀鼠剂。

3. 总计可能不及 100%。

《欧盟农药统计条例（第 1185/2009 号）》是某研究项目中的一部分，该项目旨在评估农药使用的影响，监测根据《欧盟可持续农药使用指令（第 2019/782 号）》要求降低风险的成效。然而，欧盟委员会也承认，到目前为止收集的数据还不足以实现这些目标。欧盟委员会正在与各成员国讨论这个问题，并告知成员国，各国必须按有效成分提供详细数据。欧盟委员会称，如果没有关于农药使用的更多有用信息，要开发出衡量农药依存度和用量的指示器是不可能的。此外，欧盟委员会2020年5月20日宣布的“从农场到餐桌战略”提出，到2030年，将整个欧盟的农药用量减少50%[①]。

（三）劳动力

受人口老龄化等因素影响，欧盟的农业劳动力不足，但农业生产效率较高。素有“欧洲食橱”之美誉的丹麦都是清一色的“农业工人”。丹麦总共500多万人口当中，从事初级农业生产的人口只有4%，每个农民人均可供养225人的生活和消费。丹麦的农业劳动者约占世界农业劳动者总数的万分之0.9，但丹麦生产的肉类占世界的万分之92、谷物占世界的万分之45.3，丹麦农业劳动生产率处于世界领先水平，在欧盟居于首位。按单位劳动生产力来衡量，丹麦农业劳动生产率是欧盟农业劳动生产率最低国家的30多倍。德国农业就业人数仅占本国就业总人数的1.6%，一个农民可以养活150人，与美国的水平相当，高于日本农民20个人的供养水平，更远高于我国一个农民的收成可以养活4～5个人的水平。而且，欧盟的农业劳动生产率还在不断提高。欧盟统计局2019年12月16日发布消息称，根据最新统计数据，欧盟农业劳动生产率2019年约增长2%，较2010年增长了23%。大多数成员国2019年的指数均出现了增长，增长率最高的国家是丹麦（68%），其次是爱沙尼亚（38%）、德国（32%）、瑞典（28%）和立陶宛（27%）。但占欧盟农业部门收入近一半的三个大国的农业劳动生产率则都出现下降：西班牙下降了10%，法国下降了8%，意大利下降了3%[②]。

二、主要农产品生产的世界地位

（一）种植业

1. 谷物

2019年欧盟28国共生产谷物3.25亿吨，占世界谷物总产量（29.79亿吨）的10.9%，占欧洲谷物产量（5.43亿吨）近60%。欧盟种植的谷物主要包括小麦、大麦、黑麦和马铃薯等。

---

① 欧盟统计局最新发布：28个成员国农药销量36.84万吨，http：//www.agroinfo. com.cn/other_detail_7819.html.

② 欧盟农业劳动生产率重新提升，http：//eu.mofcom.gov.cn/article/jmxw/201912/2019120292464.shtml.

（1）小麦。欧盟是世界上最重要的小麦生产地区。2019 年世界小麦产量 7.66 亿吨，其中欧盟 28 国小麦产量为 1.56 亿吨，占 20.32%，排在第一位，其次为中国和印度（表 5－3）。

表 5－3　2019 年世界小麦生产情况

排名	国家/地区	小麦产量/亿吨	占比/%
	世界	7.66	100.00
1	欧盟 28 国	1.56	20.32
2	中国	1.34	17.45
3	印度	1.04	13.53
4	俄罗斯	0.74	9.72
5	美国	0.52	6.82
6	法国	0.41	5.30
7	加拿大	0.32	4.22
8	乌克兰	0.28	3.70
9	巴基斯坦	0.24	3.18
10	德国	0.23	3.01
11	阿根廷	0.19	2.54
12	土耳其	0.19	2.48
13	澳大利亚	0.18	2.30
14	伊朗	0.17	2.19
15	英国	0.16	2.12
16	哈萨克斯坦	0.11	1.48
17	波兰	0.11	1.41
18	罗马尼亚	0.10	1.34
19	埃及	0.09	1.18
20	意大利	0.07	0.88

数据来源：FAOSTAT。

（2）大麦。欧盟也是世界上最重要的大麦生产地区。2019 年世界大麦产量 1.59 亿吨，其中欧盟 28 国大麦产量为 6 361.82 万吨，占比超过 40%，其产量是排在第二位的俄罗斯（2 048.91 万吨）的 3 倍多（表 5－4）。

表 5-4　2019 年世界大麦生产情况

排名	国家/地区	大麦产量/万吨	占比/%
	世界	15 897.96	100.00
1	欧盟 28 国	6 361.82	40.02
2	俄罗斯	2 048.91	12.89
3	法国	1 356.54	8.53
4	德国	1 159.15	7.29
5	加拿大	1 038.26	6.53
6	乌克兰	891.68	5.61
7	澳大利亚	881.89	5.55
8	英国	804.80	5.06
9	西班牙	774.42	4.87
10	土耳其	760.00	4.78
11	阿根廷	511.72	3.22
12	哈萨克斯坦	383.01	2.41
13	美国	369.19	2.32
14	丹麦	362.46	2.28
15	伊朗	360.00	2.26
16	波兰	331.16	2.08
17	叙利亚	305.31	1.92
18	埃塞俄比亚	237.80	1.50
19	罗马尼亚	188.00	1.18
20	捷克	171.81	1.08

数据来源：FAOSTAT。

（3）黑麦。世界黑麦的生产集中在欧盟。2019 年世界黑麦产量 1 280.14 万吨，其中欧盟 28 国黑麦产量为 844.28 万吨，占世界黑麦产量的近 2/3（表 5-5）。

表 5-5　2019 年世界黑麦生产情况

排名	国家/地区	黑麦产量/万吨	占比/%
	世界	1 280.14	100.00
1	欧盟 28 国	844.28	65.95

（续）

排名	国家/地区	黑麦产量/万吨	占比/%
2	德国	323.76	25.29
3	波兰	241.56	18.87
4	俄罗斯	142.84	11.16
5	丹麦	88.35	6.90
6	白俄罗斯	75.55	5.90
7	中国	51.14	3.99
8	乌克兰	33.47	2.61
9	加拿大	33.34	2.60
10	土耳其	31.00	2.42
11	美国	26.98	2.11
12	西班牙	26.16	2.04
13	瑞典	22.13	1.73
14	奥地利	19.97	1.56
15	拉脱维亚	19.12	1.49
16	芬兰	18.53	1.45
17	捷克	15.76	1.23
18	法国	13.54	1.06
19	爱沙尼亚	11.90	0.93
20	立陶宛	10.81	0.84

数据来源：FAOSTAT。

（4）马铃薯。马铃薯是世界第四大粮食作物。欧洲是世界传统的马铃薯生产和消费地区之一，而欧洲马铃薯消费中半数来自欧盟成员国。2019 年，世界马铃薯产量 3.7 亿吨，其中欧盟 28 国马铃薯产量为 5 640.38 万吨，仅次于中国，排在第二位（表 5－6）。

表 5－6　2019 年世界马铃薯生产情况

排名	国家/地区	马铃薯产量/万吨	占比/%
	世界	37 043.66	100.00
1	中国	9 181.90	24.79
2	欧盟 28 国	5 640.38	15.23
3	印度	5 019.00	13.55
4	俄罗斯	2 207.49	5.96

（续）

排名	国家/地区	马铃薯产量/万吨	占比/%
5	乌克兰	2 026.92	5.47
6	美国	1 918.20	5.18
7	德国	1 060.22	2.86
8	孟加拉国	965.51	2.61
9	法国	856.04	2.31
10	荷兰	696.12	1.88
11	波兰	648.16	1.75
12	白俄罗斯	610.53	1.65
13	加拿大	540.97	1.46
14	秘鲁	533.11	1.44
15	英国	525.20	1.42
16	埃及	507.84	1.37
17	阿尔及利亚	502.02	1.36
18	土耳其	497.98	1.34
19	巴基斯坦	486.93	1.31
20	比利时	402.76	1.09

数据来源：FAOSTAT。

2. 蔬菜

受消费习惯等因素影响，欧盟蔬菜消费量较低。欧盟的人均蔬菜占有量大约为 114 千克/年，远低于中国的574 千克/年，中国人均蔬菜占有量大约是欧盟的 5 倍①。欧盟的蔬菜产量并不高，但自给率较高。2019 年，欧盟 28 国蔬菜产量为 0.55 亿吨，远低于中国的 5.88 亿吨和印度的 1.32 亿吨，占世界蔬菜产量的 4.89%，排在第三位，中国和印度的蔬菜产量占比分别高达 52.05% 和 11.68%（表 5－7）。

表 5－7　2019 年世界蔬菜生产情况

排名	国家/地区	蔬菜产量/亿吨	占比/%
	世界	11.30	100.00
1	中国	5.88	52.05
2	印度	1.32	11.68

① 丁小明，2019. 欧盟国家蔬菜产业近况［J]. 农业工程技术（4）：76－78.

（续）

排名	国家/地区	蔬菜产量/亿吨	占比/%
3	欧盟 28 国	0.55	4.89
4	美国	0.30	2.65
5	土耳其	0.25	2.24
6	越南	0.17	1.50
7	尼日利亚	0.17	1.48
8	埃及	0.15	1.36
9	墨西哥	0.15	1.35
10	俄罗斯	0.14	1.25

数据来源：FAOSTAT。

3. 水果

欧盟水果种类丰富。2019 年，世界水果产量 8.83 亿吨，其中欧盟 28 国水果产量为6 555.82 万吨，占世界水果产量的 7.42%，远低于中国的 2.47 亿吨和印度的 1.04 亿吨，排在第三位（表 5－8）。

表 5－8　2019 年世界水果生产情况

排名	国家/地区	水果产量/万吨	占比/%
	世界	88 341.58	100.00
1	中国	24 662.13	27.92
2	印度	10 416.55	11.79
3	欧盟 28 国	6 555.82	7.42
4	巴西	4 009.85	4.54
5	美国	2 530.39	2.86
6	墨西哥	2 367.86	2.68
7	土耳其	2 331.29	2.64
8	印度尼西亚	2 145.32	2.43
9	西班牙	1 831.77	2.07
10	伊朗	1 745.93	1.98

数据来源：FAOSTAT。

欧盟的葡萄久负盛名。欧盟的气候适宜种植葡萄，欧盟 41%的地区可划分在高质量葡萄种植范畴。欧盟几大重要葡萄出产国包括德国、法国、意大利和西班牙，这些国家都拥有本国的产地认证体系。2019 年，世界葡萄产量

7 713.7万吨，其中欧盟28国葡萄产量为2 421.65万吨，排在世界第一位，占世界葡萄产量的近1/3（表5-9）。

表5-9　2019年世界葡萄生产情况

排名	国家/地区	葡萄产量/万吨	占比/%
	世界	7 713.70	100.00
1	欧盟28国	2 421.65	31.39
2	中国	1 428.35	18.52
3	意大利	790.01	10.24
4	美国	623.33	8.08
5	西班牙	574.55	7.45
6	法国	548.97	7.12
7	土耳其	410.00	5.32
8	印度	304.10	3.94
9	智利	270.16	3.50
10	阿根廷	251.99	3.27
11	南非	199.30	2.58
12	伊朗	194.59	2.52
13	埃及	162.63	2.11
14	乌兹别克斯坦	160.33	2.08
15	澳大利亚	155.36	2.01
16	巴西	148.53	1.93
17	德国	112.50	1.46
18	阿富汗	111.29	1.44
19	罗马尼亚	97.40	1.26
20	葡萄牙	86.32	1.12

数据来源：FAOSTAT。

4. 其他作物

甜菜和油菜籽的生产种植及相应加工业在欧盟经济中扮演着重要角色。2019年，世界甜菜产量2.78亿吨，其中欧盟28国甜菜产量为1.21亿吨，占43.3%，排在第一位（表5-10）。同期，欧盟28国油菜籽产量为1 704.09万吨，占24.17%，位列加拿大之后，排在世界第二位（表5-11）。

表 5-10　2019 年世界甜菜生产情况

排名	国家/地区	甜菜产量/万吨	占比/%
	世界	27 849.80	100.00
1	欧盟 28 国	12 057.77	43.30
2	俄罗斯	5 435.01	19.52
3	法国	3 802.44	13.65
4	德国	2 972.83	10.67
5	美国	2 594.55	9.32
6	土耳其	1 808.55	6.49
7	波兰	1 383.66	4.97
8	中国	1 227.29	4.41
9	埃及	1 052.51	3.78
10	乌克兰	1 020.45	3.66

数据来源：FAOSTAT。

表 5-11　2019 年世界油菜籽生产情况

排名	国家/地区	油菜籽产量/万吨	占比/%
	世界	7 051.07	100.00
1	加拿大	1 864.88	26.45
2	欧盟 28 国	1 704.09	24.17
3	中国	1 348.47	19.12
4	印度	925.57	13.13
5	法国	352.33	5.00
6	乌克兰	328.03	4.65
7	德国	283.02	4.01
8	澳大利亚	236.58	3.36
9	波兰	226.89	3.22

数据来源：FAOSTAT。

（二）畜牧业

欧盟畜牧业十分发达，尤其是欧洲西部大西洋沿岸属于温带海洋性气候，冬季比较温和，夏季比较凉爽，全年降水均匀，基本没有旱涝灾害，尤其适合发展畜牧业。2019 年，欧盟 28 国肉、蛋、奶产量均排在世界前三。其中，欧盟 28 国肉类产量为 4 810.26 万吨，排在中国和美国之后，位列世界第三，与位列第二的美国（4 811.34 万吨）仅相差约 1 万吨（表 5－12）。

表 5－12　2019 年世界肉类生产情况

排名	国家/地区	肉类产量/万吨	占比/%
	世界	33 718.25	100.00
1	中国	7 628.81	22.63
2	美国	4 811.34	14.27
3	欧盟 28 国	4 810.26	14.27
4	巴西	2 862.02	8.49
5	俄罗斯	1 086.63	3.22
6	印度	814.26	2.41
7	德国	791.92	2.35
8	墨西哥	732.42	2.17
9	西班牙	716.45	2.12
10	阿根廷	615.16	1.82
11	法国	541.94	1.61
12	波兰	512.13	1.52
13	加拿大	510.91	1.52
14	越南	491.71	1.46
15	澳大利亚	482.01	1.43
16	巴基斯坦	450.01	1.33
17	印度尼西亚	444.36	1.32
18	英国	409.23	1.21
19	日本	405.37	1.20
20	土耳其	374.14	1.11

数据来源：FAOSTAT。

2019 年，欧盟 28 国蛋类产量为 811 万吨，排在中国之后，位列世界第二，但其产量远低于中国（3 778.26 万吨），占世界蛋类产量的 9.19%（表 5－13）。

表 5-13　2019 年世界蛋类生产情况

排名	国家/地区	蛋类产量/万吨	占比/%
	世界	8 826.45	100.00
1	中国	3 778.26	42.81
2	欧盟 28 国	811.00	9.19
3	美国	670.68	7.60
4	印度	577.50	6.54
5	印度尼西亚	513.54	5.82
6	巴西	334.75	3.79
7	墨西哥	294.98	3.34
8	日本	263.97	2.99
9	俄罗斯	251.53	2.85
10	土耳其	124.36	1.41
11	泰国	110.44	1.25
12	乌克兰	96.85	1.10
13	巴基斯坦	90.74	1.03
14	哥伦比亚	86.30	0.98
15	马来西亚	84.87	0.96
16	阿根廷	83.00	0.94
17	英国	81.10	0.92
18	西班牙	81.09	0.92
19	法国	78.60	0.89
20	韩国	76.73	0.87

数据来源：FAOSTAT。

2019 年，欧盟 28 国奶类产量为 1.74 亿吨，排在印度之后，位列世界第二，占世界奶类总产量的 19.67%，其产量比排在其后的美国（9 908.22 万吨）多 75.4%（表 5-14）。

表 5-14　2019 年世界奶类生产情况

排名	国家/地区	奶类产量/万吨	占比/%
	世界	88 328.37	100.00
1	印度	18 763.30	21.24
2	欧盟 28 国	17 375.52	19.67
3	美国	9 908.22	11.22
4	巴基斯坦	5 595.72	6.34

（续）

排名	国家/地区	奶类产量/万吨	占比/%
5	中国	3 634.75	4.12
6	巴西	3 617.41	4.10
7	德国	3 310.26	3.75
8	俄罗斯	3 134.47	3.55
9	法国	2 590.90	2.93
10	土耳其	2 296.04	2.60
11	新西兰	2 187.20	2.48
12	哥伦比亚	2 184.71	2.47
13	英国	1 555.20	1.76
14	荷兰	1 494.38	1.69
15	波兰	1 451.15	1.64
16	意大利	1 330.01	1.51
17	墨西哥	1 249.47	1.41
18	乌兹别克斯坦	1 066.23	1.21
19	阿根廷	1 033.99	1.17
20	乌克兰	987.86	1.12

数据来源：FAOSTAT。

1. 牛

2019 年，欧盟 28 国牛存栏量为 8 687.77 万头，占世界牛存栏量（15.11 亿头）的 5.75%，位列世界第四，排在巴西、印度、美国之后（表 5－15）。同年，欧盟 28 国牛肉产量为792.23 万吨，占世界牛肉产量的 10.91%，位列世界第三，仅次于美国和巴西（表 5－16）。

表 5－15　2019 年世界牛存栏情况

排名	国家/地区	牛存栏量/万头	占比/%
	世界	151 102.11	100.00
1	巴西	21 465.98	14.21
2	印度	19 346.29	12.80
3	美国	9 480.47	6.27
4	欧盟 28 国	8 687.77	5.75
5	中国	6 339.19	4.20
6	埃塞俄比亚	6 328.42	4.19
7	阿根廷	5 446.08	3.60

（续）

排名	国家/地区	牛存栏量/万头	占比/%
8	巴基斯坦	4 782.10	3.16
9	墨西哥	3 522.50	2.33
10	苏丹	3 148.90	2.08
11	乍得	3 061.25	2.03
12	坦桑尼亚	2 782.11	1.84
13	哥伦比亚	2 723.98	1.80
14	澳大利亚	2 472.35	1.64
15	孟加拉国	2 418.70	1.60
16	肯尼亚	2 089.88	1.38
17	尼日利亚	2 066.41	1.37
18	缅甸	1 858.39	1.23
19	俄罗斯	1 815.14	1.20
20	法国	1 815.06	1.20

数据来源：FAOSTAT。

表 5-16　2019 年世界牛肉生产情况

排名	国家/地区	牛肉产量/万吨	占比/%
	世界	7 260.41	100.00
1	美国	1 234.87	17.01
2	巴西	1 020.00	14.05
3	欧盟 28 国	792.23	10.91
4	中国	658.98	9.08
5	阿根廷	313.59	4.32
6	印度	252.17	3.47
7	澳大利亚	235.18	3.24
8	巴基斯坦	222.10	3.06
9	墨西哥	202.76	2.79
10	俄罗斯	162.52	2.24
11	法国	142.85	1.97
12	加拿大	138.86	1.91
13	德国	110.70	1.52
14	土耳其	107.56	1.48
15	南非	103.33	1.42
16	乌兹别克斯坦	93.83	1.29
17	英国	91.40	1.26

（续）

排名	国家/地区	牛肉产量/万吨	占比/%
18	意大利	80.11	1.10
19	哥伦比亚	77.67	1.07
20	埃及	74.68	1.03

数据来源：FAOSTAT。

2. 羊

2019年，欧盟28国羊存栏量为1.09亿只，占世界羊存栏量（23.33亿只）的4.69%，位列世界第四，排在中国、印度和尼日利亚之后（表5-17）。同年，世界羊肉产量除中国占比较大（29.83%）外，世界其他地区羊肉产量较为分散。2019年，欧盟28国羊肉产量为89.16万吨，排在中国之后，位列世界第二，占世界羊肉产量的5.51%（表5-18）。

表5-17 2019年世界羊存栏情况

排名	国家/地区	羊存栏量/亿只	占比/%
	世界	23.33	100.00
1	中国	3.01	12.89
2	印度	2.23	9.57
3	尼日利亚	1.29	5.52
4	欧盟28国	1.09	4.69
5	巴基斯坦	1.07	4.59
6	乍得	0.75	3.20
7	苏丹	0.73	3.13
8	澳大利亚	0.70	2.99
9	埃塞俄比亚	0.66	2.82
10	孟加拉国	0.63	2.72
11	肯尼亚	0.63	2.68
12	蒙古	0.62	2.64
13	伊朗	0.56	2.42
14	土耳其	0.46	1.98
15	马里	0.46	1.96
16	印度尼西亚	0.37	1.58
17	阿尔及利亚	0.34	1.48
18	英国	0.34	1.44
19	南苏丹	0.32	1.38
20	尼日尔	0.31	1.34

数据来源：FAOSTAT。

表 5－18　2019 年世界羊肉生产情况

排名	国家/地区	羊肉产量/万吨	占比/%
	世界	1 617.48	100.00
1	中国	482.49	29.83
2	欧盟 28 国	89.16	5.51
3	印度	82.97	5.13
4	澳大利亚	75.22	4.65
5	巴基斯坦	73.20	4.53
6	土耳其	46.15	2.85
7	新西兰	45.09	2.79
8	尼日利亚	41.98	2.60
9	苏丹	38.50	2.38
10	阿尔及利亚	35.08	2.17
11	英国	30.70	1.90
12	乍得	30.28	1.87
13	蒙古	25.81	1.60
14	伊朗	25.31	1.56
15	孟加拉国	23.16	1.43
16	俄罗斯	21.68	1.34
17	摩洛哥	21.09	1.30
18	埃塞俄比亚	19.87	1.23
19	马里	17.57	1.09
20	乌兹别克斯坦	17.30	1.07

数据来源：FAOSTAT。

3. 猪

欧盟养猪业十分发达，养猪模式为规模化饲养和散户饲养并存，集中在岛国以及欧洲大陆的沿海地区。2019 年，欧盟 28 国猪存栏量为 1.48 亿头，占世界猪存栏量（8.5 亿头）的 17.43%，位列世界第二，排在中国之后（表 5－19）。同年，欧盟 28 国猪肉产量为2 395.50 万吨，占世界猪肉产量的 21.76%，同样排在中国之后，位列世界第二（表 5－20）。

表 5－19　2019 年世界猪存栏情况

排名	国家/地区	猪存栏量/万头	占比/%
	世界	85 032.02	100.00
1	中国	31 040.69	36.50

（续）

排名	国家/地区	猪存栏量/万头	占比/%
2	欧盟 28 国	14 823.69	17.43
3	美国	7 865.76	9.25
4	巴西	4 055.69	4.77
5	西班牙	3 124.60	3.67
6	德国	2 605.34	3.06
7	俄罗斯	2 372.66	2.79
8	缅甸	2 160.37	2.54
9	越南	1 961.55	2.31
10	墨西哥	1 836.53	2.16
11	加拿大	1 439.93	1.69
12	法国	1 351.00	1.59
13	丹麦	1 272.80	1.50
14	菲律宾	1 270.92	1.49
15	荷兰	1 192.10	1.40
16	韩国	1 127.99	1.33
17	波兰	1 121.55	1.32
18	日本	915.60	1.08
19	印度	905.55	1.06
20	印度尼西亚	892.27	1.05

数据来源：FAOSTAT。

表 5-20　2019 年世界猪肉生产情况

排名	国家/地区	猪肉产量/万吨	占比/%
	世界	11 010.99	100.00
1	中国	4 255.31	38.65
2	欧盟 28 国	2 395.50	21.76
3	美国	1 254.27	11.39
4	德国	523.20	4.75
5	西班牙	464.12	4.22
6	巴西	412.57	3.75
7	俄罗斯	393.68	3.58
8	越南	332.88	3.02
9	法国	220.04	2.00
10	加拿大	217.53	1.98
11	波兰	198.88	1.81

（续）

排名	国家/地区	猪肉产量/万吨	占比/%
12	菲律宾	184.08	1.67
13	荷兰	162.83	1.48
14	墨西哥	160.04	1.45
15	丹麦	150.04	1.36
16	意大利	146.45	1.33
17	韩国	136.40	1.24
18	日本	127.89	1.16
19	缅甸	123.45	1.12
20	比利时	103.90	0.94

数据来源：FAOSTAT。

4. 鸡

欧盟养鸡业禁止笼养。2019 年，欧盟 28 国鸡存栏量为 11.83 亿只，占世界鸡存栏量的 4.57%，位列世界第六，排在中国、印度尼西亚、美国、巴西和巴基斯坦之后（表 5－21）。同年，欧盟 28 国禽肉产量为 1 515.6 万吨，占世界禽肉产量的 11.51%，位列世界第三，排在美国和中国之后（表 5－22）。

表 5－21　2019 年世界鸡存栏情况

排名	国家/地区	鸡存栏量/亿只	占比/%
	世界	259.15	100.00
1	中国	51.46	19.86
2	印度尼西亚	37.25	14.37
3	美国	19.72	7.61
4	巴西	14.67	5.66
5	巴基斯坦	13.21	5.10
6	欧盟 28 国	11.83	4.57
7	伊朗	10.91	4.21
8	印度	8.08	3.12
9	墨西哥	5.81	2.24
10	俄罗斯	4.97	1.92
11	缅甸	3.95	1.52
12	越南	3.83	1.48
13	土耳其	3.43	1.32
14	日本	3.23	1.25

（续）

排名	国家/地区	鸡存栏量/亿只	占比/%
15	孟加拉国	2.87	1.11
16	泰国	2.81	1.09
17	马来西亚	2.76	1.06
18	法国	2.38	0.92
19	玻利维亚	2.31	0.89
20	摩洛哥	2.09	0.81

数据来源：FAOSTAT。

表 5-22　2019 年世界禽肉生产情况

排名	国家/地区	禽肉产量/万吨	占比/%
	世界	13 164.72	100.00
1	美国	2 285.76	17.36
2	中国	2 044.20	15.53
3	欧盟 28 国	1 515.60	11.51
4	巴西	1 413.70	10.74
5	俄罗斯	460.64	3.50
6	印度	423.16	3.21
7	印度尼西亚	353.93	2.69
8	墨西哥	351.47	2.67
9	波兰	255.81	1.94
10	日本	229.79	1.75
11	伊朗	229.20	1.74
12	阿根廷	224.84	1.71
13	土耳其	220.19	1.67
14	英国	190.16	1.44
15	缅甸	182.35	1.39
16	南非	181.55	1.38
17	泰国	177.46	1.35
18	秘鲁	176.29	1.34
19	马来西亚	171.67	1.30
20	哥伦比亚	169.32	1.29

数据来源：FAOSTAT。

三、主要农业大国的世界地位

法国、西班牙、德国和意大利是欧盟的主要农业大国，农业产值均排在世界前 20 位，其中法国 2018 年农业产值约为 694 亿美元（美元不变价），排名世界第九，西班牙、德国和意大利分别排第 14、17 和 18 位（表 5 - 23）。

表 5 - 23　2018 年世界农业产值前 20 名国家

排名	国家/地区	农业产值/亿美元	占比/%
	世界	41 065.58	100.00
1	中国	12 297.01	29.94
2	印度	3 959.69	9.64
3	美国	3 777.47	9.20
4	巴西	2 041.81	4.97
5	印度尼西亚	1 386.49	3.38
6	俄罗斯	846.61	2.06
7	日本	841.38	2.05
8	土耳其	764.82	1.86
9	法国	693.54	1.69
10	伊朗	568.80	1.39
11	巴基斯坦	568.73	1.38
12	墨西哥	546.58	1.33
13	尼日利亚	524.02	1.28
14	西班牙	498.06	1.21
15	越南	494.24	1.20
16	阿根廷	472.84	1.15
17	德国	469.29	1.14
18	意大利	468.37	1.14
19	加拿大	459.24	1.12
20	泰国	413.40	1.01

数据来源：FAOSTAT。

1. 法国

从世界范围来讲，法国的领土面积并不大，但是法国的粮食产量却占欧洲粮食产量的 1/3，是名副其实的农业强国。法国是欧洲第一农业生产大国，主要生产小麦、大麦、玉米、水果和蔬菜，法国葡萄酒产量居世界首位。目前法国农业现代化程度很高，农产品不仅能够满足本国的需求，而且还能大量出口，其农业产值占欧盟农业总产值的22%，法国农产品出口量长期位居欧洲首位。法国在农业机械化、农业生物技术、植物保护、动物疫情防控等方面处于世界领先水平。

20世纪60年代，法国农业生产就实现了机械化。在法国农业机械化生产发展过程中，政府制定了一系列发展政策，包括鼓励专业化生产、扩大农业生产经营范围、实行工农商联合发展、使用农业生产配套机械等，提高了其农业机械化水平和农业生产效率。目前法国农用机械设备制造最关注的是研究和开发适应新兴的、并且正在广泛得到普及的精密农业种植技术要求的各种新产品。而在当前阶段，精密农业种植技术的应用场合主要涉及使用复杂的高技术手段（诸如电脑分析软件和卫星技术）来实现在农业种植过程中最大限度地保护环境不受污染，在最佳时刻和最佳地点投放最合适数量的化肥、农药和种子，同时又能最大程度降低农业生产成本。法国对农业种植、加工等领域的机械投入在不断加大，农业机械不断向着智能化、高效化的方向发展。当前法国农业机械化生产已经达到世界领先水平。

法国在农业生物技术研究领域不断取得突破性进展。法国农业科学院绘制出全球首个小麦基因组物理图谱，有助于培育出更高产和抗旱的小麦新品种；首次成功破译水果类植物的基因组（葡萄基因组），还发现了影响葡萄发酵及葡萄酒芳香品质的基因，这有助于筛选抗病虫基因并培育出优良抗病虫品种，减少农药使用，使葡萄种植满足环境保护的要求。法国农业科学院领导的国际团队于2019年组装首个豌豆基因组序列，发现了豆科植物的基因组重排，这将加深对豆科作物重要农艺性状的分子基础的理解，对相关作物的遗传改良也具有重要的参考意义。在微生物基因组方面，法国科研人员完成乳酸菌基因组的全部测序工作，完整地绘制出乳酸菌的基因组图谱，为今后进一步研究乳酸菌各基因片段的具体功能和作用奠定了基础。

在植物保护领域，法国生物农药世界领先。2020年法国农业部发布生物农药发展的规划图，其中包括在未来5年里对生物农药行业的支持措施。法国正在努力降低化学农药的使用，同时也在生物农药开发方面加倍努力，并着力推动整个欧洲层面为生物农药行业制定更有利的法律法规。整体而言，法国的生物农药发展相较于欧洲其他国家发展更快。其更有利于生物农药发展的法规框架促进了法国生物农药的快速发展。2018年，法国农业科学院全球首次确定了两种在蚜虫病毒传播中起主要作用的蛋白质。该研究为控制病毒性疾病的创新方法铺平了道路。科学家破译蚜虫传播病毒的分子机制，鉴定昆虫中的病毒受体并了解它们在病毒传播中的功能从而有助于制定防控策略。

在动物疫病防控上，法国的防控手段也十分先进，并开发出性能更优异的疫苗。法国科学家利用人工智能改善对动物传染病的控制。科学家研发创新方法来创建更可靠的流行病学模型，为动物健康管理者提供新的决策支持工具。2020 年法国 Futur Elevage Carnot 研究所生物学、流行病学和风险分析联合研究小组共同研究出动物疾病的传播模型。该模型结合了计算机模拟和现场数据的集成，能够定义和评估管理健康风险及其在指定地理区域内的牧场成本策略。法国科学家开发了结合人工智能技术和云技术的新建模方法，根据创建的框架环境制作了决策支持工具（DST）。这些创新可以促进有关畜牧卫生措施（卫生、动物运动、疫苗等）的生物学科知识整合。此外，法国科学家利用重组蛋白技术开发新型动物疫病疫苗。2019 年，在欧洲 SAPHIR 项目的背景下开发出一种针对牛呼吸道合胞病毒的 pre-F 疫苗。这是一种来自 BRSV 的重组蛋白解决方案，该疫苗显示出最佳的临床保护和病毒学保护。该疫苗还显示出极好的安全性，可以利用牛疫苗中使用的标准兽药佐剂简单施用。

2. 德国

德国是欧盟最大的农产品生产国之一，仅占 2%的农业人口养活了整个德国。德国是名副其实的发达国家，也是世界上的工业强国。德国发达的工业给农业提供了巨大支持，高度机械化、智能化是德国农业的最大特点。

德国农业是在工业 4.0 驱动下的农业机械化、自动化模式。2013 年，德国最早正式提出了工业 4.0 的概念，明确了信息化在工业化中的重要作用。强大的工业体系带动了强大的农业机械化，德国人将农业机械化的黑科技应用到了每一个细节，全自动化的种植、施肥、除草、收割、打捆等，每一个作业的机械都实现了工业 4.0 时代的超级自动化。

德国在“数字农业转型”领域全世界领先。在德国，农民的工作离不开电脑和网络的支持，他们每天开工的第一项工作就是检查当天的天气信息、查询粮食市价、查收电子邮件了解产业链的各种信息。德国的大型农业机械都是由全球卫星定位系统控制的，农民只需要切换到 GPS 的导航模式，卫星数据就能够让农业机械精准化作业，误差可以控制在几厘米之间。德国的数字农业理念与德国的工业 4.0 完全相当。通过大数据和云计算的应用，每一块田地的天气、土壤、降水、温度、地理位置等数据全部上传到云端在云平台进行处理，处理后的数据发送到智能化的大型农业机械上，指挥它们进行精细化作业。目前德国正在机械自动化的基础上，推出全套的数字农业解决方案，能在每个农民的电脑上实时显示各种生产信息，如某块土地上目前种植的是哪一种植物、农作物接受的光照强度如何、土壤中的水分和肥料分布情况如何等，农民可以根据相关数据来优化生产从而实现增产增收。

德国农民职业化教育世界领先。德国对农民的要求很高，必须接受农业教育，执证上岗，特殊岗位还需要去国外进修。德国政府十分重视对农民的培训和农民素质的提高，致力于构建实用、高效、具有世界先进水平的农业教育培训和技术推广体系，并通过教育立法推进培训工作的实施。德国农业4.0时代，农民不仅要经过系统教育及严格的职业培训和进修，还要经过考核才具有从事农业的资格。在农业信息技术培训方面，德国培训种类多样，并且渗透到包括企业经营、财务核算、补贴申报等在内的农业生产和经营的各个环节。通过教育和培训，德国农民实现了专业化和职业化，是农业企业化经营的全才。在职业化农民的经营下，德国农业生产多功能化特征明显，种粮农民除了可提供粮食、食物外，还利用条件发展生物能源、再生原料等产业，农民经济收益来源广，收入得到很大保证。

第二节　欧盟农业的国际市场地位

一、贸易份额①

欧盟在全球农产品和食品贸易中扮演着重要角色。根据欧盟2019年农业食品贸易报告，2018年欧盟农产品贸易额达到2 543亿欧元，其中出口额1 375亿欧元，进口额1 168亿欧元，是全球最大农产品出口者和第二大农产品进口者。贸易是欧盟委员会的一个政治优先事项。近年来，欧盟与南方共同市场（Mercosur）、日本、新加坡、墨西哥、韩国、越南和加拿大缔结了贸易协定，与智利、新西兰和澳大利亚的谈判不断取得进展。欧盟力求为其世界一流

① European Commission，Agri-food trade in 2018. https：//agfstorage. blob. core. windows. net/misc/FP _ com/2019/09/06/EUagri _ food _ trade _ 2018 _ en. pdf.

农产品赢得新的市场份额。

出口方面。2018 年，欧盟农产品出口额为 1 375 亿欧元，同比略下降 0.2%，为全球最大的农产品出口者。2018 年，美国农产品出口额为 1 281 亿欧元，同比下降 3%，为全球第二大农产品出口者。全球第三大农产品出口者——巴西和第四大农产品出口者——中国 2018 年农产品出口额变化不大。其他主要农产品出口者中，加拿大、澳大利亚和印度尼西亚的出口额均较低。

进口方面。2018 年，欧盟农产品进口额为 1 168 亿欧元，同比下降 1%。美国超越欧盟成为全球第一大农产品进口者，进口额为 1 177 亿欧元，同比增长 2.1%。中国为全球第三大农产品进口者，进口总额约1 052 亿欧元，同比增长 2.1%。日本农产品进口额为 507 亿欧元，同比略增长 0.5%。加拿大农产品进口额为 308 亿欧元，同比下降 1.6%。其他主要进口者中，墨西哥自 2017 年起进口额保持稳定，而俄罗斯和印度的进口额分别下降 2.6% 和 23.7%。

总体上，在世界农产品贸易版图中，各方扮演角色不同。欧盟同美国、中国和加拿大一样，内部农业生产强劲，既是主要出口者又是主要进口者。巴西和阿根廷是主要的供应国。澳大利亚和新西兰也是主要供应国，但这两个国家的总出口水平较低。日本和俄罗斯在世界农产品市场上为净进口者。

二、主要农产品的世界贸易地位

欧盟的酒类、猪肉、小麦、奶粉和婴儿食品等在世界市场上占据主导地位。2018 年，葡萄酒和苦艾酒继续在欧盟出口农产品中占据主导地位，出口额较 2017 年增长了 2.4%；烈性酒排名第二，是欧盟所有出口农产品中出口额增长最多的，增长了 5.5%；其次是婴儿食品（增长 1.9%）和各种加工食品（降低 1.5%）；此外，巧克力、面食和糕点出口额超过 50 亿欧元（占总出口额的 4%）[①]。2019 年，欧盟农产品贸易额达到 2 750 亿欧元，其中出口额比 2018 年大幅增长 10%，达到 1 512 亿欧元。猪肉、小麦、烈酒以及奶粉和乳清粉的出口额大幅增长，分别增加 23.59 亿欧元、17.47 亿欧元、11.25 亿欧

① European Commission，Agri-food trade in 2018. https：//agfstorage. blob. core. windows. net/misc/FP _ com/2019/09/06/EUagri _ food _ trade _ 2018 _ en. pdf.

元、6.8亿欧元，增幅分别达49%、48%、10%和17%[1]。

1. 猪肉

欧盟的猪肉出口远远超过世界其他国家和地区，占绝对第一位。2019年，欧盟28国猪肉出口额为330.91亿美元，占世界（483.18亿美元）的68.49%，远远超过排在其后的美国（14.95%）和加拿大（6.39%）。世界排名前十的猪肉出口国中，欧盟国家占据了7个，除美国、加拿大、巴西外，均为欧盟国家（表5-24）。

表5-24 2019年世界排名前十的猪肉出口国

排名	国家/地区	猪肉出口额/亿美元	占比/%
	世界	483.18	100.00
	欧盟28国	330.91	68.49
1	德国	73.71	15.25
2	美国	72.22	14.95
3	西班牙	67.64	14.00
4	荷兰	37.70	7.80
5	丹麦	35.75	7.40
6	加拿大	30.85	6.39
7	意大利	19.57	4.05
8	比利时	19.31	4.00
9	巴西	17.09	3.54
10	法国	16.60	3.44

数据来源：FAOSTAT。

2. 小麦

欧盟的小麦出口世界第一，大幅超过其他国家和地区。2019年，世界小麦出口额为396.37亿美元，其中欧盟为117.86亿美元，占近1/3，大大超过排在其后的俄罗斯、美国、加拿大等国。2019年，排名前十的小麦出口国中，欧盟国家有3个，为法国、罗马尼亚和德国（表5-25）。

① European Commission, Monitoring EU agri-food trade: developments in 2019. https://ec.europa.eu/info/sites/info/files/food-farming-fisheries/trade/documents/monitoring-agri-food-trade_dec2019_en.pdf.

表 5-25　2019 年世界排名前十的小麦出口国

排名	国家/地区	小麦出口额/亿美元	占比/%
	世界	396.37	100.00
	欧盟 28 国	117.86	31.91
1	俄罗斯	64.03	17.34
2	美国	62.66	16.96
3	加拿大	53.79	14.56
4	法国	42.99	11.64
5	乌克兰	31.11	8.42
6	澳大利亚	24.83	6.72
7	阿根廷	22.96	6.21
8	罗马尼亚	12.57	3.40
9	德国	12.36	3.35
10	哈萨克斯坦	10.03	2.72

数据来源：FAOSTAT。

3. 葡萄酒

欧盟葡萄酒种类丰富，质量上乘，在世界上享有极高声誉。世界上绝大部分葡萄酒出口都出自欧盟。2019 年，世界葡萄酒出口额为 355.99 亿美元，其中欧盟 28 国葡萄酒出口额为 257.26 亿美元，占全世界的 2/3 以上，达到 72.27%。排在世界前三的葡萄酒出口国法国、意大利和西班牙均为欧盟国家。世界排名前十的葡萄酒出口国中，仅澳大利亚、智利、美国和新西兰为非欧盟国家，且占比较少，分别为 5.77%、5.40%、3.89%和 3.45%（表 5-26）。

表 5-26　2019 年世界排名前十的葡萄酒出口国

排名	国家/地区	葡萄酒出口额/亿美元	占比/%
	世界	355.99	100.00
	欧盟 28 国	257.26	72.27
1	法国	108.19	30.39
2	意大利	70.79	19.89
3	西班牙	30.08	8.45
4	澳大利亚	20.53	5.77
5	智利	19.21	5.40
6	美国	13.84	3.89
7	新西兰	12.30	3.45

（续）

排名	国家/地区	葡萄酒出口额/亿美元	占比/%
8	德国	11.54	3.24
9	葡萄牙	9.10	2.56
10	英国	8.15	2.29

数据来源：FAOSTAT。

4. 奶制品

欧盟的奶制品出口也在世界上占绝对主导地位。2019 年，世界奶制品出口额为 798.96 亿美元，其中欧盟 28 国奶制品出口额为 509.47 亿美元，占 63.77%，接近 2/3，是排在第二位的新西兰的近 5 倍。世界排名前十的奶制品出口国中，除新西兰、美国和白俄罗斯外，均为欧盟国家（表 5－27）。

表 5－27　2019 年世界排名前十的奶制品出口国

排名	国家/地区	奶制品出口额/亿美元	占比/%
	世界	798.96	100.00
	欧盟 28 国	509.47	63.77
1	新西兰	104.12	13.03
2	德国	95.77	11.99
3	荷兰	84.06	10.52
4	法国	66.95	8.38
5	美国	43.71	5.47
6	意大利	38.75	4.85
7	比利时	37.19	4.66
8	爱尔兰	32.71	4.09
9	丹麦	26.03	3.26
10	白俄罗斯	23.25	2.91

数据来源：FAOSTAT。

三、主要农业大国的世界贸易地位

法国、德国、意大利、西班牙等国既是欧盟的主要农业生产大国，也是欧盟的主要农业贸易大国。荷兰、比利时和波兰尽管在农业生产方面在全世界的占比不大，但却是重要的农产品出口国，均排在世界农产品出口额前 20 名国家内。尤其是荷兰，2019 年农产品出口额为 974.88 亿美元，排在美国

（1 396.62亿美元）之后，位列世界第二位（表5－28）。

表5－28 2019年世界农产品出口额前20名国家

排名	国家/地区	农产品出口额/亿美元	占比/%
	世界	14 446.66	100.00
1	美国	1 396.62	9.67
2	荷兰	974.88	6.75
3	巴西	795.04	5.50
4	德国	778.82	5.39
5	法国	665.79	4.61
6	中国	570.45	3.95
7	西班牙	520.59	3.60
8	意大利	481.07	3.33
9	加拿大	453.14	3.14
10	比利时	436.35	3.02
11	阿根廷	358.82	2.48
12	墨西哥	343.50	2.38
13	澳大利亚	338.26	2.34
14	泰国	338.12	2.34
15	印度尼西亚	328.63	2.27
16	波兰	320.95	2.22
17	印度	292.99	2.03
18	英国	281.99	1.95
19	新西兰	244.73	1.69
20	马来西亚	217.54	1.51

数据来源：FAOSTAT。

1. 荷兰

荷兰是世界上典型的人多地少的国家，自然条件不利于农业生产。但荷兰通过发展外向型农业，依靠科技进步与制度创新，积极参与国际经济大循环，取得了举世瞩目的成就。

荷兰农业主要集中于园艺作物和畜牧业。园艺产品和农牧产品大量出口，主要包括花卉（包括花卉、种子、花卉球茎和苗圃产品）、肉类、蛋奶、蔬菜、水果等。尤其是花卉，荷兰的花卉出口额接近100亿欧元，已占到了全世界花卉市场的50%～60%，其中荷兰郁金香尤其厉害，垄断了80%的市场份额[①]。

① 强悍的荷兰农业：两个半北京大，出口额顶13个日本仅次于美国，但中国不能学，https://www.sohu.com/a/439007371_120788234.

另外，荷兰是世界第四大蔬菜出口国（表 5－29）和世界第三大水果出口国（表 5－30）。

表 5－29　2019 年世界蔬菜出口额前十名国家

排名	国家/地区	蔬菜出口额/亿美元	占比/%
	世界	849.17	100.00
1	中国	140.43	16.54
2	墨西哥	105.87	12.47
3	西班牙	93.59	11.02
4	荷兰	93.25	10.98
5	美国	46.82	5.51
6	意大利	42.46	5.00
7	比利时	30.73	3.62
8	法国	22.39	2.64
9	加拿大	20.36	2.40
10	秘鲁	18.50	2.18

数据来源：FAOSTAT。

表 5－30　2019 年世界水果出口额前十名国家

排名	国家/地区	水果出口额/亿美元	占比/%
	世界	1 265.04	100.00
	欧盟 28 国	394.80	31.21
1	西班牙	101.92	8.06
2	美国	100.03	7.91
3	荷兰	87.33	6.90
4	中国	79.40	6.28
5	智利	61.46	4.86
6	泰国	51.20	4.05
7	墨西哥	47.58	3.76
8	意大利	42.54	3.36
9	土耳其	37.28	2.95
10	厄瓜多尔	36.89	2.92

数据来源：FAOSTAT。

畜牧业方面，荷兰是世界第一大蛋类出口国、第三大奶制品出口国和第四大肉类出口国。2019 年荷兰蛋类出口额为 10.61 亿美元，占世界蛋类出口额的 20.87%，是排在第二位的美国的近两倍（表 5－31）。2019 年荷兰奶制品出口额为 84.06 亿美元，占世界奶制品出口额的 10.52%，排在新西兰（13.03%）和德国（11.99%）之后（表 5－32）。2019 年荷兰肉类出口额为 112.83 亿美元，占世界肉类出口额的 7.25%，排在美国（12.41%）、巴西（10.49%）和澳大利亚（7.36%）之后（表 5－33）。

表 5－31　2019 年世界蛋类出口额前十名国家

排名	国家/地区	蛋类出口额/亿美元	占比/%
	世界	50.85	100.00
1	荷兰	10.61	20.87
2	美国	5.51	10.83
3	波兰	3.76	7.39
4	德国	3.53	6.94
5	土耳其	2.97	5.84
6	法国	2.46	4.84
7	西班牙	2.34	4.60
8	比利时	2.11	4.15
9	中国	1.91	3.76
10	马来西亚	1.48	2.91

数据来源：FAOSTAT。

表 5－32　2019 年世界奶制品出口额前十名国家

排名	国家/地区	奶制品出口额/亿美元	占比/%
	世界	798.96	100.00
	欧盟 28 国	509.47	63.77
1	新西兰	104.12	13.03
2	德国	95.77	11.99
3	荷兰	84.06	10.52
4	法国	66.95	8.38
5	美国	43.71	5.47
6	意大利	38.75	4.85
7	比利时	37.19	4.66
8	爱尔兰	32.71	4.09
9	丹麦	26.03	3.26
10	白俄罗斯	23.25	2.91

数据来源：FAOSTAT。

表 5-33　2019 年世界肉类出口额前十名国家

排名	国家/地区	肉类出口额/亿美元	占比/%
	世界	1 556.47	100.00
1	美国	193.17	12.41
2	巴西	163.25	10.49
3	澳大利亚	114.57	7.36
4	荷兰	112.83	7.25
5	德国	110.98	7.13
6	西班牙	85.52	5.49
7	波兰	69.04	4.44
8	加拿大	59.97	3.85
9	新西兰	54.94	3.53
10	丹麦	44.15	2.84

数据来源：FAOSTAT。

2. 法国

法国是欧盟最大的农业生产国，也是世界主要农副产品出口国。2019 年，法国农产品出口额排名世界第五（表 5-28）。

法国的葡萄酒产量世界第一，葡萄酒出口也位列世界第一。2019 年，法国葡萄酒出口 108.19 亿美元，占世界葡萄酒出口总额的 30.39%，远超其他国家，是非欧盟国家第一位、世界第四位的澳大利亚（20.53 亿美元）的 5 倍多（表 5-26）。

法国是世界第四大小麦出口国，排在俄罗斯、美国和加拿大之后，位列欧盟第一。2019 年，法国小麦出口额 42.99 亿美元，比排在其后的第五位的乌克兰（31.11 亿美元）多 1/3（表 5-25）。

法国是欧盟第三大、世界第四大奶制品出口国。2019 年，法国奶制品出口额 66.95 亿美元，比排在其后的第五位美国（43.71 亿美元）多 53.17%（表 5-27）。此外，法国还是欧盟第四、世界第六大蛋类出口国（表 5-31）。

3. 德国

德国是世界第四大农产品出口国，排在美国、荷兰和巴西之后，位列欧盟第二（表 5-28）。德国农产品出口量占其生产总量的 1/3，德国农业食品经济收益的 1/3 来自出口。德国联邦食品与农业部设有农产品出口促进计划，旨在为德国农产品开拓国外市场，并提高其销售潜力。2019 年，德国联邦食品与农业部出资 300 万欧元，用于组织 16 次国外考察和 3 次国外信息交流活动。此外，德国联邦食品与农业部的贸易展览会参与计划还支持农业食品行业的中小型企业参加国内外贸易展览会。2019 年，德国联邦食品与农业部为参加贸易展览会拨款 1 280 万欧元，其中 2/3 的资金已用于参加国外贸易展览会①。在这些计划支持下，德国制造在世界上都享有盛名。

德国农业以乳肉畜牧业为主，畜牧业发达，牛奶和猪肉产量居欧盟首位，相应产品大量出口。德国猪肉出口额世界第一。2019 年，德国猪肉出口额为 73.71 亿美元，占世界猪肉出口总额的 15.25%，比排第二位的美国（72.22 亿美元）略高 1.49 亿美元，是排第五位的丹麦（35.75 亿美元）的两倍多（表 5－24）。德国奶制品出口排名世界第二，仅次于新西兰。2019 年，德国奶制品出口额为95.77 亿美元，占世界奶制品出口总额的 11.99%，是排在第五位的美国（43.71 亿美元）的两倍多（表 5－27）。

第三节　欧盟的农业国际合作

欧盟致力于消除贫穷和实现可持续发展。欧盟各机构及其成员国是世界上发展援助与合作的主要捐助者。欧盟的各项立法和政策目的都是要促进良好治理，推动人类社会和经济发展，战胜饥饿并保护自然资源。为促进联合国可持续发展目标的实现，欧盟各部门通力协作并提供资金以解决可持续发展的五大方面问题。

人民：消除一切形式的贫穷和饥饿，确保尊严和平等；

地球：保护后代免受环境破坏和资源枯竭危害；

繁荣：确保生活富足，与自然和谐相处；

和平：创造和平、公正和包容的社会；

伙伴关系：通过全球伙伴关系实施推动发展合作。

欧盟与非洲、拉丁美洲和加勒比地区、亚太地区的 150 多个伙伴国以及各种民间和国际组织进行合作。除了提供财政援助和与伙伴国进行对话外，欧盟

① 德国促进农产品出口的政策措施，https://baijiahao.baidu.com/s?id=1680962201322950138&wfr=spider&for=pc.

还进行研究和评估工作，以确保援助得到有效利用[①]。

一、提高世界食物营养与安全水平

营养不良对脆弱群体，尤其是妇女儿童、贫穷和受教育程度低的人产生巨大影响。也因此，这些人能从营养改善中获益最多。良好的营养是一项基本人权，也是充分发挥个人潜力的先决条件。联合国五大机构发布的2020年《世界粮食安全和营养状况》报告指出，2019年全球有近6.9亿人遭受饥饿，与2018年相比增加1 000万人，与5年前相比增加近6 000万人。其中，亚洲饥饿人数最多，非洲饥饿人数增长最快。报告还预测，由于新冠肺炎疫情引发的经济衰退将导致2020年饥饿人数至少新增约8 300万人，甚至可能新增1.32亿人。为此，欧盟作为发达地区不断采取综合措施，支持伙伴国家消除贫困、饥饿和营养不良。欧盟重点关注四个主要方面，即粮食不安全、营养不良、贫困和不平等以及自然资源退化。

一直以来，欧盟与42个伙伴国家合作，以改善营养和相关健康状况，并特别注重儿童营养。欧盟的《营养行动计划》说明了欧盟实现其世界卫生大会目标承诺的计划，即到2025年要将五岁以下儿童发育迟缓发生率降低至少10%（700万儿童）。该行动计划涉及治理、扩大干预和研究领域的战略目标以及如何实现这些目标。该行动计划强调需要与发展中国家和伙伴国家进行密切合作。目前，对发育迟缓进展的分析主要集中在最初的40个国家，这些国家在与欧盟的合作中优先考虑营养问题。最新估计表明，2012—2025年，40个国家中避免发育迟缓的儿童人数预计为490万人，这比2018年估计的470万人略有增加。

二、投资可持续农业与食物体系

世界上3/4的穷人生活在农村地区，主要以农业为生。在发展中国家，大多数人的生计来源都是农业，特别是小规模农业。欧盟通过促进农业领域的投

---

① Europe Union, Eradicating poverty and achieving sustainable development, https://europa.eu/european-union/topics/development-cooperation_en.

资和支持创新，推动包容性增长，并帮助伙伴国家在保护其自然资源的同时，更好地养活本国人口。

发展中国家的农业发展面临着各种重大挑战，包括气候变化、环境退化、生物多样性减少、人口和经济的快速增长等，这些都给农业发展带来越来越大的压力。如果不采取措施遏制这一趋势，粮食供求差距必将加深。因此，农业必须具有可持续性和恢复力，在保护环境的同时，以负担得起的价格生产更多更好的粮食。同时，还需要提高农业回报，为伙伴国家创造增长和减贫的机会。为此，欧盟采取了一系列措施，从经济、社会和环境多个方面推动发展中国家的可持续发展。可持续农业成为欧盟与伙伴国家发展合作议程的中心议题。其工作重点包括以下几个方面。

(1) 投资小规模农场。欧盟致力于降低小规模农民的脆弱性，因为事实证明他们在减贫方面带来的回报最大。

(2) 支持鼓励农业部门可持续性和创新的政府举措和计划。欧盟投资各类研发项目，以寻求在发展生产力和不损害自然资源之间实现适当平衡的解决方案，同时加强农业创新体系以产生长期有利影响。

(3) 推广先进农业操作实践和技术，既要能提高农村收入，同时还要在水、土壤、生态系统以及生物多样性方面保持可持续性。

(4) 通过鼓励地方合作和农民之间的伙伴关系，提高农民获得土地、资本等生产性资产的机会。

(5) 推动农业部门更多地利用私人投资。

(6) 推动农业中的妇女赋权行动。

为推动上述工作，欧盟采取了一系列行动计划。

投资方面。2018 年，欧盟委员会发起了新的非洲—欧洲可持续投资和就业联盟，以促进非洲国家的公共和私人投资，其中也包括农业部门。欧盟外部投资计划（EIP）使用担保和其他金融工具来降低私人投资者的投资风险。例如，EIP 将使欧洲发展金融机构和非洲开发银行能够在非洲创造 8.15 万个新的直接就业机会和 24.45 万个间接就业机会，重点是青年和妇女。它将帮助小企业变得更有活力，并开发其增长潜力。欧盟还支持农民组织，特别是支持“农民非洲计划”（Farmers' Africa Programme）。这个计划帮助泛非农民组织（Panafrican Farmers' Organization）加强能力建设。该组织代表了 5 200 万小农户，其中2 600 多万是妇女。欧盟的投资还遵守《农业和粮食系统负责任投资原则》(RAI) 以及《国家粮食安全框架下土地、渔业及森林权属负责任治理自愿准则》(VGGT) 中规定的负责任商业行为原则。欧盟在 40 个伙伴国家都应用了 VGGT，并支持编制相关技术指南和工具，以便于推行使用。迄今为止，这些指南和工具已经使 20 多万土地治理利益相关者受益。

创新方面。自 2017 年以来，欧盟在其伙伴国家推动“通过农业研究实现智能创新”(DeSIRA) 倡议，以便将研究和创新与国家计划更好地联系起来，从而实现与气候相关的农业和粮食系统转型。欧盟承诺提供 2.7 亿欧元支持 DeSIRA 的实施，首先是在非洲和拉丁美洲的 20 多个国家展开。此外，自 2007 年以来，欧盟在营养、粮食安全和可持续农业领域采取的气候相关行动支出所占比重不断增加，到 2017 年已达到 63%。欧盟支持全球研究伙伴关系，如前国际农业研究协商小组 (CGIAR)。通过 CGIAR，改进了相关技术，使成千上万的小农户的能力得到加强。大约 15.6 万名小农户最终采用了新的方法和技术。

欧盟在可持续农业和粮食系统负责任投资方面已经取得许多重要成果。自 2014 年以来，300 多万小农户受益于欧盟资助的行动计划，这些计划旨在推动可持续生产、市场准入和土地安全；380 多万小农户得到了农村咨询服务的援助；全世界有 80 多万人获得了安全的土地保有权；欧盟的支持也有助于农业和畜牧生态系统在 400 多万公顷土地上采用可持续的土地管理方式。

三、加强各国粮食危机应对能力

欧盟是粮食和营养安全领域最大的参与者，提供了大量的财政和政治支持。欧盟帮助伙伴国家加强脆弱家庭和社区应对粮食危机的能力，特别是通过投资于以农业为基础的生计和经济机会、备灾以及社会转移等能提供及时援助的系统。欧盟注重加强伙伴国应对粮食危机的能力，这有助于它们能逐步脱离援助更加独立，从而有助于它们的可持续发展。

欧盟提高粮食危机应对能力的办法都是因地制宜地将人道主义和发展行动相结合，在某些情况下进行和平建设，并以协调和伙伴关系为基础。由于欧盟有系统的监测和排序，并结合预防和应对粮食危机的长期战略计划，欧盟能够向被确定为最脆弱的国家提供迅速援助。欧盟的分析和监测也使其能够及时为相关决策和动员提供信息。

粮食危机应对能力建设需要人道主义和发展行动相结合。欧盟支持人道主义、发展与和平的联结，以为伙伴国家提供最佳和最有效的援助，以建设它们应对粮食危机的能力，并促进更强大和更可持续的粮食系统的发展。

从全球到地方各级的协作与伙伴关系，对世界各地粮食危机的应对能力建设至关重要。欧盟参与分享最新信息，以促进对粮食危机的根本原因进行联合分析。欧盟还支持一些特别计划以促进区域能力建设，促进恢复能力战略的采用，例如“全球恢复力联盟”倡议（AGIR）和“支持非洲之角恢复力”倡议（SHARE）。

欧盟与联合国粮农组织和世界粮食计划署一道启动了全球应对粮食危机应对网络，以促进更好地协调、分析和行动。该网络出版年度报告提供各国的粮食危机最新情况和前景分析。

欧盟在加强各国粮食危机应对能力方面取得了一系列成效。2013—2018年，欧盟通过社会转移或生计支持，帮助 2 600 万粮食不安全人群建立了应对粮食危机的能力。

欧盟非洲紧急信托基金（The EU Emergency Trust Fund for Africa）处理非洲国家移民的根本问题，以加强它们的稳定性。除了解决移民和冲突的根源外，该基金还旨在通过为最脆弱的人群创造经济机会，加强脆弱社区的恢复力。到 2019 年，欧盟非洲紧急信托基金已经为 550 万人提供了基本社会服务，并帮助创造了近 17 万个就业机会。

埃塞俄比亚的“恢复力建设和创造经济机会”计划（RESET II）使欧盟帮助了超过 180 万人，其中一半是妇女。该计划提供与营养有关的服务，支持新的创收活动，并为当地农民改善动物卫生支持和增加牲畜投入。该计划对妇女赋权产生了深远影响，使许多女性受益人从依赖转向自力更生。它还通过刺激当地经济活动和改善服务，帮助减少青年移民。

在欧盟支持下，尼日尔共和国大大推进了其粮食和营养安全以及可持续农业政策，从而改善了整体治理，完善了服务，并加强了粮食安全。粮食安全人数从 2013 年的 31％大幅增加至 2018 年的 58％。

此外，欧盟还在以下方面取得了巨大成效：①以农业为基础的生计和改善经济机会。在尼日利亚，欧盟支持帮助农业生产率提高了 150％，家庭收入增长，资产积累和生计改善。在哥伦比亚，欧盟为 13.56 万个家庭提供了生产性项目，创造了就业机会，增加了收入。②备灾。在肯尼亚，欧盟支持管理干旱的国家当局减轻气候变化的影响，更具体地说，确保干旱不会导致危机。欧盟还支持尼泊尔努力将农业抗灾能力纳入主流，以增强农民应对气候变化和其他自然或人为灾害的能力。③社会转移。在也门，有16.22万人从欧盟财政支持中受益，增强了农村恢复能力。2008—2013年，欧盟为埃塞俄比亚750万弱势群体提供了现金或食品，作为他们参与公共工程的回报。

第六章 CHAPTER 6

欧盟农业绿色发展与有机农业

欧盟通过不断健全法律法规体系、完善支持政策体系、建立有效的执行监督和评价机制，促进了农业生产绿色生态转型和有机农业发展。共同农业政策是欧盟农业包括绿色农业支持的重要法案，欧盟通过立法对生态环境进行保护，并采取各种措施改善生态环境，促进绿色农业产业发展。同时，欧盟已建立了较为全面的有机生产发展的法律法规体系，保障了有机产业健康有序发展。欧盟农业绿色发展支持政策体系具有工具多样化、体系系统化的特点。其中，强制性直接支付是欧盟绿色发展支持政策的基础和核心，自愿性投入限制环境支付和对整体农业的支持起辅助作用。无论是交叉遵守制度还是绿色直接支付，欧盟均建立了严格的执行和监督机制，包括惩罚措施，并配套农场咨询系统，通过专门机构开展政策评估，确保各项政策目标落实。

第一节 欧盟农业生产绿色生态转型

一、欧盟农业绿色发展支持政策演进

（一）政策体系初创阶段（1992—2007 年）

欧盟对农业绿色发展的重视始于 1992 年的共同农业政策改革。在此之前，共同农业政策更注重通过市场价格支持提高整体农业生产水平和供给能力，这种具备较强指向性和保护性的共同农业政策使社会资源发生严重倾斜，农业支出在欧盟各国财政预算中的占比逐渐增大，引发了主要农产品生产过剩、财政补贴支出急剧增加以及环境严重污染等问题。1992 年 5 月，欧洲理事会通过麦克萨里提出的一项基础性改革措施，开始对共同农业政策进行系统改革。在这次改革中，农业多功能性被正式列入共同农业政策，改变了欧盟原有以促进

农业经济增长为目标的发展模式，确立了农业在自然环境保护方面的作用，进一步加强休耕的作用，让土地退出生产。同时，强调减少杀虫剂和化肥的使用，各种农业支持都必须以减少环境污染为前提。1995 年 11 月的马德里峰会进一步将农业多功能性作为欧盟农业发展与改革的重要方向，支持措施主要涉及耕地面积削减计划及农业结构调整和环境保护政策。1999 年，欧盟委员会通过了共同农业政策 2000 年议程，开始了共同农业政策最为全面的一次改革。共同农业政策 2000 年议程注重保护农业生态环境，并建立新的农村发展计划，真正将农业多功能性融入农业发展中，强调了农业政策的目标为保持农业多功能性、可持续性和竞争性，以及促进农村的发展。2003 年欧盟设立交叉遵守制度，采取农业补贴与产量脱钩的农场单一支付，即共同农业政策下的各项补贴政策不再与生产挂钩，而是与遵守环境、食品安全、动物健康和动物福利标准等方面的法规要求相联系。这一制度要求农民不能显著减少永久性牧场的面积，提出直接补贴的受益者有义务保持耕地处于良好的耕种和环境条件。2005 年欧洲农业农村发展基金正式成立，标志“欧洲农业发展模式”的正式确立，并把农业多功能性细分为三个维度：一是注重农业的社会功能，包括农业从业人员的退休补贴和发展支持；二是改善农业生产环境，包括污染物治理、污染源控制、农业景观和生态多样性的保护；三是以注重生活品质为导向取代单纯追求产量的发展模式，促进农业文化功能的发展，恢复原有的田园风光。

（二）政策体系形成阶段 （2008—2012 年）

2008 年欧盟推出健康检查制度以进一步对农业绿色支持政策进行补充和完善。该制度主要涵盖三方面内容。第一，推出对具有特殊问题领域的援助。成员国可以保留产品直接支付预算的 10%用于特定部门。2010 年起该资金主要用于改善环境、提高产品质量、加强产品促销等方面。第二，支持结构调整。如果农场获得直接支付超过 5 000 欧元，将削减其直接支付的 5%（削减的比例 2012 年增加至 10%），削减资金转入农村发展预算。以这种方式节余的资金可用于成员国可再生能源、水管理、气候条件改变、生物多样性方面的革新。第三，完善交叉遵守制度。交叉遵守制度的要求更加简化，取消了一些与农民的义务无关的标准，增加了休耕和水管理方面的要求。

2011 年 10 月，欧盟委员会公布了共同农业政策改革的法律草案，草案包括直接支付、单一共同市场组织、农村发展和监督管理四大要素。支付改革的重要内容之一是强制要求各成员国至少将其中30%与鼓励生产者实施有利于应对气候变化和环境保护的生产实践相挂钩。绿色措施包括保持永久性牧场；保持种植作物品种多样性，要求农户在其可耕地上至少种植三种作物，每种作物占总面积至少5%，最多不超过70%；保持耕地至少有7%的“生态重点区”，用于保留绿篱、树木、缓冲带、休耕地及自然景观特征等。

（三）政策体系完善阶段　(2013年至今)

由于欧盟在环境方面日益受到资源利用率有待提高、土壤和水质下降以及生物多样性方面的影响，2013年底，欧盟通过了新一轮共同农业政策改革，并颁布2014—2020年改革计划，在环境方面注重提高欧盟农业发展的可持续性，更加重视保护自然资源和生态环境，多项农业补贴政策与环境保护直接挂钩，增加了对农民保护农业环境的激励，进一步完善了以绿色发展为导向的农业支持政策体系。在强制直补中增加了“绿色直补”，主要包括保持永久性草地直补、作物多样化直补、生态重点区直补。通常有机农场和农业环境绿化计划下的措施可视同绿化。成员国必须把本国直补金额的30%用于绿色直补，若不遵守则要受欧盟处罚，第一年和第二年不削减资金，第三年和第四年欧盟则最多可分别削减该国直补金额的20%和25%。在农村发展新政策框架中，强调增强农场活力和竞争力，促进森林可持续发展；促进农业产业链的发育，包括农产品加工和营销、增进动物福利和强化农业风险管理；恢复、保护和强化与农业、林业相关的生态系统；提升资源效率，支持农业、食品和林业的低碳发展等。

二、欧盟农业绿色发展支持政策框架

交叉遵守制度、绿色直接支付和农村发展计划共同构成了欧盟支持农业绿色发展的政策框架。

（一）交叉遵守制度

交叉遵守制度是指农民为获得直接补贴必须遵守食品安全、动物卫生、植物卫生、气候、环境、水资源保护、动物福利、耕地保护等一系列规则。如果未遵守，将削减其直补金额。

1. 交叉遵守标准

交叉遵守标准包括法定管理要求和良好的农业与环境状况。其中，法定管理要求包括环境、公众和动植物健康、疾病通知和动物福利 4 个方面共 18 项法律规定。良好的农业与环境条件是针对欧盟农业在集约化、专业化、边际化以及抛荒过程中出现的一些环境问题而制定的，要求所有耕地保持良好的农业和环境状况。希望获得直接补贴的农民，无论其土地是否实际生产，必须遵守相关要求。

2. 处罚机制

作为强制性约束，欧盟制定了交叉遵守制度的监督与处罚机制。欧盟要求成员国对至少 1%申请单一农场补贴的农民通过现场核查的方式检查其执行交叉遵守制度的情况。成员国可以根据农场等级、农场类别或以地理位置为基础进行风险评估，也可以考虑其他因素，如农民是否参与农场咨询计划或者农场证明计划。

对未遵守的农民，处罚取决于未遵守是过失行为还是故意行为。第一次过失行为将减少当年 3%的直接补贴，故意行为则减少 20%的补贴。如果故意不遵守还涉及其他补贴计划，那么该农民将不能获得下一年该补贴。执法部门可对重复违反的情况施以更高的处罚。如果是过失行为的重复违反，处罚数额可达到全年补贴数额的 15%，且一旦达到该限额，以后的违反均视为故意行为，将处以更严厉的处罚。如果是故意行为的重复违反，处罚数额可达到全年补贴数额的 100%。

（二）绿色直接支付

绿色直接支付是对有利于气候和环境的农业做法的直接支付，具有强制性、年度性、简单性、普遍性及非合约性的特征，旨在提高环境绩效、突出共同农业政策的环境和气候目标。

绿色直接支付针对的绿色措施包括标准绿色措施、对等绿色措施，同时规定了免于绿色约束的特定情况。

1. 标准绿色措施

标准绿色措施涉及作物多样性、永久绿地和生态重点区域的相关义务。作物多样性要求耕地面积在 10～30 公顷的农场须至少种植两种作物，主要作物不能超过耕地面积的 73%；超过 30 公顷的农场须至少种植三种作物，主要作物不能超过耕地面积的75%，两种主要作物不能超过95%。永久绿地则要求相关区域内农户不能耕种或改变其用途，且成员国须维持总农业用地一定比例不能超过参考比例的5%。生态重点区域包括休耕地、梯田、景观带、缓冲草带、农业林、灌木林、固氮作物等，要求超过15公顷的农场须保留至少5%的耕地为生态重点区域，2017年后这一比例提高到7%。

2. 对等绿色措施

成员国允许农户通过对等（可选择的）措施获得相同或更高水平的气候与环境效益。选择更恰当的作物、对永久绿地进行农药控制和施肥规定、在生态重点区域不使用化肥、连续两年在固定地区不种植相同作物等。对等绿色措施须满足成员国农村发展措施的农业—环境—气候计划或与国家、地区认证计划相一致。

3. 免于绿色约束的情况

从事有机农业可免除全部绿色义务。三种情况可部分免除特定绿色义务：一是部分或全部位于鸟类栖息地指令或水资源框架指令地区的农场，经营草场、休耕地或水下作物的农场；二是低于特定可耕地面积的农场；三是参加小农计划的农场。

与交叉遵守制度类似，绿色直接支付设立了相应的处罚机制。未遵守农户会被削减绿色直接支付比例。处罚的数额取决于违反的严重程度和范围，是否有持久的影响以及是否反复出现。

（三）农村发展计划

2013年共同农业政策改革确定了农村发展项目必须优先用于六个方面：①促进知识转化，农业、林业和农村地区创新；②增强各地区多种形式农场的活力和竞争能力，促进农场科技创新，促进森林可持续管理；③促进农业产业链主体的发育，包括农产品加工和营销、增进动物福利和强化农业风险管理；④恢复、保护和提升农业、林业生态系统；⑤提高资源效率，支持农业、食品和林业的低碳发展；⑥促进社会包容，减少农村贫困和农村经济发展。同时，要求成员国必须将30%的农村发展资金用于土地管理和应对气候变化，范围涉及环境和气候相关的实物资产投资、所有森林领域投资、农业—环境—气候投资、有机农场、自然2000计划补贴和自然条件恶劣地区补贴等。2014—2020年，欧盟农村发展计划将进一步确保自然资源可持续管理，支持应用环境友好型的耕作方式作为长期战略目标。

三、欧盟农业绿色发展支持水平与结构

欧盟支持农业绿色发展的政策众多，本书借助 OECD 政策评估系统对其支持水平与结构进行分析。欧盟对农业绿色发展的支持主要体现在生产者支持（PSE）和一般服务支持（GSSE）中。

（一）欧盟农业绿色发展支持总量与结构

自 1986 年以来，欧盟农业绿色发展支持总量不断增加，2011 年达到 1 038.81 亿美元，占总支持水平（TSE）的 81.82%。之后随着共同农业政策总预算资金的下调，农业绿色发展支持总量有所减少，2019 年为906.61 亿美元，2012—2019 年欧盟绿色发展支持总量占 TSE 的比例稳定在 74%～81%（图 6-1）。

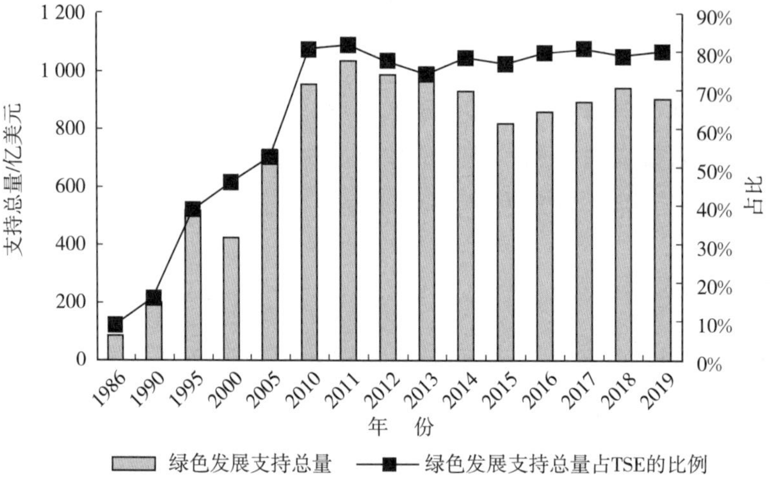

图 6-1 1986—2019 年欧盟农业绿色发展支持情况

数据来源：根据 OECD 数据库资料整理。

从支持结构来看，欧盟农业绿色发展支持主要是针对生产者的支持（PSE），占绿色支持总量的比例由 1986 年的 79.63%提高到 2019 年的 91.76%；一般服务支持（GSSE）占比较低且不断下降，由 1986 年的 20.37%下降到 2019 年的 8.29%（图 6-2）。

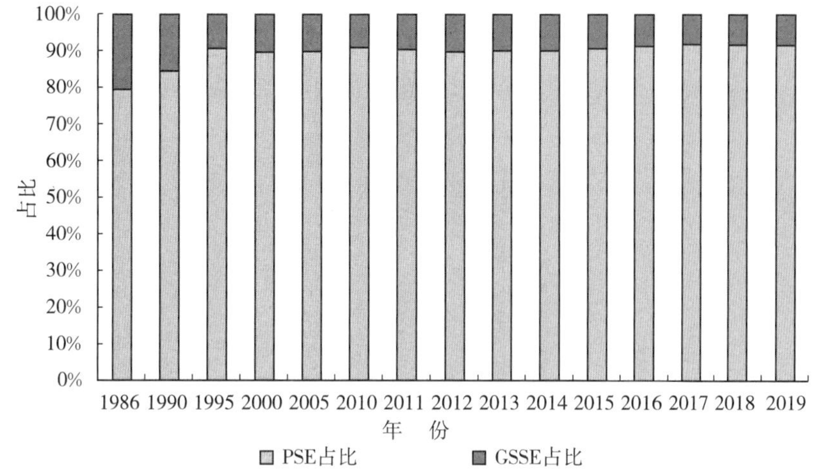

图 6-2　1986—2019 年欧盟农业绿色发展支持结构

数据来源：根据 OECD 数据库资料整理。

（二）生产者支持总量与结构

OECD系统对生产者的绿色支持政策可分为强制性直接支付和自愿性直接支付。其中，强制性直接支付主要是与当期生产无关的生产者支持，体现了强制性绿色支持与当期生产脱钩的特点；自愿性直接支付主要涉及基于投入使用的支付、与当期生产挂钩的支付、基于非产品标准的支付等。

欧盟对生产者的绿色支持总量不断增加，2011 年达到 940.04 亿美元，之后下降到 2015 年的 746.06 亿美元，后又恢复性增加至 2019 年的831.49 亿美元。其中，强制性直接支付在 2005 年呈现爆发式增长，由1986 年的 0 增加至 2005 年的 199.94 亿美元，之后强劲增长至 2011 年的 522.62 亿美元，2012 年开始不断减少至 2019 年的 398.49 亿美元；自愿性直接支付不断增加，在 1995 年达到 471.73 亿美元的峰值，之后在 341～455 亿美元波动（图 6-3）。

从支持结构来看，1986—2000 年，欧盟生产者支持几乎全部为自愿性直接支付；2001—2010 年，自愿性直接支付比例不断下降，而强制性直接支付比例不断提高。2010 年强制性直接支付比例首次超过自愿性直接支付比例 12 个百分点，之后保持这一态势至 2014 年。2015 年开始，强制性直接支付比例小幅下降，而自愿性直接支付比例小幅提高；2016—2019 年二者基本持平（图 6-4）。

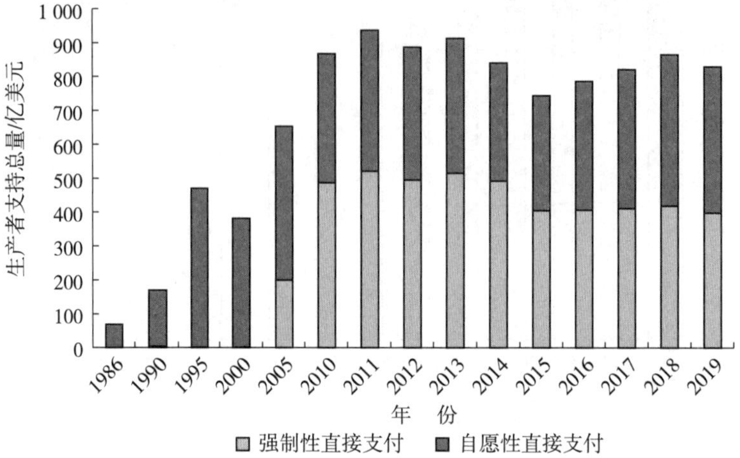

图 6-3 1986—2019 年欧盟生产者支持总量

数据来源：根据 OECD 数据库资料整理。

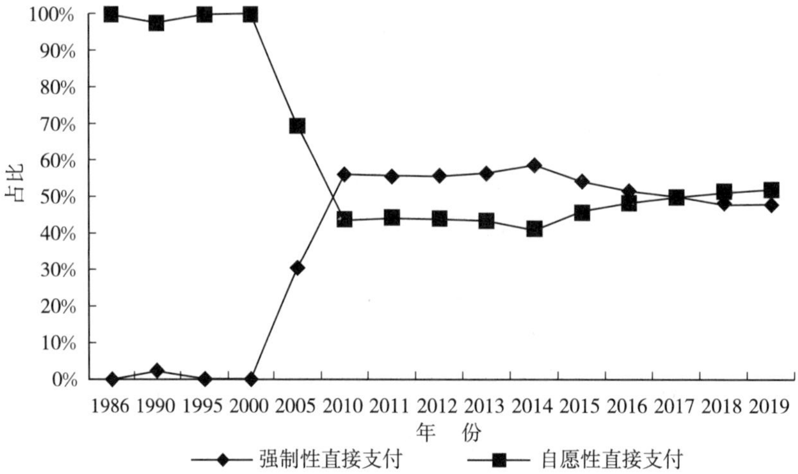

图 6-4 1986—2019 年欧盟生产者支持结构

数据来源：根据 OECD 数据库资料整理。

（三）一般服务支持总量与结构

欧盟对整体农业的绿色支持主要关注农业知识与创新体系、农业结构调整和投入限制支出。从一般服务支持总量来看，1986—2012 年呈不断增加态势，由 1986 年的 17.60 亿美元增加至 2012 年的 100.26 亿美元；2013—2019 年呈不断减少态势，2019 年为 75.12 亿美元，比 2012 年减少 25.14 亿美元（图 6－5）。从一般服务支持结构来看，以农业知识与创新体系支持为主，其占比一直在 70%以上；农业结构调整占比为 10%～30%；投入限制支出虽有所增加，但其占比很少，几乎可以忽略不计（图 6－6）。

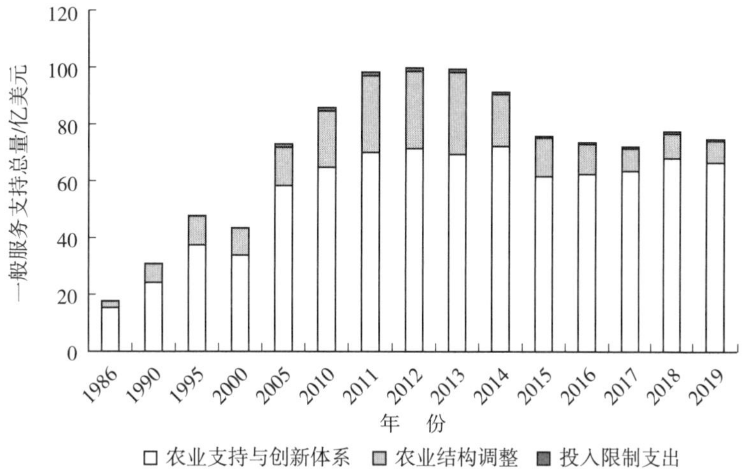

图 6－5 1986—2019 年欧盟一般服务支持总量

数据来源：根据 OECD 数据库资料整理。

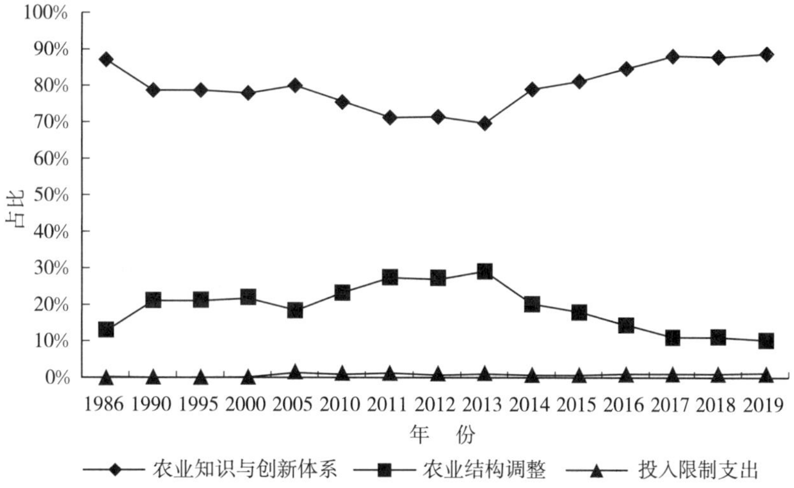

图 6－6 1986—2019 年欧盟一般服务支持结构

数据来源：根据 OECD 数据库资料整理。

第二节 欧盟有机农业发展

有机农业是一种能维护和延续土壤、生态系统和人类健康的生产体系。其遵循当地的生态节律、生物多样性和自然循环，结合了传统农业、创新思想和科学技术，循环利用植物和动物残留物，进行作物选择和轮作，使用绿色环保方式防治杂草和病虫害，维持和增强土壤肥力，使生态系统实现可持续发展，有利于保护人类所共享的生存环境，也有利于促进包括人类在内的自然界所有成员间的公平与和谐共生。

一、欧盟有机农业发展现状

20 世纪 20 年代，为解决化学投入品密集使用带来的土壤退化、农产品质量下降、农业与农村衰退等问题，欧洲学者提出了有机农业的基础理论，并逐步形成了一套完整的有机农业体系。20 世纪 70 年代后，以国际有机农业运动联盟（IFOAM）等组织和机构的建立为标志，有机农业的研究与实践不断扩展。从 20 世纪 80 年代开始，有机农业成为欧洲政策制定者、消费者、环保主义者和农民所关注的焦点，欧洲有机农业迅速发展，欧洲成为全球重要的有机农业生产和消费市场。

（一）有机农地面积持续增加

截至 2018 年底，欧洲以有机方式进行管理的农业用地有 1 560 万公顷，占农业用地的 3.1%，是全球有机农业用地面积第二多的洲，占全球有机农业用地面积的 21.8%。与 2010 年相比，欧洲有机农业用地面积增加了近 560 万公顷，年均增幅 5.7%。与 2000 年相比，欧洲有机农业用地面积增加了 1 110 万公顷，增长了 2.5 倍（图 6－7）。欧洲有机农地面积最大的三个成员国分别是西班牙（220 万公顷）、法国（200 万公顷）和意大利（200 万公顷）。有十个欧洲国家的有机农业用地比例占 10%以上，其中，居首位的是列支敦士登（38.5%），其次是奥地利（24.7%）和爱沙尼亚（21.6%）。

2018 年，欧盟的有机农业用地有 1 380 万公顷，占农业用地的 7.7%。与 2010 年相比，欧盟有机农业用地面积增加了 480 万公顷，增长了 53%。

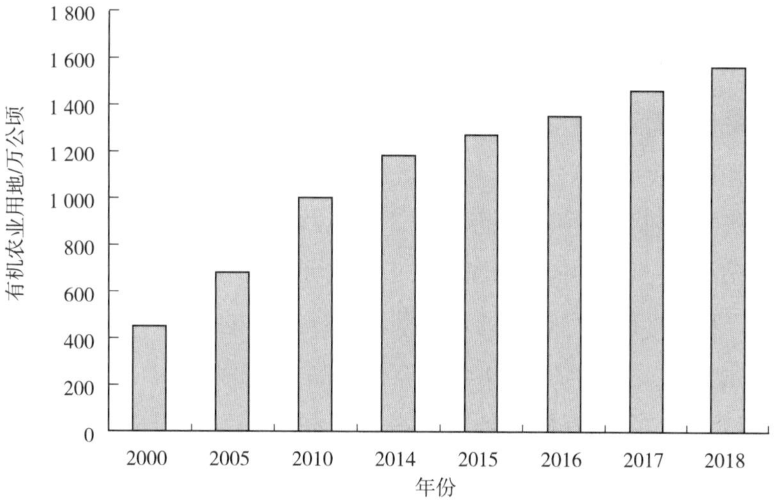

图 6－7　2000—2018 年欧洲有机农业用地发展情况

数据来源：根据历年《世界有机农业概况与趋势预测报告》整理。

（二）有机生产者不断增多

2018 年，欧洲至少有 41.8 万有机生产者，约占全球有机生产者的 15%。与 2010 年相比，欧洲有机生产者增加了 13 万人，增长了约 15%（图 6－8）。其中，欧盟有机生产者 32.7 万人，比 2017 年增加了 2.2 万人。

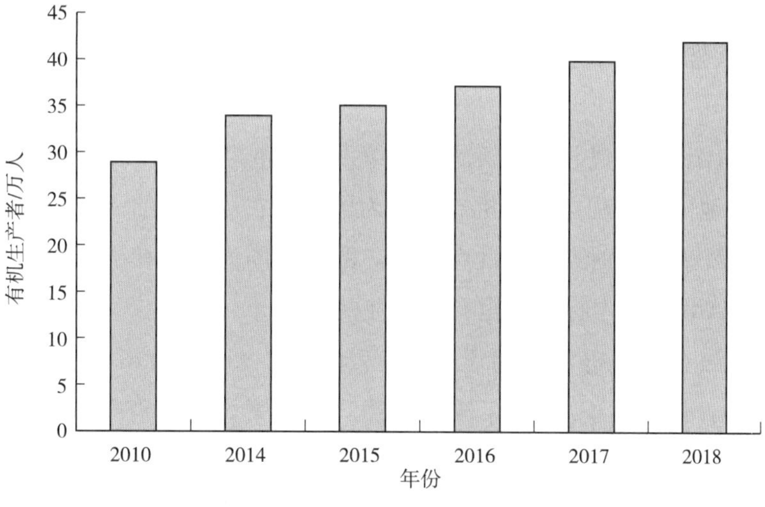

图 6－8　2010—2018 年欧洲有机生产者变化情况

数据来源：根据历年《世界有机农业概况与趋势预测报告》整理。

（三）有机产品市场持续增长

2018年，欧洲有机产品市场继续增长，有机产品市场销售额约为407亿欧元，占全球市场的43%，比2017年增长了7.8%，相较于2010年翻了一番。2018年，欧盟有机产品市场销售额为374亿欧元，是全球第二大的单一市场，占全球市场的42%。其中，德国（109亿欧元）和法国（91亿欧元）是全球排名第二、第三的有机产品市场，分别占全球市场的11.5%和9.6%，排在美国（406亿欧元）之后。2018年全球有机食品人均消费最高的国家是瑞士和丹麦，为312欧元。全球有机市场份额占比最高的国家是丹麦（11.5%）、瑞士（9.9%）和瑞典（9.6%），丹麦也是全球第一个有机市场份额超过10%的国家。

（四）有机产品贸易日益活跃

2018年，欧盟共进口330万吨有机农产品。其中，热带水果、坚果和香料进口量最大，总计79.36万吨，占总进口量的24.05%。其次是油饼（一种有机肥）、除小麦以外的谷物以及大米和小麦。中国是欧盟最大的有机农产品供应国，向欧盟出口农产品41.52万吨，占欧盟有机农产品进口总量的12.58%。

二、欧盟有机农业的法律法规体系

从20世纪90年代开始，实施可持续发展的战略得到全球的共同响应，可持续农业的地位得到确立。有机农业作为可持续农业发展的一种实践形式，进入一个蓬勃发展的新时期。在此背景下，欧洲各国为推动有机农业的发展，开始根据IFOAM的基本标准制定有机农业的法规。

欧盟立法支持有机农业始于1991年通过的《欧盟有机农业法案》（第2092/91号），该法案于1993年成为法律。该法案详述了有机农作物的生产，主要目的是减少混淆和欺诈，同时保护消费者和生产者双方的利益，共同开拓有机农产品市场。《欧盟有机农业法案》取代了欧洲各国的有机农产品法规，以法律的形式为有机农产品生产、认证和标识确立了共同的标准。由于该法案未涉及畜牧养殖，此后对其进行了修订，并于2000年开始实施第1804/1999

号法案。这个修正案明确了有机畜牧业的共同标准，允许成员国维持更高的国家标准，但是不能拒绝符合欧盟共同标准的有机畜产品的进口。为了明确地向消费者提供高品质和高信誉度的有机农产品，欧盟委员会出台了第221/2000号条例，推出了统一的欧盟有机认证标识。

2007年，欧盟有机农业发展达到高峰，欧盟先后出台了三部法律。其中，第834/2007号条例确定了有机农业和生产的目的、目标和原则，是有机生产及投入物资管理主要依照的法规，现行的欧盟有机农业生产要求是在此条例基础上建立的。第889/2008号条例和第1235/2008号条例，则详细说明了有机农业生产、有机产品标识、控制和进口规则。所有在欧盟销售的有机农产品都必须按照这些条例的规定进行生产。

在实施上述条例的过程中，欧盟委员会不断更新相关的实施条例细则。例如，在有机农业生产方面，第1254/2008号条例对有机酵母、转换期饲料的使用、蛋壳的装饰性颜色、酶的使用等进行了详细规定；第203/2012号条例对有机葡萄酒的生产进行了详细规定；第838/2017号条例对水产养殖过程中使用的饲料进行了详细规定；第2273/2017号条例主要规定了推迟使用非有机的家禽和蛋白质饲料的最后期限。在有机产品进口方面，第126/2012号条例详细介绍了欧盟与美国有机标准之间的互认协议；第2329/2017号条例则明确了从第三国进口有机产品的要求。

欧盟第2018/848号条例于2018年5月获得欧盟理事会通过，于2021年1月1日起开始实施。这部欧盟有机农业法规在有机农业生产的目标上提出了一些新的理念。其中，在所有有机农业生产目标中，鼓励在当地生产，缩短农产品供应链和销售渠道等。为了达到这些目标，新的欧盟有机农业法规在有机农产品进口、供应链风险控制，以及污染控制等环节有一系列重要变化。

三、欧盟有机农业的政策支持体系

在政府政策支持方面，为了促进有机农业持续稳定的发展，鼓励更多的农民加入有机农业体系，欧盟及其成员国围绕有机产品生产、加工与市场销售、信息咨询与研究等环节，采取了一系列有效的政策支持。此外，《欧洲绿色协议》中明确了促进有机农业发展的关键工具。

（一）生产支持

20 世纪 80 年代，欧洲各国日渐重视有机农业的发展，推出了一系列金融支持政策。如丹麦、瑞典和芬兰为有机转换期的生产者提供金融支持；瑞士将金融支持延长到有机转换期之后，并按年度对通过认证的有机农业生产者给予直接补贴，补贴率约为农场进行有机转换所需费用的一半；德国在共同农业政策框架的指导下大规模推进有机农业转型升级计划。

1992 年欧共体对共同农业政策进行了改革，改革后的共同农业政策更加追求环境保护这一宏观目标，并且强制适用于所有成员国，有利于促进有机农业发展。对农产品的价格支持、生产补贴、出口补贴和进口税等属于共同农业政策第一支柱范畴的政策同样适用于有机农产品。对有机农业发展影响最大的是该改革引入了农业环境计划（第 2078/92 号条例）。根据该计划，所有欧盟成员国都需为有机转换和维持有机农业生产提供财政补贴。支持计划由欧盟委员会和成员国共同提供资金。除法国和英国外，其他成员国不仅在有机转换期提供补贴，而且还通常以较低的比例持续支持有机农业生产。自 1994 年以来，农业环境计划成为欧盟支持有机农业的最重要机制。到 1997 年，大部分获得有机认证的农场均得到该计划的支持。2000 年，欧盟农业环境计划整合纳入农村发展计划（第 1257/1999 号条例），继续支持有机农业发展。

（二）加工和市场销售支持

为了平衡 20 世纪 90 年代以来有机农产品供应量的大幅增长，欧盟重视支持有机农产品的加工和销售。1990 年，欧盟委员会在第 866/90 号条例中增加对有机农产品的投资作为改进其加工和销售条件的优先事项。实施 LEADER 计划，支持有机农产品销售、有机农业生产模式示范与推广、有机农业与生态旅游等。欧盟在共同农业政策 2000 年议程中继续保留了 LEADER 计划倡导的举措，将其继续纳入农村发展计划中。

（三）信息、咨询和研究支持

20 世纪 90 年代初期，欧盟研究框架计划为几个合作的有机农业研究项目提供了资助。此后，农业环境计划和农村发展计划为农民提供专业培训，以支持有机农业。尤其是90年代中期在农业环境计划的支持下，瑞士、比利时、芬兰、西班牙、葡萄牙、瑞典和意大利等欧盟成员国通过制定信息支持措施、推广示范性项目，以推进有机农业的发展。各成员国还划拨公共资金支持有机农业研究与咨询，如英国和瑞典成立了有机农业公共研究基金；西班牙将有机农业列入国家农业研究计划；德国各类有机农业协会开展专业咨询活动时，政府按活动经费的50%予以财政补贴。2005年，欧盟委员会通过了有机食品和农业的欧洲行动计划，提出在信息与促进、通过农村发展计划提供财政支持和改进标准三个领域来推进欧洲有机农业的发展。

（四）《欧洲绿色协议》促进有机农业发展

有机农业将在实现《欧洲绿色协议》以及“从农场到餐桌战略”和“生物多样性战略”设定的目标方面发挥重要作用。欧盟委员会的优先事项之一是确保有机农业部门拥有适当的工具以及运作良好的法律框架，这是实现25%的农业用地用于有机农业目标的关键。

为了实现2030年有机农业达到25%的农业土地的目标，欧盟委员会正在落实并利用如下关键工具：一是制定有机农业行动计划，将采取三个关键行动，分别是刺激对有机产品的需求，同时保持消费者的信任；鼓励欧盟有机农业面积的增加；加强有机生产在应对气候变化和保护生物多样性方面的作用，包括在可持续资源管理方面的作用。欧盟委员会将针对该计划进行公众咨询。二是实施新的有机立法，为确保现行立法与未来立法之间的顺利过渡，并使该行业和成员国为实施新规则做好充分准备，欧盟委员会建议将新规则的生效时间推迟一年，从2021年1月1日推迟到2022年1月1日。受新冠肺炎疫情影响，配套法规的制定工作放缓。三是实施欧盟农业食品促进政策，通过成员国国内市场和第三国推广其质量特点来支持欧洲农业部门。在促进政策下，欧盟委员会计划在2021年为有机农业专项拨款4 000万欧元，以资助有机部门促进行动和宣传活动，提高对有机行业质量的认识，旨在刺激需求。四是除上述重要工具外，目前及未来的共同农业政策将继续支持有机农业在欧盟的进一步发展。如在农村发展计划下，为那些希望转向有机农业并予以维持的农民提供资助的措施。

第三节 《欧洲绿色协议》

一、主旨与目标

在全球绿色发展和可持续发展进程中，欧盟一直处于引领者的地位。2019年上任的欧盟委员会主席乌尔苏拉·冯·德莱恩（Ursula von der Leyen）将气候变化和环境保护工作列为其工作的首要大事，在其上任的施政纲领，即新一届欧盟委员会政治纲要（2019—2024）中，提出了未来5年乃至更长时间内欧盟的六个主要目标，其中第一个目标即为提出一份《欧洲绿色协议》。2019年12月12日，欧盟委员会在布鲁塞尔正式发布《欧洲绿色协议》（以下简称《协议》）。该《协议》是本届欧盟委员会执行联合国2030年可持续发展议程和可持续发展目标，以及欧盟委员会政治纲要（2019—2024）中重点议程的重要部分。作为一项新的增长战略，该《协议》旨在将欧盟转变为一个公平、繁荣的社会和一个富有竞争力的资源节约型现代化经济体，到2050年欧盟温室气体达到净零排放，实现经济增长与资源消耗脱钩。同时，该《协议》旨在保护、增强欧盟的自然资本，保护公民的健康福祉免受环境相关风险的影响。

二、绿色行动计划

该《协议》构建了欧洲绿色发展战略的总体框架，制定了落实该《协议》的关键政策措施的初步路线图。总体来看，《协议》的总体框架主要包括三方面的内容：一是促进欧盟经济向可持续发展转型；二是欧盟作为领导者推动全球绿色发展；三是发起《欧洲气候公约》以推动公众参与绿色转型发展。每一内容均包含若干具体行动计划。

（一）促进欧盟经济向可持续发展转型

为了达成该《协议》，需要重新考虑清洁能源供给政策，包括经济、工业、生产与消费、大规模基础设施、交通、粮食与农业、建筑、税收和社会福利等诸多领域。为了实现这些目标，必须增加保护和恢复自然生态系统、资源可持续利用、改善人类健康的价值。同时，欧盟还应促进必要的数字化转型。该《协议》将综合使用各种政策手段，包括监管与标准化、投资与创新、国家改革以及与社会伙伴的对话和国家合作等。除启动新举措外，欧盟委员会还将与成员国合作，以确保与该《协议》相关的立法和政策得到执行和有效实施。具体行动计划如下。

1. 增强2030年和2050年气候雄心

1990—2018年，欧盟温室气体排放减少了23%，而经济增长了61%。但当前的政策只能确保到2050年温室气体排放减少60%，未来十年需要加大气候行动力度。欧盟委员会已经就如何在2050年前实现气候中和制定了明确的愿景。为了实现该愿景，欧盟委员会制定了一系列计划。①2020年3月之前提出第一部欧洲《气候法》，将2050年气候中和的目标载入该法律。②2020年夏季，制定一项影响评估计划，将2030年欧盟温室气体减排目标，在1990年的基础上至少提高到50%，甚至55%。③2021年6月之前审查所有与气候相关的政策工具，必要时提出修订的建议。这些政策工具包括：碳排放交易体系，比如可能会在新行业引入欧洲碳排放交易；欧盟成员国针对碳排放交易体系覆盖范围外的行业的减排目标；关于土地利用、土地利用变化与林业的规定；能源效率指令；可再生能源指令；汽车和火车的二氧化碳排放绩效标准；等等。④2021年6月之前提议修订《能源税指令》。⑤2021年，为选定的部门提出碳边界调整机制，以减少碳泄漏的风险。⑥2020—2021年，通过一项更具雄心的适应气候变化新战略。

2. 提供可负担的清洁安全能源

为了实现2030年和2050年气候目标，需要进一步减少能源体系的碳排放。为此，欧盟委员会制定了以下行动计划：①成员国于2019年底提交修订后的能源与气候规划，欧盟委员会将对规划进行评估。②欧盟委员会于2020年年中发布推动实现可再生能源、能效和跨部门可持续解决方案智能融合的措施。同时，加大对脱碳天然气开发应用的支持力度。③2020年，欧盟委员会将制定指导方针，协助成员国解决能源贫困问题。④2020年，评估、审查能源基础设施的监管框架（包括泛欧能源网络条例），确保其与气候中和目标保持一致。⑤2020年，实施海上风电战略。

3. 推动工业向清洁循环经济转型

为了实现气候中和和循环经济，需要工业的彻底转型。①2020年3月，欧盟将通过一项欧盟工业战略，以应对绿色和数字转型的双重挑战。②2020年3月，实施循环经济行动计划，包括可持续产品创新，将重点关注纺织、建筑、电子产品和塑料等资源密集型行业。③自2020年开始，在能源密集型行业内，推动气候中性与循环产品的头部市场的发展。④2020年，提出“2030年支持零碳炼钢工艺”建议。⑤2020年10月，提出立法要求，以支持《电池战略行动计划》和循环经济。⑥自2020年开始，制定新的法规，解决过度包装和废弃物等问题。

4. 可持续与智能出行

交通出行占了欧盟温室气体排放的1/4，并将继续增长。为了实现气候中和，到2050年需要将交通出行的温室气体排放减少90%。需要采取的关键措施如下：①2020年，实施可持续与智能出行战略。②从2020年开始，作为替代燃料基础设施的一部分，支持建立公共充电站和加油站的筹资呼吁。③从2020年开始，评估立法选择方案，以促进不同运输方式的可持续替代燃料的生产和供应。④2021年，修订联合运输指令提案。⑤2021年，审查可替代燃料基础设施指令和跨欧洲网络—运输法规。⑥从2021年开始，出台可以增强和更好管理铁路和内河水运能力的举措。⑦2021年，制定更加严格的内燃机车空气污染物排放标准的提案。

5. “从农场到餐桌战略”

欧洲食品以安全、营养和高质量著称。这应当同样成为全球性的可持续标准。当前欧盟致力于设计公平、健康、环境友好的食品体系。将采取如下行动：①2020年春季，欧盟委员会制定“从农场到餐桌战略”。②2020—2021年，参照《欧洲绿色协议》和“从农场到餐桌战略”的雄心，审查国家战略计划草案。③2021年，采取包括立法在内的措施，以大量减少化学杀虫剂、化肥和抗生素的使用。

6. 恢复与保护生物多样性

①2020年3月之前，提出“生物多样性战略”，并在2021年采取具体行动。②2020年，在“生物多样性战略”的基础上，制定一项涵盖整个森林生命周期的“欧盟新森林战略”，改善森林多重功能。③从2020年开始，欧盟委员会将采取监管等措施，以促进不涉及毁林和森林退化的进口产品及价值链。④从2021年开始，制定包括立法在内的措施，帮助各成员国改善和修复受损的生态系统（如富碳生态系统），使其达到良好的生态状态；提出相关建议，

促进欧洲绿色城市发展，提高城市地区的生物多样性；考虑起草自然修复方案，寻找能够帮助各成员国实现此目标的融资方式。

7. 实现零污染、无毒环境的雄心

创造无毒环境需要采取更多行动以预防污染产生，同时采取措施清理并修复污染。①2020 年夏季，提出意向性的可持续化学品战略。②2021 年，颁布一项针对空气、水和土壤的零污染行动计划。③2021 年，审查欧盟用以解决大型工业设施污染的措施。

（二）欧盟作为领导者推动全球绿色发展

气候变化和环境退化等全球性挑战需要全世界共同行动。该《协议》指出，欧盟将继续在全球范围内推进实施环境、气候与能源政策，开展更强有力的“绿色协议外交”，着力说服和支持其他国家和地区在推进可持续发展中承担起各自责任，通过树立可靠的榜样形象，连同后续的外交、贸易、发展支持和其他政策，欧盟可以成为全球绿色协议的有力倡导者。欧盟委员会和高级代表将与成员国紧密合作，动员双边和多边的所有外交渠道，包括联合国、七国集团、二十国集团、世界贸易组织和其他相关国际论坛。

第一，欧盟将继续确保《巴黎协定》仍是应对气候变化不可或缺的多边框架。欧盟将与所有伙伴展开更紧密的合作，帮助其更新和实施国家自主贡献，制定长期战略。

第二，欧盟将加强与伙伴国家的双边联系，并将根据需要建立创新合作模式。欧盟将继续与二十国集团各经济体展开合作；同时与全球伙伴共同开发全球碳市场，使其成为激励气候行动的关键经济工具。欧盟将重点支持其邻国——西巴尔干地区的绿色议程，并试图与南部和东部邻国建立稳健的环境、能源和气候伙伴关系。

第三，贸易政策可以支持欧盟的生态转型。欧盟委员会一直在努力践行欧盟贸易协定的可持续发展目标，并将任命一名“首席贸易执行官”以进一步加强这些努力。在气候变化方面，欧盟最近达成的协议均包含约束性承诺，即要求各方批准并有效落实《巴黎协定》。欧盟委员会提议，将尊重《巴黎协定》作为未来所有全面贸易协定的核心要素。欧盟贸易政策促进了绿色商品和服务的贸易和投资，并促进了气候友好型公共采购。这可以帮助解决非法采伐等破坏性行为，加强监管合作，推广欧盟标准，消除可再生能源领域的非关税壁垒。欧洲市场上的所有化学品、材料、食品和其他产品都必须满足欧盟相关监管要求和标准。欧盟应该运用其在“绿色”监管方面的经验，鼓励合作伙伴制定与欧盟水平相似的规则，以此促进这些国家的贸易便利化，加强其环境保护和减缓气候变化的能力，以及提升应对气候变化的能力。作为全球最大的单边市场，欧盟委员会将继续制定可持续发展的标准，利用其经济地位重塑符合欧盟环境和气候目标的全球标准。

第四，欧盟的国际合作和伙伴关系政策应当继续帮助引导公私资金以实现转型发展。欧盟委员会提出了一个新的邻国、发展和全球合作工具的草案，其中提出将其总预算的25%用于实现气候相关目标。欧盟委员会还将支持国家公共财政资源为改善投资环境和实现私营部门的贡献所作的承诺。要做好这一工作，还须通过资金保障和混合融资等工具减小可持续发展投资的风险。为动员全球投资者，欧盟将率先建立金融体系，支持全球可持续性发展。欧盟将在新建立的全球可持续融资平台上，协调可持续融资计划，包括对计划进行分类、披露计划信息、标准化和标签标记等。

（三）发起《欧洲气候公约》以推动公众参与绿色转型发展

公众和所有利益相关者的参与和承诺是成功实现《欧洲绿色协议》的重中之重。为此，欧盟委员会2020年出台一项《欧洲气候公约》，就公众参与气候行动提出三种方式。第一，鼓励信息共享、激励启发，加强宣传教育，使公众了解气候变化和环境退化所带来的威胁和挑战以及应该如何应对。这可以通过多渠道和多工具实现，如仿照欧盟委员会正在进行的公众对话，在各成员国之间开展相关对话。第二，公众应当可以在线上或线下自由表达观点，发挥创造力，共同努力达成目标。还应当鼓励人们从参与气候行动的具体目标开始做起。第三，欧盟委员会将加强能力建设，促进气候变化和环境保护等草根倡议的实施。相关信息、指导和教育课程有助于交流实践经验。欧盟委员会将确保其中关于欧洲未来的讨论以绿色转型为导向。

《欧洲气候公约》建立在欧盟委员会在欧盟范围内进行的一系列公民对话和公民大会以及充分发挥社会对话委员会作用的基础上。它将继续努力增强包括能源社区在内的区域和地方社区的能力。《欧洲城市倡议》将援助各城市充分利用各种机会制定可持续的城市发展战略。《欧盟市长公约》将继续成为中心力量。欧盟委员会将与之合作，继续向希望做出气候和能源政策承诺的城市和地区提供援助。

除《欧洲气候公约》外，欧盟委员会及各成员国应当确保用于《欧洲绿色协议》的现有规划工具能运作一致。其中最重要的就是各成员国的能源和气候计划以及各成员国实施共同农业政策的国家战略提案。致力于农村发展的欧洲基金将帮助农村地区享受循环生物经济所带来的机遇。欧盟委员会将推进“欧盟群岛清洁能源倡议”的工作，制定长期框架，以加速所有欧盟岛屿的清洁能源转型。此外，欧盟委员会将考虑修订《奥尔胡斯条例》，以改善对民众和非政府组织的行政和司法审查。同时，还将促使欧盟及各成员国乃至全球一道应对环境犯罪。

三、支撑保障措施

（一）建立绿色投融资体系，确保合理转型

根据欧盟委员会的估算，若想实现2030年的气候与能源目标，每年还需2 600亿欧元的额外投资，约占2018年欧盟GDP的1.5%。为此，欧盟委员会提出了一系列绿色投融资措施。①欧盟委员会将提出“可持续欧洲投资计划”，帮助各相关方满足额外的融资需求。其中，欧盟预算将发挥关键作用。在支出方面，欧盟委员会提议欧盟所有项目预算的25%必须用于应对气候变化。在收入方面，欧盟委员会也提议新的收入渠道，其中之一是基于不可回收的塑料包装废弃物，之二是将欧盟碳排放权交易系统拍卖产生收入的20%分配给欧盟预算。②将至少30%的“投资欧洲”基金用于应对气候变化，该基金也会强化与欧盟国家的开发性银行和机构合作，鼓励它们全面开展绿色投融资活动。③加强与欧洲投资银行（EIB）集团、欧盟国家的开发银行与机构以及其他国际金融机构的合作。其中，欧洲投资银行计划到2025年使自身的气候融资比重翻一番，从25%提高至50%，从而成为欧洲的气候银行。④提出包括“公正转型基金”在内的“公正转型机制”，以确保每一个人的广泛参与。“公正转型机制”重点关注依靠化石燃料或碳密集工艺的地区和行业。⑤欧盟委员会将继续与相关合作伙伴一起寻求其他来源以满足过渡期的长期融资需求。

此外，私营部门的资金支持是绿色转型的关键。需要释放长期信号以引导金融和资本流向绿色投资，并避免资产搁浅。欧盟委员会将在2020年第三季

度提出一项新的可持续金融战略。首先，该战略将加强可持续投资的基础，比如将可持续性纳入公司治理框架，增加对气候和环境数据的披露，以便投资者充分了解其投资的可持续性；支持企业和其他利益相关方制定标准化的自然资本会计惯例。其次，通过在零售投资产品上清晰标记、制定欧盟绿色债券标准等方式，使投资者和公司更容易识别可持续投资并确保其可信度。再次，管理气候和环境风险，并将其纳入金融体系，研究金融系统如何提高对气候和环境风险的抵御能力，尤其是涉及自然灾害造成的自然风险和破坏。

（二）构建国家绿色预算制度，释放真实价格信号

充分运用绿色预算工具将公共投资、消费和税收直接导向绿色优先项目，避免有害补贴。欧盟委员会将与各成员国一道筛查并监测绿色预算的实践情况，以便评估年度预算和中期财政计划对环保问题和风险的考量，并考虑如何在欧盟财政规则内进行绿色投资，同时防范债务可持续性风险。税收方面，《欧洲绿色协议》将会为广泛的税改创造相应条件，取消化石燃料补贴，并在考虑到社会因素的情况下将税收负担从劳动者身上转移至污染实体。欧盟委员会现已提交相应增值税率至欧盟理事会审议，通过此举，各成员国可更有针对性地以增值税率来反映环保目标，例如支持有机蔬果。此外，包括环境和能源在内的国家援助指引正在评估中。

（三）强化研究与创新支撑

新技术、可持续的解决方案和颠覆性创新对实现《欧洲绿色协议》的目标至关重要。为了保持在清洁技术方面的竞争优势，欧盟需要增加跨部门、跨市场的新技术部署和示范，以建立新的创新价值链。其中，“地平线欧洲”计划利用公共和私人投资，将其预算的35%用于资助新的气候解决方案。四个“绿色协议任务”将引领适应气候变化、海洋、城市和土壤领域的大规模变革。行业和成员国的合作伙伴关系将支持交通运输方面的研究和创新，包括电池、清洁氢、低碳炼钢、循环生物行业等。欧洲创新与技术研究院下属的知识和创新部门将继续推动高等教育机构、研究机构和企业在气候变化、可持续能源、未来食品、智能环境友好型城市和一体化城市交通等方面开展协调合作。欧洲创新理事会将致力于为高潜力初创企业和中小企业提供融资、股本投资和业务加速服务，推动其以突破型创新落实《欧洲绿色协议》，并迅速实现创新成果

的海外扩展。欧盟委员会将支持释放数字化转型带来的全部益处，以促进生态转型，其首要任务是增强欧盟预测和应对环境灾害的能力。为此，欧盟委员会将汇聚欧洲科研和产业界所有顶尖人才，共同制定出精准的全球数字模型。

（四）加强教育与培训

首先，欧盟委员会将制定“欧洲能力框架”，发展和评估气候变化与可持续发展方面的知识、技能和态度，并促进欧盟教师培训计划网络中良好做法的交流。其次，欧盟委员会努力为各成员国提供新的财政资源，以确保学校设施持续可用、运转正常。加强与欧洲投资银行的合作，强化结构性基金和新兴金融工具之间的互动，争取实现2020年学校基础设施建设投资达30亿欧元的目标。再次，积极开展再培训，提升劳动技能。欧洲社会基金将帮助欧洲劳动力获取从夕阳产业转向朝阳产业所必备的技能。更新“技能议程”和“青年人保障计划”，以提高绿色经济环境下民众的就业能力。

第七章 CHAPTER 7

欧盟农业科技和推广体系

第一节　农业研发创新

一、科研创新计划概况

欧盟未来科研创新的重点领域在基础研究、创新和社会重大问题，其中包括五大重要领域：健康领域，创建包容而安全的社会，数字和工业，气候、能源和流动性，食物和自然资源。

受新冠肺炎疫情影响，欧盟还没有列出各类任务的确切重点，公众、欧洲议会、专家和其他国家，都在设计这些任务方面拥有发言权，这些任务也将制定明确的目标和完成期限。比如，到 2030 年将 100 个城市变成碳中和城市、将海洋中的塑料减少 90%等。

欧盟委员会提出 7 年内向欧盟科研创新资助计划——“地平线欧洲”投入 944 亿欧元，比最初的计划增加近 110 亿欧元。这笔资金将用于资助健康、气候和数字转型方面的重要研究。这些研发支出将促进生产力、就业率和竞争力的提高。其中，超过一半的资金（527 亿欧元）将用于应对社会挑战，重点资助五大重要领域的研究计划。在应对社会挑战方面，欧盟委员会将拨出 50 亿～100 亿欧元，创建“登月”式的研究任务，解决全球挑战，也希望更多公民能够参与其中。

欧盟委员会预计“地平线欧洲”的前身——“地平线 2020”计划投入的 800 亿欧元最终将创造出多达 17.9 万个就业岗位，且能在 2030 年前为国民生产总值增加 4 000 亿～6 000 亿欧元。“地平线 2020”计划曾是欧盟规模最大的科研创新计划，该计划在 2014—2020 年七年间，投入 770 亿欧元（除私人投资以外）用于创新和研发。“地平线2020”计划几乎囊括了欧盟所有科研项目，分为基础研究、应用技术和应对人类面临的共同挑战三大部分，其主要目的是整合欧盟各国的科研资源、提高科研效率、促进科技创新、推动经济增长和增加就业。尽管以刺激经济和就业为目的之一，“地平线2020”计划的效果似乎并不显著。

欧盟委员会希望在4年内将“地平线欧洲”计划中的135亿欧元研究资金用于四大类项目：健康领域，气候、能源和流动性，数字和工业以及欧洲创新理事会。针对具体预算，欧盟委员会将会与各成员国政府协商。

欧洲研究委员会的预算将增加26亿欧元，达到166亿欧元，这一增幅与“地平线欧洲”预算的整体增幅一致。欧盟资助个人科研最高奖项之一、旨在增强欧盟科研人员竞争力的“玛丽·居里行动”的预算并没有跟上整体增速的步伐。“玛丽·居里行动”将获得68亿欧元。

二、农业研发创新的重点领域

（一）有机农业和恢复生物多样性

欧盟委员会发布了“生物多样性战略”和“从农场到餐桌战略”。作为《欧洲绿色协议》的重要组成部分和欧盟复苏计划的核心内容，这两项战略共同致力于在2030年前恢复欧盟的生物多样性，加强对陆地和海洋的保护，恢复退化的生态系统，并建立可持续食物链。气候变化和生物多样性丧失是当下人类面临的重要威胁，恢复人类活动与自然之间的平衡至关重要。这两项战略有利于实现自然、粮食系统和生物多样性之间的更优平衡，增强欧盟的竞争力和韧性。

据统计，农业、建筑、食品饮料等高度依赖自然资源的行业，每年为欧盟创造超过7万亿欧元的经济效益。然而，农业生产是导致欧盟生物多样性丧失的主要原因之一。欧盟计划将化学农药使用量减半，让1/4农田实现有机耕作。欧盟希望通过加强生物多样性保护，创造更多就业机会，推动经济复苏，同时增强社会对气候变化、自然灾害、粮食短缺、传染性疾病的抵御能力。

联合国2019年发布的报告显示，在全世界800万种物种中，多达100万种正因人类活动面临灭绝威胁。新冠肺炎疫情让人们重新审视人与自然的关系。2021年10月，联合国《生物多样性公约》缔约方大会第十五次会议第一阶段会议在中国云南昆明召开。大会以“生态文明：共建地球生命共同体”为主题。会议通过《昆明宣言》。《昆明宣言》承诺，确保制定、通过和实施一个有效的“2020年后全球生物多样性框架”，以扭转当前生物多样性丧失，并确保最迟在2030年使生物多样性走上恢复之路，进而全面实现“人与自然和谐共生”的2050年愿景。欧盟在缔约方大会上强调，希望与各国加强合作，按照“人与自然和谐共生”的2050年愿景，实现提高生物多样性这一首要长期目标。

（二）食品加工技术

食品加工技术研发也是欧盟农业研发的重点领域之一。荷兰瓦格宁根大学是欧洲乃至全世界农业领域最顶尖的研究型大学之一。荷兰在农业和食品行业有大约5 300家本土和外国公司，其中包括12家世界最大的农业食品公司如嘉吉、卡夫亨氏和玛氏等，这些公司大都依靠荷兰的农业科技。中国乳制品巨头伊利于2014年2月与瓦格宁根大学合作成立欧洲研发中心，并于2018年将研发中心升级为伊利欧洲创新中心，进一步掌握欧洲与世界乳业和食品技术发展趋势，促进更有针对性的产品研发。

三、农业研发创新的实施机制

（一）法国农业科技创新机制

构建完善的农业科技创新体系。法国建立了从基层从业人员到大学研究院的农业教育体系，又通过各省级农业协会有效地将中央、地方的产学研工作紧密地衔接起来，研发农业环保新技术。通过这些农业环保新技术，改变传统农业生产技术，改善现代农业对环境和自然的破坏带来的负面影响，研发农产品加工新技术。法国农业主要是出口导向型农业，农产品加工业是法国出口的支柱产业。其中奶类、肉类、谷物、面包糕点和葡萄酒等的加工规模居世界前列。

（二）英国农业科技创新机制

构建农业科技质量保障体系。英国农业科技投入公开透明，接受社会监督；成果接受同行业专家的评估；农业科研成果必须有实用性。加大农业科技创新和推广力度。完善农业知识产权保护法规；特别重视种植业及畜牧业对新型农业科技的推广应用工作。英国专门从事农作物育种的科研单位有16个，分工明确，研究内容各有侧重，避免重复交叉。补贴农业科技创新成果的实际应用。英国用欧盟共同农业政策给予的农业退税资金，对农民应用农业创新成果进行补贴，并且会有机构每年审核农民是否将资金运用到技术创新中。

（三）德国信息化生态型农业科技创新机制

建立农业信息数据库，德国农业企业实现信息采集系统每天甚至每小时独立完成信息更新。物联网技术的应用，实现了动物饲养机械化。德国从20世纪70年代开始整合应用动物识别和饲养呼叫技术，在家禽家畜饲养领域将物联网技术引入动物的身份识别上。德国在麦类产品的研发方面取得了很多成绩，如培育出高品质的啤酒大麦。而且德国可再生能源发电发展迅速，风力发电已经有取代传统水力发电的趋势。实施生态农业发展计划。为满足欧洲和美洲市场对生态绿色食品的需求，德国大力发展生态农业，大力发展有机食品，提高农产品的附加值。

四、农业研发创新的投资计划

欧盟“生物多样性战略”关注土地和海洋的不可持续利用、外来物种入侵、自然资源过度开发等不利于生物多样性的因素，旨在使保护和恢复生物多样性成为欧盟总体经济增长战略的一部分。该战略提出将至少30%的欧洲陆地和海洋设为生态保护区，严格保护生物多样性和气候价值高的地区，至少让2.5万千米河流恢复自由流动，改善欧洲森林健康等。欧盟计划每年为该战略投入至少200亿欧元，这笔资金将来自欧盟和成员国的公共和私人资金，以及欧盟应对气候变化预算。

“从农场到餐桌战略”旨在建立公平、健康和环境友好型食品体系。该战略提出，将促进农药的可持续使用，杜绝土壤污染，发展有机农业，建立可持续的粮食系统，支持农民、渔民、水产养殖者向可持续生产过渡。欧盟委员会将在2023年前提出具有法律约束力的减少食物浪费目标，投入100亿欧元用于食品、农业、渔业、水产养殖、生物经济等领域的研发创新，加速农业绿色和数字化转型。

第二节　农业技术转移与推广

一、农业技术转移与推广的合作方式

(一) 欧洲食品技术平台

欧盟在第七期框架研发计划中，设立了一系列欧洲技术平台项目（ETP），这类项目是以产业引导、以公私伙伴机制为基础的技术平台，旨在联合各利益攸关方形成利益共同体，在重点战略产业领域推动技术创新，促进知识转移，振兴欧洲产业和提高工业竞争力。在农业、食品及生物技术领域，欧盟建立了一系列的 ETP，主要有食品技术平台、全球动物健康技术平台、林业技术平台、可持续化学与生物技术平台、农业工程与制造技术平台、生物能源技术平台、可持续家畜育种与繁殖技术平台、水产养殖技术平台、未来植物技术平台。

欧洲食品技术平台（ETP-food for life）是欧盟最早建立的技术平台之一，是食品技术转移和成果转化的有效机制。该平台成立于 2005 年，旨在加强全欧洲食品工业创新，促进食品领域知识和技术的转移，保持欧洲整个食品产业链的全球竞争力。该平台将农业生产、食品加工、储藏保鲜、流通和零售、餐饮、消费者及研究部门等利益攸关方联系在一起，并与成员国层面的技术平台有效结合，形成完善的技术网络，为食品产业链的各个环节提供技术支撑，为用户提供欧盟和成员国主体科技计划的最新创新成果、技术发明、最佳实践指南等，并帮助用户获得资金用于产品创新和转化。该平台自成立以来，已将欧洲食品领域包括食品加工生产企业、消费者、大学与研究机构等创新主体有效整合，以共同利益为基础，共同应对食品创新的关键问题，成为食品技术转移和成果转化的有效途径。

该平台根据各利益攸关方的智慧，联合制定"战略研究议程"，确定食品营养、食品加工与生产、食品工程制造、流通和输送等领域的研究重点，同时关注相关研究，保证食品产业的信誉，提高消费者对食品工业的信心。ETP-food for life 在新的战略议程中强调，要加强食品加工与安全、食品与消费者、食品营养、可持续食品生产及食品链全程管理等交叉领域的合作创新，提出要集中研究资源，促进知识转移和成果转化，开发新工艺和新产

品，为改进健康福利提供长期解决方案，建立可持续食品链的生产与安全管理体系。

促进研究成果的商业转化，建立和保持研究人员与其他利益攸关方之间最广泛的横向联合，携手解决食品领域的挑战问题，是 ETP-food for life 的工作重点之一。为此，ETP-food for life 建立了中小企业专项工作组和技术推广与转移创新专项工作组。

1. 中小企业专项工作组

为加速技术转移和成果转化，ETP-food for life 设立了中小企业专项工作组，意在为中小企业的技术转移、研发成果的孵化和产品创新提出建议，提高食品行业中小企业的竞争力，提高企业的创新能力。工作组的核心任务是制定有效措施和行动计划，将 ETP-food for life 及国家层面技术平台的新技术、新成果和新理念及时进行转化；主要活动内容包括为食品行业中小企业的创新活动提供措施建议，与成员国技术平台合作、制定中小企业创新资助计划，促进与欧洲创新集群以及竞争力产业集群的合作，为食品中小企业执行创新项目提供建议、保证有效的项目管理，提供创新融资、产业化及网络支持服务。

2. 技术推广与转移创新专项工作组

为使上游研究环节项目计划的制定更具针对性、研究成果更贴近市场和用户企业需要，ETP-food for life 设立了技术推广与转移创新专项工作组。该工作组的核心任务是面向欧洲食品企业特别是中小企业，推广所产生的技术成果，促进技术交流及成果的转化。工作组的主要工作任务是确保 ETP-food for life 的战略研究议程及执行计划所产生的技术发明和研究成果能够有效地转移和推广；为各利益攸关方、研究机构及目标大众提供有关外部食品研究信息、市场信息和用户需求信息；利用现代通信与宣传媒介，加强成果的宣传和推广，加强与欧洲食品企业的技术交流和信息搜集；制定框架研发计划及其他科技计划的农业食品知识创新及技术转移策略；对研究成果的转移和开发提供帮助和扶持，促进欧洲食品工业的发展。

（二）“农业可持续发展创新伙伴计划”

欧盟委员会召开“农业生产力和可持续发展创新伙伴计划”大会，宣布启动“农业可持续发展创新伙伴计划”。该计划旨在全面推进公私农业部门的研发创新，提高农业生产力水平，促进农业可持续发展，建设生态环境和谐的农业系统，保障粮食安全和食品质量安全，改善公民的生活质量。

农业可持续发展是欧盟促进经济增长和增加就业所面临的三大挑战问题之一。农业可持续发展的社会挑战要求欧盟不断提高研发和创新能力，改变现有的农业增长方式。欧盟认为，影响农业创新能力的最大瓶颈是研究与实践的脱节。因此，欧盟“农业可持续发展创新伙伴计划”的一个重要任务是促进研究与生产相结合，通过农业科技创新，将农业研究成果转化为促进农业可持续发展的具体措施，同时将生产中的问题及时反馈给研究部门。“农业可持续发展创新伙伴计划”强调食品供应链各环节的研发创新，鼓励不同机构、不同地区、不同产业领域以及包括农民、农业企业、科研人员、咨询机构、环境组织和消费者等不同创新主体之间建立密切的伙伴关系，联合开展研发创新，集中社会创新资源，解决社会和经济面临的重要问题。关键措施包括加大研发创新投入、加强各主体的科技创新合作、强化知识和技术的转移、开展咨询服务、推动信息交流、扶持农村中小企业发展等。

“农业可持续发展创新伙伴计划”包括五大行动：一是提高农业生产力和资源效率计划。该计划以提高农业产出水平、促进农业资源高效可持续利用为目的，建立低投入农业生产系统，降低农药化肥用量，优化能源及水土资源利用。二是促进生物经济发展计划。该计划为发展生物能源、循环经济、农业及食品知识创新及加工废弃物智能利用、生态修复等提供解决方案。三是提高生物多样性和改善土壤生态功能计划。该计划重点进行综合农业生态系统建设，提高农业生态系统的生物多样性，改进土地管理，开发减缓和适应气候变化的农业技术。四是食品供应链的产品及服务创新计划。该计划提出建立透明、可持续的食品供应体系和完善的信息和风险管理系统，如建立反映食品生产加工全生命周期的质量追踪系统和有效的食品残留（农药、化学品、病原菌）检测体系。五是食品质量及健康的生活方式计划。该计划包括建立新的食品质量及家畜卫生健康计划，如开发天然生物产物的药用潜力、改变大众消费模式、通过动植物育种改进食品营养成分、改善公民健康等。

“农业可持续发展创新伙伴计划”涵盖农业研发创新、技术成果推广、产品和技术开发及其整个研发创新与生产系统的整合。农业科技成果的转化是欧盟农业创新伙伴计划的重要内容。为了将创新成果转化为农艺措施，提高农业生产力，该计划提出要充分利用现有的共同农业政策、农业发展政策及欧盟研究与创新政策框架协议，创建连接农民、各利益相关方以及研究人员的动态创新平台，以技术创新和成果转化、新工艺新产品服务的技术开发和应用为目标，开展专项行动计划。该计划提出，在欧盟和成员国层面，专项行动计划要与创新集群计划以及先锋示范计划相结合，推动农业技术的转移。各项行动计划将以欧盟研究与创新政策框架协议的知识库为依托，在农村发展计划的伞形构架下，建立创新伙伴网络机制，为欧盟、成员国、区域和当地农业创新成果转化和新技术的推广增添活力。

（三）联合项目计划

联合项目计划是欧盟委员会启动的致力于欧洲研究区建设的联合研发计划，意在整合成员国的科技资源，对研究项目进行联合规划、联合实施和评估，提高成员国和欧盟层面主体研发计划的价值，充分利用欧盟及成员国的公共研究资源，以更有效的方式解决欧盟在关键领域所面临的挑战问题。该计划以成员国自愿参与为原则、以共同使命和共同战略为目标，强调通过建立公共伙伴关系携手解决关键性社会挑战。目前，欧盟已在各关键社会发展领域建立了该计划，包括卫生健康、人口老龄化、水资源、微生物抗药性、海洋生产、文化遗产与全球变化等。与农业相关的有农业食品安全与气候变化、食品与卫生、水资源。

促进成果转化和知识转移是该计划最重要的工作任务之一。要建立研究人员、农民及乡村工业、私有部门及消费之间的有效对接，不仅要加强农业技术的研发，而且强调要加强农业与食品产业的创新，鼓励农业及食品中小企业的参与，促进技术转移和成果转化。

宣传推广在知识和技术转移中扮演着重要角色。该计划特别强调加强各利益攸关方的交流和互动，强调农业食品创新链条各环节、上下游各部门和产业的有效结合，提出要最大限度地促进企业特别是中小企业、欧洲技术平台、农民、推广部门、非政府组织等各利益攸关方的合作和交流，以便将研究成果及时转化为创新产品，转化为生产实践和服务模式。主要措施包括建立用户（农民和企业）参与的联合行动计划，建立在线技术数据库、网络农业技术超市等。

为推进技术转移和成果转化，该计划还设立了利益攸关方委员会。委员会的主要任务是与农民、农业食品企业建立有效联系，旨在从利益攸关方的观点出发，参与到决策和管理过程，参与制定研究计划及中、长、短期联合行动计划，并提供培训、知识交流及基础设施建设等项目实施意见。此举使研究项目得以从立项阶段就考虑技术转移和市场转化，为后续成果的商业转化奠定了良好的基础。

二、农业技术转移与推广的领域分布

（一）食品加工

农业食品加工行业是欧洲许多国家的优势支柱产业，而且产品丰富多样，比如葡萄酒、奶制品、肉类、橄榄油、水果、蔬菜、谷物等，因此农业食品加工行业也是农业技术转移和推广的主要领域之一。2018 年，意大利农业食品行业的总增加值超过 2 050 亿欧元，约占 GDP 的 12%；荷兰长期保持世界第二大农产品出口国的地位。

欧洲农业食品行业正在遭遇多方面困境，食品行业的技术转移和推广更是变得尤为重要，这在一定程度上对缓解欧盟食品行业面对的困境具有重要的推动作用。欧洲老龄化社会导致农业行业后继无人。世界银行数据显示，在 2019 年全球老龄化国家排行榜上，第二至第四名分别为意大利（65 岁以上人口占 23%）、德国（21%）和法国（20%），还有许多欧洲国家进入前 50。同时，农村的年轻人涌到大城市生活，许多农场主退休后，农场就瘫痪了。欧洲农业食品加工业中，本地员工很少，需要聘用外籍员工。美国对欧盟价值 75 亿美元的商品征收高达 25%的惩罚性关税。这些被加征关税的商品包括德国和法国的葡萄酒、意大利的帕尔马奶酪、西班牙的橄榄油等。德国和法国的果酱替换希腊奶酪进入惩罚榜单。欧盟农产品不少是加工产品，价格相对较高，出口受限。欧盟把中国作为最具潜力的市场。欧盟农业委员预计未来欧盟对华农业合作将主打高质量产品出口、电子商务和投资合作。

（二）可持续发展

可持续发展、保护生态多样性是欧盟重点关注的领域，因此欧盟农业研发创新和技术转移在可持续发展领域的分布也是极为广泛的。欧盟在动植物和水土资源可持续利用、农业生态环境与气候变化等农业可持续发展的关键领域进行联合研发和技术创新，解决粮食供给安全和食品安全问题，发展生态农业和可持续农业以及可持续林业，保护生物多样性，适应和减缓气候变化影响。

第三节 经验及启示

一、欧盟农业科技和推广的经验

（一）注重农民参与

欧盟农业技术推广及成果转化，注重整个创新链条的有效结合，强调上游科研环节与下游用户（农民和企业）的结合以及建立合作伙伴机制。欧洲食品技术平台和联合项目计划均十分重视农民的参与。通过项目建立合作伙伴机制和利益共同体，农民的意愿在项目立项和计划实施阶段就得以充分体现和反映，从而为后续技术成果的转化奠定了基础。注重农民的参与，是欧盟农业技术推广和成果转化的重要特点。

（二）注重发挥农业企业的作用

企业是创新的主体。欧盟在农业技术推广和成果转化中，注重发挥农业企业的作用，强调创建包括科研机构、高等院校、中小企业和民间组织等在内的利益共同体。这种利益共同体为科研院所、大学和企业之间构筑了绿色通道。欧盟实施的食品技术平台，吸引了大批企业参与，技术平台产生新技术和新成果，可直接在企业推广应用。这种共同利益机制与单纯政府部门主导相比，更能把上游的研究环节和下游的生产应用环节有效结合，更有利于技术推广和成果的商业转化。

（三）顺应市场规律

欧盟在农业技术推广和成果转化上，尊重用户——农民和农业企业的意志，尊重市场规律，把是否采用新技术和新成果视为农民和企业家的自主行为，而不是依靠政府主导的行动计划和行政指令。在农业技术推广和成果转化上，转变政府职能，顺应市场规律，将农业技术推广和成果转化作为农民和企业的自觉行动。

二、欧盟农业科技和推广的启示

（一）科学规划农业科技创新体系

科学规划农业科技创新体系在欧盟农业科技创新中起到至关重要的作用，完善的农业科技创新体系是欧盟各国农业科技成果转化率高的重要原因之一。

（二）鼓励多元化组织形式推广农业科技创新成果

在农业科技创新成果推广方面，社会组织和私人企业相结合，这两个组织在农业科技创新成果推广中的作用不容小视。通常情况下，负责农业科技创新成果推广的社会组织包括农业协会、农业合作社等，这些组织大多是公益性的，由政府出资成立，由当地农户组成。英国的英格兰皇家农业协会和全英农户协会都旨在传播农业科技，促进科技成果的转化。与负责农业科技推广的社会组织相比，私人企业的一切农业科技创新成果推广行为都是以经济利益为出发点的。

（三）特色农业引领农业科技创新成果推广

在众多农业科技成果推广途径中，意大利所采取的运用特色农业促进农业科技成果推广的方式称得上是比较有特点的。其利用当时欧盟还未大量出现奶水牛的机遇，大力发展奶水牛养殖，用其牛奶制成现在享誉世界的奶酪。除此之外，意大利的红酒更是世界著名。在这种倡导发展特色农业的气氛下，当地的农户和农场主也都积极地接受新知识和新方法，都积极投身促进发展生产技术的形势中，这在无形中加快了农业科技成果推广的步伐。

第八章 CHAPTER 8
欧盟农民教育与培训

第一节　欧盟农民教育与培训的发展历程和保障措施

一、欧盟农民教育与培训的发展历程

欧盟成员国将政府、学校、科研单位和农业培训网有机结合，通过普通教育、职业教育及成人教育等多种模式对农民进行教育培训。其中主要代表国家有英国①、法国和德国。

英国是一个农业高度现代化的国家，农业劳动生产率和农业经济效益都居欧洲前列。英国政府高度重视农民职业教育与技术培训工作，制定了相应的法规与计划，并设立了相应的机构。在英国各产业培训中，唯一能得到政府资助的是农业培训。为加强农民职业教育与技术培训，英国于 1982 年颁布了《农业培训局法》，1987 年又对其进行了修改和补充。英国政府还不定期地针对农民教育培训工作的组织情况进行调查研究，针对调查中发现的问题及时制订改进措施。如为改进农民技术培训工作，英国政府于 1989 年成立专门班子开展农业培训调查，随后采取了加强农村技术培训工作的措施，改组了农业培训局，在全英国成立了 16 个地区培训中心。1987 年，英国设立“国家培训奖”，奖励在技术培训工作中成绩突出的单位。同时，为避免滥发资格证书，还成立了专门的职业资格评审委员会。

法国的农民教育培训历史悠久，早在 1848 年 10 月 3 日，法国国民议会就

① 英国于 2020 年 1 月 31 日脱离欧盟，过渡期至 2020 年 12 月 31 日。本章仍将英国的农民教育与培训作为欧盟的一个典型代表。

批准了在图鲁兹建立法国历史上第一所农业技术学校。1960 年以后，法国对农业教育进行了调整和改革，不断完善农业教育体系。法国现有 900 多所农业院校，在校学生 17 万多人。此外，法国每年还有 10 多万农民接受职业培训。

德国不仅是一个高度发达的工业国，同时也是拥有高效率的农业国。为了推动职业教育的发展，自 20 世纪 50 年代以来，德国颁布了十多项有关职业教育的法令，如《职业教育法》《职业促进法》《实践训练师资格条例》等。这些法律把职业教育确立为国家教育制度，对德国职业教育的范围、企业和学徒的权利及义务、各种行业的技术标准、考核制度、领导机构等都有明确的规定。现在德国的农业生产效率非常高，主要得益于德国政府在农民职业培训、政策扶持、农业用地规划和农业产业链升级上的长期投入。

二、欧盟农民教育与培训的保障措施

（一）立法保障

通过立法来保障和支持农民培训。欧盟主要成员国所制定的法律法规对农业教育的重要性、农民培训的地位、培训的主要内容和财政投入的力度都进行了明确的规定，并且还规定了培训单位和农民等主体应有的权利和义务，以保证农民培训的规范化、法制化和可持续性。德国颁布了《职业教育法》和《职业促进法》，英国颁布了《技术教育法》等。

（二）培训资金保障

坚持多元化的筹资机制，以政府财政为主，这样就保障了农民培训经费来源的稳定。德国政府为了调动企业在职业技能培训中的积极性，特别规定企业承担的培训费用可用来抵扣企业所得税。

欧盟各国政府通过构建多元参与的协作机制，在资金、师资、教学内容等方面，加强对职业农民的职业教育保障。政府在培育各类、各层次农民的保障机制中起到了引导或主导作用，促成了多元参与协作。德国在健全的制度保障以及企业、学校各方统一发力的背景下，职业农民教育发展较为先进。在职业农民培育经费投入中，政府主要承担人员工资、管理费、校园维护费等，企业主要承担学员工资保险、设备折旧费、教材资料费等。“企业联合职业培训”模式将各类型农业企业的资源有机整合，保障职业教育向集成化、信息化发展，达到培养高素质复合型职业农民的目的。

（三）管理制度保障

农民教育培训机构在欧洲各国有不同的名称，设立和组织的方式也不同。英国和法国的农民教育培训机构虽然都称为农民培训中心，但二者的设立方式却有很大的区别。英国的农民培训中心基本上由国家设立，法国的农民培训中心由国家设立或是在国家资助下由私人建立，且私人建立的较多。德国实行“双元制”，农民教育培训机构由培训农场或培训企业和该系统公共教学机构共同组成，其中培训农场必须具备培训农民所必需的条件并经政府批准，农场主必须是经“师傅考试”合格，并获得证书和被授予称号的人员。

第二节　欧盟农民教育与培训的体系

一、管理体制与机构

欧洲各国政府一般都设立专门的机构来组织管理农民教育与培训工作。英国的农民教育培训由农业培训局、地方教育局和农学院合作进行。农业培训局建立于1965年，其目的就是培训农业领域的新雇员和提高就业人员的技能，使他们学会使用新机器设备，主要是训练受训者的农业技能，而不是进行农业理论教育。法国农民教育培训是由农业部建立的培训晋级和就业委员会以及各省设立的相应机构来负责。此外，还有一些农民团体建立的民间培训机构，如农会建立的培训晋级基金会。法国政府主要负责较长期的培训，农会主要开展专业性的短期培训。1969年以前，联邦德国的在职农民培训主要由商业会所和农业协会负责，联邦德国农民联合会、农村妇女联合会、农科学生联谊会和农村青年联合会协助进行。1969年，联邦德国政府颁布《职业教育法》，农民教育培训工作开始由农业协会主管、地方教育当局和培训农场协同进行。联邦德国和民主德国统一后，民主德国所属地区的农民教育培训工作也由1969年《职业教育法》规定的相应机构负责管理。

德国形成了独树一帜的“双元制”农业职业教育模式，这在德国整个教育体系中占有重要位置。德国农业教育培训的基本体制构成包括：一是通过正规大学或大专院校培养高级农业专门人才，高等教育分为研究型大学和应用型大学；二是通过职业培训和进修达到国家对农业从业人员的资格要求，由预备职业教育、中等职业教育、进修职业教育三个层次组成。联邦政府和各州政府对农业职业教育培训都高度重视。严格的、学以致用的农业职业教育培训，使德国一代又一代农民具备了专业化、职业化素质，为家庭农场的企业化、规模化经营和农业现代化打下了牢固基础。

法国的农业职业教育模式有中等、高等之分，中等农业职业教育主要负责培养具有经营能力的农业经营者或农业工人，高等农业职业教育包括2年的高等技术教育、4～5年的工程师教育以及6～8年的硕士和博士研究生教育。法国的农民职业培训面向全体法国农民，形式不限。

二、形式与方式

欧洲各国农民教育与培训的形式灵活多样。从培训时间上来分，有短期和长期两种，短期培训可为几个小时，长期培训可以持续几年。在法国，20～120小时的培训一般称为短期培训，120～1 200小时的培训称为长期培训。从参加培训的方式看，有不脱产、半脱产和脱产之分。从培训对象上分，有农业徒工培训班、农村青年培训班、农村成年妇女培训班和农场主培训班等。从培训目的分，有以下几种：基础农业培训是对农村无业青年或具有实践经验而无技术职称的农民进行的培训；改业培训是由于科学技术的发展或经营方向的改变，针对受过一定农业培训的农民，为满足其学习新技术和经营管理方法的需求而设立的培训；专业培训是向从事专业化、商品化生产的农民传授专门知识和技术的培训；晋升技术职称培训是农民为取得较高学历证书而参加的培训。

根据农业生产的季节性特点，农忙季节的农民培训以短期培训为主，农民每周到培训场所学习1～2天；冬季农闲季节的农民培训则多为集中进行几个月的脱产学习，培训方式一般以实践训练为主、理论教学为辅，接受培训的级别越高，理论教学内容就越多。面对不同的培训对象，培训内容和培训方式也不相同，如对农场主和农业经营者要进行管理培训，学习农场管理、财务计算和生产效率计算等。

法国在职业农民教育培训过程中，充分利用网络、视频会议等现代信息技术，注重教育培训媒体的多样化，同时采用个人学习、现场讲授、实践训练、教师指导等形式保证培训效率。

德国“双元制”模式是其农民职业教育的最典型特征，企业和学校为教育地点和教育主体的“双元”，受教育者具有学生与学徒的“双元”身份，学生有过半的时间在企业实践。此外，德国还开创出“企业联合职业培训”的人才培养模式。

三、证书制度与考试

为了保证培训质量，多数欧洲国家在农民教育培训工作中实行严格的证书制度。各国都设立了一系列的农民教育培训证书，其中主要是职业资格证书。英国与法国在农民教育培训的职业资格证书和农民职业学历教育证书上基本是相互分离的，农民教育培训的对象和农民职业学历教育的对象所获得的职业资格证书是不一样的。而德国在二者上是相通的，只要农民教育培训的对象和农民职业学历教育的对象经过培训达到了相同的能力要求，最后获得的职业资格证书是一样的。英国农民教育培训的职业资格证书分为农业职业培训证书和技术教育证书两大系列（表 8－1），法国农民教育培训的职业资格证书有四种（表 8－2），德国有“合格证书”（基础农业培训）和“农场师傅证书”两种。这些职业资格证书的设置在专业上的划分非常细，如英国奶牛证书的设置就具体到了畜牧业的奶牛养殖。同时，不同类别的培训证书对培训时间、能力要求各不相同，且它们之间呈一种递进关系。如法国的农民培训证书，在培训时间上，农业职业教育证书、农业专业证书、农业技术员证书和高级技术员证书，分别需要至少 200 小时、680～920 小时、2 年和2～3 年的时间；在培训所需基础能力的要求上，必须拥有了前一级证书所要求达到的能力，才能参加下一级证书培训。

各国对农民教育培训证书的考试要求都比较严格，由各国主管部门或机构设立的考试委员会负责。考试委员会一般由雇主（农场主）、雇员（农业工人）和教师三方代表组成，共同制订考试所要达到的基本要求。英国对各类培训证书考试规定了全国统一考试大纲，只有考试合格才能获得证书。如英国的“技术能手证书”考试由国家熟练考试委员会主持，全国青年俱乐部协会协助考试。国家熟练考试委员会由农场主、教师和农场工人代表组成，是企业组织的技能测验和咨询机构，负责对农、林、园艺等方面的熟练程度进行测验，并协调测验机构的工作和监督测验方法。国家熟练考试对学生进行一系列农事技能测验，不仅要评价学生某一特定工作的能力，而且要看其速度和熟练程度。德国的“农场师傅证书”考试由主管部门建立的考试委员会负责。考试委员会至少应由 3 人组成，其成员必须熟悉考试内容且能胜任工作。考试委员会成员中雇主与雇员的代表人数必须相等，并至少要有一名职业学校的教师；考试委员会中至少要有 2/3 的成员是雇主与雇员代表。成员由主管部门聘任，任期三年；雇员代表由主管部门所在地工会或由雇员独立协会提名任命，职业学校教师代表经监督学校的机构或该机构指定的部门同意，由主管部门任命。同时，这些考试都有一定的淘汰率，如英国农民教育培训的职业资格证书考试的淘汰率一般是 20%。

表 8-1 英国农民培训证书类别

证书系列	证书种类	证书系列	证书种类
农业职业培训证书	农业工程证书 农业机械证书 农业证书 奶牛证书 农场管理证书 林业证书 园艺证书 庭院证书 畜牧证书 养禽证书	技术教育证书	养禽技术员证书 农业工程技术证书 食品技术员证书 农业技术员证书

表 8-2 法国农民培训证书类别

类　别	备　注
农业职业教育证书	有 3～5 年农业实践经验，欲继续经营农场但没有取得农业职业教育证书，需要进行至少 200 小时的农业职业培训，取得证书后，才能得到国家的补助
农业专业证书	经过 680～920 小时的某一专业培训，可授予农业专业证书
农业技术员证书	成年农民为提高自己的资历，经过 2 年的培训，可取得农业技术员证书
高级技术员证书	技术员经过 2～3 年的培训，达到农业专科水平，授予高级技术员证书

四、法规与实施

为进一步提高农民的科技素质，加快科技在农业中的转化，促进农业生产的全面发展，欧洲各国制定了一系列法令和政策来促进现代农民教育培训体制的建立。20 世纪 50—70 年代，法国先后七次通过法令，对农民教育培训的方针政策以及组织领导的具体措施予以规定。德国1969年起颁布的《职业教育法》《职业促进法》以及《职业教育保障法》三部法律构成了其职业教育的法制基础。其中，《职业教育法》在法律上确立了“双元制”职业教育模式，《职业促进法》和《职业教育保障法》将保障措施纳入法制轨道。此外，德国《职业教育条例》《培训教师资格条例》与《农业行业协会毕业考试条例》等相关法律法规作为辅助，完善其农民教育与培训体系。德国修订后的《职业教育法》，更加明确了政府、企业和农民在农民教育培训中的地位和作用。

欧盟各国从法律上规定，对农民参加教育培训期间的工资和津贴给予补助。英国唯一能得到政府资助的产业培训就是农业，法律规定农场工人上课时间的工资由农业培训局的政府基金支付，农场主不用支付。法国规定，农民或农业徒工在参加培训期间，由政府或有关农业专业协会组织的培训基金会发放补助费，如旅费、食宿费等。徒工参加500小时以下的培训，由雇主负担160小时或前4个星期的工资；培训时间超过500小时，雇主负担前500小时或13个星期的工资；雇主为雇员培训期间支付的工资上限为一年工资总数的1.1%，超过部分由国家补贴。此外，针对一些个体农户由于客观原因很难集中时间参加培训的，如经营畜牧业的农民，每天都要饲养家畜，不像经营种植业的农民那样有季节性，一些地区就由农民自己组织了“替代服务站”。当某个农民需要离开生产参加培训时，由“替代服务站”替代他们从事农业生产。法国政府和农民专业协会为推动服务站的发展而设立了“国家农业发展协会”，对服务站给予资金上的支持，按照开展活动的天数发放补助金。法国80多个省份都建立了这种服务站。德国法律规定，施训者给予学徒相应的津贴，其数额取决于学徒的年龄，至少每年增加一次；实物津贴按《国家保险法》第160条第（2）项作相应的折算，但不得超过津贴总额的75%；教学时间以外的工作应得到相应的报酬。

第三节　欧盟农民教育与培训的特点

一、欧盟共同农业政策中关于农民教育与培训的内容

（一）早期农民教育支持政策及改革

在历次共同农业政策改革和政策修订中，涉及农民培育和农业发展的支持

政策主要包括：1972年CAP改革，主要目的是加快实现欧洲农业的现代化，采取的主要措施有推进农业职业培训、鼓励青年从事农业生产、让年老农民提前退休以更新农业生产的劳动力。1975年又推行了“贫困地区计划”，向生产条件较恶劣的地区如山区农民提供补贴。这之后，欧洲一些农产品生产部门出现了生产过剩的现象。为保证农民收入水平，政府对农产品实行价格支持，如1992年的麦克萨里改革。改革内容包括收入支持，对农场主进行直接补贴，对那些冻结了耕种面积的农业生产者，根据种植面积给予补贴；农业结构调整政策，通过建立基金，鼓励保护环境；对55岁以上农业生产者实行提前退休制度，以便安置青年；扶持山区和条件差的地区发展农业等。CAP改革2000年议程的相关措施主要包括确定农业预算支出保持在恒定的水平；降低价格支持，鼓励竞争；保证农民的生活水平，通过提高直接收入补偿农民因降低价格支持遭受的损失；建立新的农村发展计划，以支付酬金或创建农场贷款利息补贴的方法支持青年农民创建农场、提供培训、提前退休，鼓励农业环境保护。

（二）现行农民教育支持政策

1. 青年农民

农业从业者不仅需要专业知识，而且需要强大的资金能力，这对于青年农民来说是很大的限制因素。为了增强农业对青年人的吸引，欧盟委员会计划给青年农民提供就业补贴支持和获得银行贷款的便利，要求各成员国将直接支付的2%用于支持40岁以下的年轻农民，在欧盟范围内强制实行青年农民创业援助计划，即在进入农业的最初5年内，可获得额外25%的直接支付补贴。

2. 小农户

种植面积低于3公顷的小农户，将根据农场具体规模，获得每年500～1 000欧元的固定支付。

3. 活跃农民

CAP受到强烈批评的原因之一就是，即使生产者在农业生产领域十分“不活跃”，但其作为土地的拥有者仍可获得直接支付，例如有的直接支付流向机场或体育俱乐部等。该政策确保直接支付只给予从事农业活动的“活跃农民”。

4. 最高限额

基于农场规模和生产水平来制定直接支付的标准导致大约有80%的农业支持流向了大农场主。欧盟委员会建议限定每个农场直接支付的最高上限为

30 万欧元，并鼓励农场增加雇佣劳动力，减少对大型机械化农场的支付水平。

共同农业政策也受到一些质疑和批评，比如被认为将有可能伤害小农户。虽然欧洲大多数政策制定者认同他们想要促进家庭农场和小规模生产，但是 CAP 事实上奖赏更大规模的生产者。在单一面积给付制度下，对是否生产产品没有强制要求，但是农民必须对其土地保持良好的农业和环境条件。因此大农场比小农场获得了更多的补贴收益。

二、欧盟主要成员国农民教育与培训的特点和成效

（一）法国

1. 法国农民培育的政策

（1）教育培训形式。法国有完善的农民教育培训网络体系，各省都有为农业生产提供免费服务的网站，实现了技术、信息、供销的信息一体化服务。培训时间有短期和长期，20～120 小时的培训称为短期培训，120～1 200 小时称为长期培训。培训方式有不脱产、半脱产和脱产三种。培训对象有农业徒工培训班、农村青年培训班、农村妇女培训班和农场主培训班等。

（2）农民职业资格证书制度。为了保证农民培训质量，法国实行了严格的证书制度，设立了系列农民培训证书，主要是职业资格证书。法国农民培训的职业资格证书和农民职业学历教育证书是相互分离的，农民培训的对象和农民职业学历教育的对象所获得的职业资格证书是不一样的。职业资格证书有农业职业教育证书、农业专业证书、农业技术员证书、高级技术员证书四种，培训时间分别需要至少 200 小时、680～920 小时、2 年和 2～3 年的时间；且要求必须拥有了前一级证书所要求达到的能力，才能参加下一级证书培训。法国对农民培训证书的考试要求严格，考试由主管部门或机构设立的考试委员会负责。考试委员会一般由雇主（农场主）、雇员（农业工人）和教师三方代表组成，共同制订考试所要达到的基本要求。

（3）青年农民培养。解决农民老龄化问题和培养青年农民是法国面临的比较急迫的任务。非农就业机会增多，大多数年轻人愿意到城市工作。近年来随着农场规模扩大，收益增多，年轻人开始愿意从事农业，在种植业尤为明显。

法国的政策有利于青年农民从事农业。政策规定，农场主退休，必须找一个年轻农民经营他的土地，否则，土地就要通过租赁、并购等市场途径转让给

周边农民经营。农场主的土地可以分散地由子女继承，但青年农民申请经营土地，起点要在102公顷以上，这有效避免了土地过度细碎化，既保障了青年农民生计，又确保了农场的规模和竞争力。同时，法国对青年农民素质有较高要求。青年农民若想从事农业，必须先经过相关的技术和经营等培训并取得证书。只有取得证书的农民才有资格使用某些投入品，这样才能保证产品质量。青年农民在从事农业生产之前，必须要具备农业生产技术与经验。公立的农业学校实施免费职业教育。初中毕业生自愿报名、无须考试，满足基本条件即可入学，享受免费教育。学校与附近农场合作，为学生提供实习机会；学校有生产部门，学生可以学以致用，生产并向市场出售产品。

法国向青年农民提供全方位帮助。法国农会向青年农民提供信息、企业注册、技术培训等服务，帮助青年农民做职业发展规划。青年农民要从事农业，需向当地农会提出申请，农会在进行相关的证书和实习经历等资质审查后，要求青年农民做一个详细的几年内的职业发展规划；农会对规划再进行科学性、经济可行性等方面的审查，帮助青年农民修改完善；农会将安排5名青年农民在一起进行为期一周的讨论交流，青年农民再根据交流情况进一步修改职业发展规划。经过严格程序后，青年农民才能最终获得经营农业的资格认定。国家对青年农民也有支持政策措施，除了提高农业保险保费补贴比例，还给青年农民安排一定数额的贴息贷款，并检查督促青年农民严格按照计划使用贷款。

2. 法国农民培育的特色与成效

（1）办学形式灵活多样。法国农民教育培训由三个部分组成：农民职业培训、中等农业职业技术教育和高等农业教育。办学机制灵活，国家和私人同时办学，职业培训深入到田间地头，落实到农民家庭。

（2）社会组织参与。国家、私人一同办农业教育，农民培训有固定的经费来源，充分调动了各种力量的办学积极性。农民培训经费主要来自政府、农业发展协会征收税和未建筑面积税。农民培训工作人员的工资由农业部门拨付，设备和基本费用由地方自筹。

（3）注重实践教学。根据农业发展的需要改革与调整教育培训结构，专业分工越来越细。重视实践环节，要求所有的企业和农庄无条件地、随时随地满足学生实习、参观及各种学习需求。

（4）教育培训体系完善。高等教育、专业技术教育和在职培训相结合，建立了完整的农业教育培训系统，全方位、多层次地培训农业工作者。每年高等学校培养1.05万名农业工程师，农业专业技校在校生达到16.9万人。

（二）德国

1. 德国农民培育政策

德国农业人口虽然只有130万，但在农业相关上游产业和下游产业中的从业人员却高达400万，占就业总人口的10%。德国农业生产效率非常高，这主要得益于德国政府在农民职业培训、政策扶持、农业用地规划和农业产业链升级上的长期投入。

（1）教育培训主体。德国农民教育培训由农业部门统一管理，各个农业协会和农业团体配合，政府、企业和个人联合管理和实施。联邦政府和地方教育局是主管行政部门，对农民教育培训工作进行统一协调和指导，同时政府鼓励非政府部门，如德国农业青年协会和私人企业组织参与培训工作。政府还批准了2万多个私人农业培训企业，对农民开展教育培训，受到农业技能培训的人数大大增加。承办培训的农业企业需要达到一定的经营规模，才可成为训练实习场，如乳牛场需有30头以上的牛，受训学员会挑选好的农业企业实习，企业间也会存在一定竞争。农业培训企业可依据相关法律法规自行制定训练计划及项目内容，在训练课程计划核准前，政府会做第一次检核，之后每5年检核1次。检核项目包括经营成本、专业技术、意外安全检查及环境保护标准等。

德国通常要求承办培训的农业企业主，提供一种证书，如技术师、师傅以及技术学院或大学的学士、硕士证书等，证明企业主具有某项专业技术。另外，政府部门派专人来检查企业，是否按照计划内容来完成教学任务，也可通过学员意见调查来考核企业的培训成效。

为确保有稳定的经费来源，德国将农民教育培训经费列入财政预算，参考各农业学校、培训中心制订的培训计划，根据财政政策安排专款下拨培训费。此外，立法明确规定由企业和个人以纳税形式缴纳培训费用。企业的培训费用可计入生产成本，待企业售出产品时，政府再对其减免税收。这样既调动了企业组织培训的积极性，又确保农民培训以市场需求为导向。

（2）教育培训过程及内容。德国《教育法》和《就业法》规定，农业就业者在正式进入工作岗位之前，必须经过不少于3年的正规职业教育。农业职业教育学制一般为3年，理论学习时间占1/3（内容包括作物种植技术、畜牧养殖技术、农业机械操作、农业法规和环境保护等），生产实践占2/3。在生产实践和理论学习达到要求后，学生需要参加全德统一的农业职业资格考试，考试合格人员取得农业职业资格证书，才能成为农业工人。3年的农业职业教育毕业取得初级农民资格后，还要经过5年的生产实践并经过国家考试合格，才能取得农业师傅资格。获得农业师傅资格，才能享有政府对农民实行的各种补贴政策。另外，一些中学毕业的学生，经过农业大专和农业大学的学习成为农业技术人员。

（3）教育培训形式。德国农民职业教育的特点是理论学习和农场实习相结合的“双元制”。“双元制”十分注重实习农场的资格要求，并且理论培训与实习交互进行，使学员能将所学的理论知识应用到生产中去，解决生产中存在的问题，培养学员的“动手”能力。如学员在课堂上学完葡萄种植、采摘课程后，由教师带领学员到学校的种植基地进行实际操作训练；葡萄酒酿造理论课学习后，教师带领学员在学校的酿酒厂按照工艺流程直接操作。在此基础上，还须到2个以上有资格的农场进行实习。实习结束后，由一个专门的命题委员会委员对学员进行考试，命题委员会成员的2/3由农场主组成，1/3由学校教师组成，避免了在考题中过分强调理论知识，而忽略学员的实际技能。

（4）资格证书。“农场师傅证书”（绿色证书）是农民从事农业工作的资格，分为5个等级，并且每个等级分别代表不同的水平和从业资格。一级证书是农业职业教育学徒工证书，这只是一个初级证书，甚至还不能证明获得者是一个合格的农民；经过3年的农业职业教育，并且通过规定课程的结业考试，获得二级证书，才能成为一名合格的农业专业工人；二级证书获得者通过1年制的专科学校学习或参加农业师傅考试，获得农业师傅证书，即三级证书，此时便有了独立经营农场和招收学徒的资格；三级证书获得者通过两年制的农业专科学校学习，毕业后获得四级证书，成为农业企业技术员、农业企业领导；此后如能通过附加考试，便可进入农业高等学校深造，毕业后获得欧盟颁发的五级证书，成为农业工程师。接受农业培训的人数逐年增加，为德国农业发展提供了大量的高素质劳动力。

2. 德国职业农民培育的特色与成效

（1）坚实的法律基础。为了推动职业教育的发展，自20世纪50年代以来，德国颁布了十多项有关职业教育的法令，如《职业教育法》《职业促进法》《实践训练师资格条例》等，这些法律法规把职业教育确立为国家教育制度，对德国职业教育的范围、企业和学徒的权利及义务、各种行业的技术标准、考核制度、领导机构等都做出了明确的规定。同时，要求有关各方必须严格执行，违者要依法追究，农民职业教育也不例外。

（2）“双元制”教育模式。“双元制”职业教育模式的核心是加强对青年人实践技能的培养。这种模式已普及到德国各个经济部门，如手工业、农业、工业、商业、公共服务部门和私人服务业等各领域400多种职业，仅农业职业培训就有13种，包括家庭经营、园艺、葡萄、农场主、养马、畜牧、林业保护、酿酒、乳品、鲜牛奶、农机等。

（3）可靠的经费来源和充足的经费。每年德国各级政府在农业职业教育发展方面都下拨大量经费。各联邦州政府主要负担农业职业教育系统的人事、校舍建设和维修、行政管理等方面的费用。德国通过有效的财政分级负责制度，为农业职业教育提供了可靠的经费来源。同时，政府鼓励个人或企业对农业职业教育进行捐助。对农民教育培训的投入，一方面，由国家将农民教育培训列入财政预算，安排专款（各农业学校、培训中心制定培训计划，做出预算，国家财政按规定下拨培训费）；另一方面，通过立法，由企业和个人以纳税形式交纳培训费。

（4）培训目的明确。在德国，获得中学毕业文凭者要成为农场主，必须参加两年以上的“双元制”职业教育培训，并获得毕业文凭，才能得到政府提供的政策优惠和资助。德国农民教育培训的目标，一是培训新型的农业从业人员，为现代农业提供后备力量，提高就业人员的职业技术能力；二是推广传播农业实用新技术、新品种。

（5）办学灵活形式多样。德国农民教育培训分为普通教育、职业培训、成人教育等多种形式，而且在学习时间方面长短结合。学习时间长的可以是3年的培训，短的仅一两周。在培训过程中，一方面，充分发挥各专业院校、农业技术培训中心的作用；另一方面，充分利用各种家庭农场、合作社的场地，让学员结合实际学习。

（6）内容丰富，重视实践。德国组织开展农民职业技术教育培训，内容丰富，涉及面宽，包括新品种、新技术推广；葡萄种植、酿酒和奶牛饲养管理，农村环境保护、土地资源开发利用；农产品加工、贮运、销售；经营管理与成本核算等。培训过程中，十分重视学员实践能力的培养。

（三）英国

1. 英国农民培育的政策措施

英国是世界上最早实现工业化的国家，农业劳动力数量占劳动力总数的比例很低，农业总产值占比也很低，但政府却高度重视农业职业教育和农业从业人员的职业资格鉴定。

（1）教育培训法规与机构。为加强农民职业教育与技术培训，英国政府颁布了一系列法令和政策，促进了现代农民教育培训体制的建立。英国有《农业培训局法》，政府不定期地针对农民教育培训工作开展调查研究，发现问题及时制订解决措施。从政府角度看，教科部负责院校教育，同时也负责院校的职业培训；就业部的培训局专门负责制定职业教育和技术培训的方针政策，制定成人就业培训计划、青年培训计划等；农业部和地方教育部门共同负责实施“技术与职业教育计划”，农业职业教育和技术培训是上述计划的组成部分。政府不定期地组织调查研究，及时针对调查中发现的问题提出解决办法。

（2）教育培训考核制度。英国设立有“国家培训奖”，该奖每年颁发一次，奖励在技术培训工作中成绩突出的单位。为保证教育与培训质量，英国有关部门十分重视考察承担教学与培训任务的教员或辅导员的水平。如农业培训，除邀请学院教师和研究咨询部门的科技人员任教外，还请在农业生产第一线工作的具有丰富实践经验的专业人员任教。但对于这类教员，一般先由农业培训局组织培训，经考核拿到合格证后才能参加教学工作。对于参训学员，尤其是参加学院各类职业训练班的学员，有严格的考试制度，经考试合格后，颁发“国家职业资格证书”。职业资格共分五级，一级为最基本技能，二级为农业工人必须具备的资格，三级为农场顾问必须具备的资格，四级、五级为农场经理必须具备的资格。为避免滥发资格证书，英国还成立了专门的职业资格评审委员会，农业领域的资格评审委员会由农业培训局、教育界、国家职业技能考核委员会、农民协会及政府部门的代表组成。

（3）培训对象。英国郡级农学院主要培养具有较全面知识的新一代农业劳动者，科研与咨询部门（如农业开发与咨询服务局）的培训是较高层次的专项培训，而绝大部分的农民则是由地区培训中心培训。据统计，英国每年有30%的农民接受各种不同类型的培训。

（4）其他政策措施。除了对农民进行培训外，在农民培育上，英国也实施了多项农业补贴政策。为获得补贴，农民必须符合交叉遵守制度的相关标准和规定，如16条良好农业和环境条件标准，18项法定管理要求，涵盖环境、食品安全、动物卫生与福利、植物卫生方面的相关要求，以及保护一定的永久性草地、保持生物多样性等。

2. 英国职业农民培育的特色

英国农业在世界上并不占显著地位，在其国民经济中所占的比重也比较低。但是，在发达的工业技术基础上，英国建立了比较完整的农业支持保护体系，形成了健全的农业科技教育体系，培养了强大的科研队伍。在比较完善的农业科研、教育和推广体系的支持下，英国已发展成为先进的独具特色的现代化农业国，是最早实现农业现代化的国家之一。英国成立了16个地区培训中心，每年约有30%的农业劳动者参加各种不同类型的农业培训活动。英国职业农民培育的主要特色主要有以下几点。

（1）高度重视农民职业教育。在英国各产业教育培训中，农业教育培训是唯一得到政府资助的培训。政府还不定期地对农民教育培训工作进行调查研究，对于出现的问题及时制定解决办法，对农民参加培训期间的工资和津贴给予补助。

（2）农业教育培训以市场为导向。英国农业学院为了求得生存和发展，及时了解市场的变化，设置新专业，开设新课程，以适应市场的需要。对于各类培训学员，有严格的考核制度。为避免滥发资格证书，还成立了专门的职业资格评审委员会。

（3）重视师资管理。英国农业院校十分重视对教师的聘用、考核和培训，聘用教师的基本条件包括学历、经历、技能，突出强调教师的实践技能，被聘用者一般要有6个月的试用期。每年度对教师进行考核，以此作为晋升或续聘、解聘的依据。

（4）多层次的教育培训。英国的农民职业教育与技术培训以农业培训网为主，辅以高校及科研咨询机构，基本形成初、中、高三个教育层次相互衔接，正规教育与业余培训相互补充，分工相对明确、层次较为分明的农民教育培训体系，能够适应不同层次人员的需求。

（四）爱尔兰

1. 爱尔兰农民培育的政策措施

爱尔兰重视高素质生产者、经营者和农业专门人才的教育培训，各个时期都制定了鼓励培养专业化、职业化农民的政策，形成了有效的、高质量的农民教育培训体系。

（1）培训主体。爱尔兰的农业教育、农民培训由农业部主管，主要由农业院校、地方农业委员会和培训中心、半官方的培训咨询机构来承担，在一百多年的历程中形成了培训、科研、咨询推广的体系。爱尔兰农业部设立之初就有管理培训、农业科研、农业技术咨询推广的职能，由大学、研究机构负责指导。地方设有农业委员会，地方当局对土地征税，为当地的农业委员会提供资金。

为进一步加强农民教育培训，半官方的国家咨询与培训机构（ACOT）总管农业学院培训并增加了对农业的咨询服务，负责整个地区的农业培训管理，同每个地区的专家组一起来领导培训，在培训人员遇到困难的时候提供在职培训和技术支持。此外，专家组在研究和咨询服务的联系上也扮演着重要角色，起到了桥梁作用。

爱尔兰国家农业和食品发展管理局，作为半官方的机构履行农业研究、培训、咨询服务方面的职能。它接管了国家咨询与培训机构的培训职能。这样就把研究、咨询、培训的职能进一步融合，形成一体化，产生了很好的效果。爱尔兰国家农业和食品发展管理局下设 11 个局，其负责人都由农业部部长任命，成员来自农业组织、食品工业组织、农业院校。它设立了遍布全国的培训中心和农业院校（近 60 个培训中心、10 所院校），有来自 8 所农业院校、地方培训中心和研究中心的 200 多名教师和培训师，每年有 1 万多人参加培训。

农场后继者培训局的人员和职能并入爱尔兰国家农业和食品发展管理局，其主要职责是强化农业职业证书在经营农场中的作用，统一了全国的培训目标、培训项目，实施三年的课程学习和后继者基础项目来培训农场经理人。

（2）培训项目。爱尔兰国家农业和食品发展管理局的培训由四个部分组成，即三级农业职业证书培训、职业课程培训、成人农民培训和食品加工业培训。

爱尔兰国家农业和食品发展管理局近几年仍以三级农业职业证书培训为主，现有 11 个三级培训的项目。这些培训项目强调商业开发、管理技巧和奶制品、谷物生产新技术，课程学习与实践培训相结合，主要目标是未来的经营型农民，为学员开拓了更广阔的就业机会。所有的课程都是农业院校和技术机构一起实施的，充分利用每个机构的核心优势资源。

职业课程培训主要面向那些打算在农业、园艺、畜牧或林业方面就职，但却不想完成三级课程的人。此类培训没有最低受教育水平的要求，提供乳业和畜牧业经营、农场机械化、农场经营、园艺技能的认证。所有的职业课程都已实现程序化、标准化，并不断加以改进与完善，通过了继续教育和培训鉴定委员会（FETAAC）的鉴定。这些课程为参加者提供了较广阔的职业选择。有偿实习实践是这些课程的基本组成部分，学员有机会在他们所选择的职业领域提高技能，也可以转到三级农业职业证书培训。

成人农民培训主要面向农村成年农民和农村居住者。爱尔兰国家农业和食品发展管理局认为终身学习和继续教育是现代各行业的特征，农民和农村居住者也应享受终身学习和继续教育。爱尔兰成人农民培训为成人农民开设的课程十分广泛，主要涉及金融管理、农场家庭经营、计算机培训、环境保护等，还包括林业、旅游业、有机农业等方面的培训课程。爱尔兰每个郡的地方机构都提供全面的、广泛的培训项目，每年有1万多名农民及其合伙人参加。

爱尔兰国家农业和食品发展管理局不断加强对食品加工业的培训，主要由两个中心来实施——国家食品中心和乳制品研究中心。此类培训主要是针对食品加工业员工，培训食品安全、质量、生产过程和产品等的内容，目标是每年对500个食品加工业的经理和2 000名以上的食品操作者进行培训，以提高市场份额，吸引更多的消费者。爱尔兰国家农业和食品发展管理局在食品加工业培训中扮演着领导、组织者的角色，保障食品加工业适应法律法规并满足消费者的要求。

爱尔兰农民培训集科研、咨询、服务为一体，以科学指导为中心，以现代农业技术武装家庭农场、食品加工企业，提升农民的知识化水平。科研、咨询、培训是一个有机整体，在爱尔兰国家农业和食品发展管理局这个大体系中相互作用，相互促进，形成了从知识创新到知识传播再到知识吸收的最短路径（图8-1）。

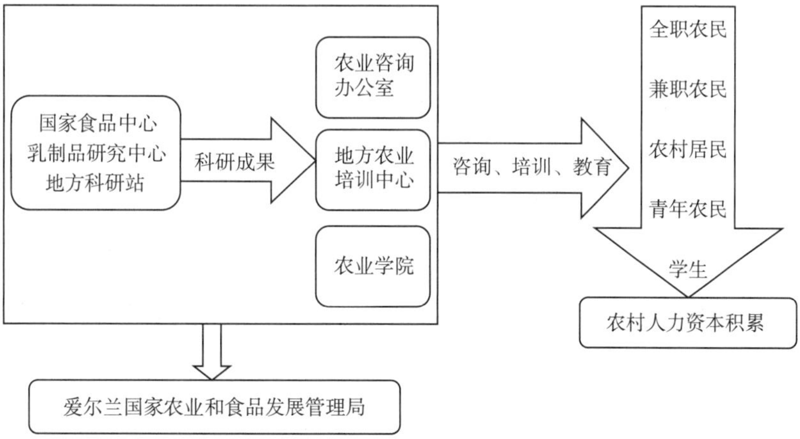

图8-1 爱尔兰农民教育培训模式

2. 爱尔兰职业农民培育的特色

（1）完善的科研、咨询、培训体系。培训、研究、咨询与从事农业生产和农产品经营的农民紧密结合，是爱尔兰农民教育培训的主要特点。爱尔兰国家农业和食品发展管理局的科研部门涉及农业、食品加工业，从良种、生产技术到商业开发、管理技巧等各个环节，通过咨询、培训等方式将最新的农业科研成果传递给农民，农民在实际操作中发现新问题可及时反馈给咨询师、科研人员。科技帮助农业增效、农民增收，农业、农民的需求又推动了科研、咨询、培训事业的发展。

（2）专业化的农民培训师资。爱尔兰参与农民培训的人员结构呈现出专业化的特点。负责农民实用技能培训的主要由农业、园艺、森林等专业新毕业的大学生承担，他们在农业院校任教满5年后可以转为培训教员或咨询师。这些培训教员除了在地方培训中心提供兼职的培训课程外，还经常深入当地农场为农民讲解实用技能。咨询师是比培训教员高一级别的专业人员，他们主要通过拜访农民、集体讨论、电话咨询以及培训课程等方式向农民提供科学技术服务。100个农民平均有1个咨询师。更高级别的专业人员还有科研技术人员和科学家，他们与各个层级的培训师资构成了爱尔兰专业化的农业发展人才梯队。

（3）多样化的农民培训资源。爱尔兰农民培训项目涉及面广，有致力于农业领域的青年农民、学生，还有全职农民、兼职农民以及在农村生活的居民。培训内容十分广泛，有前沿的农业技术、食品安全和质量，还有最新的产品信息、资金管理、环境、农场职业安全、信息技术和农村多样化发展等。农民可以根据自己遇到的问题或兴趣爱好选择培训课程，当地的农业培训中心直接提供课程培训，活跃在田间的地方农业咨询师可以随时为农民解答各种技术难题。

（4）有效的农民培训考核机制。爱尔兰一直实施农民职业证书制度，该制度将培训与考核分离。农民培训机构负责培训任务；培训考核根据培训项目不同，由国家职业教育和培训奖励委员会与国家高等教育和培训奖励委员会鉴定。鉴定合格者可获得相应等级和类别的职业证书和高等教育文凭。职业证书考核制度一方面有利于对农民的管理，另一方面也对农民的培训质量起到了监督作用。

（五）荷兰

1. 荷兰农业教育体系（图 8－2）

（1）绿色中等职业教育预科。绿色中等职业教育预科提供的是不分科的通识教育，相当于小学教育的高年级，学生可参加由学校组织的预备职业教育（又称初等农业教育）的学习，主要学会认识各种各样的植物、花卉和动物，也学习护理、经济管理知识，旨在为学生提供一个具有激励性的、启迪性的、丰富多彩的学习环境。绿色中等职业教育预科包括设在农业教育中心下的授课点（76 个）及普通综合性学校（33 个）。学生在完成基础科目学习之后，可以选择自己的专业方向，也可以选择在绿色行业内跨专业学习，即把不同领域的课程组合起来学习，也可以改选其他专业发展方向（约占 60%）。

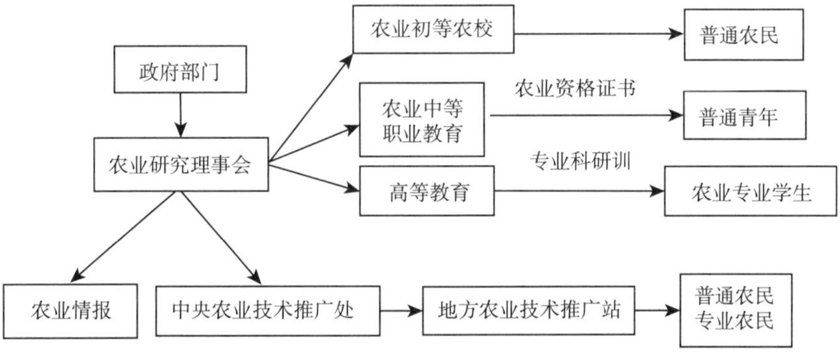

图 8－2　荷兰农民教育培训模式

（2）绿色中等职业教育。绿色中等职业教育涉及领域非常广，包括植物、动物、绿化、花卉、食品、自然、休闲及环保等，设有不同的专业方向，如食品工艺、景观管理、马匹管理、花卉与设计、动物护理、体育与休闲、护理与环境及农业技术等。中等农业教育在农业教育中心完成。荷兰共有 13 个农业教育中心，其授课地点超过 100 个，学习形式分两种类型：一是在学校的全日制学习；二是每周工作 4 天，在校学习 1 天。农业教育采用模块式教学方式，模块是教学的基本单位，每一模块都包含着一定的实践内容，特别注重教学实践，学生在不同的时间到不同的农场、单位参加实践劳动，学生还要参加在实践培训中心的实践技能操作培训。

（3）高等农业教育。荷兰的高等农业教育包括瓦格宁根科教中心及地方农学院两部分。瓦格宁根科教中心主要承担农业植物科学、动物科学、食品科学、环境科学、农村经济与社会科学等领域的高级专门人才的培养和基础科研工作；地方农学院（共5所）一般侧重1～2个学科领域，培养高级农业专职人才，如巴勒维尔特农学院就是以种植业为主的农学院。荷兰农业类专业学习分为全日制和学徒制，一般学习3～5年，每年8个学期。全日制学生一般在学校学习3天，在企业实践2天；学徒制学生一般在学校学习1天，在企业工作4天。学习期间安排3～4次考试，主考官是教师、企业专家和行业考官；考试内容以实践为主；考试形式为实践操作、口试、面试；考试时间为理论1天，实践操作1周。

（4）成人农业教育。荷兰成人农业教育面向社会开放，任何层次的学员都可参加学习，开设的课程及教学内容不仅与教育、科研、推广和农业经营紧密相关，而且可以根据学员的具体要求开设新课程，以满足农业生产、经营与发展的需要。

（5）课程模式。BTEC课程模式是英国商业与技术教育委员会开发并操作运行的证书课程模式，是英国职业教育课程改革的产物和成果。课程模式属于能力本位的课程模式，其构成要素包括课程目标、课程开发、课程结构、课程实施、课程管理和考核评价等一系列环节。荷兰主要有种植、养殖两大专业的BTEC课程。这样的职业教育办学模式，农业职业学校内的“职业训练制”和以农业企业为主导的“学徒制”，使农业应用大学、农业中等职业学校，以及农业园区、合作社、农业企业等联合构建了系统的高素质农民教育培养体系。

2. 荷兰农民教育内容

荷兰农民教育内容特别强调实际应用，培养学员独立解决问题的能力。在结束初级农业学校的学业后，学生通常要经过两年的见习期，坚持“干中学”，学校听课只占一部分，主要是和农场主一样干活，在实践过程中可以得到辅导老师的帮助。这种实习不仅能使学生系统完整地复习课堂中学到的知识，而且能够帮助他们了解实际情况，独立地解决实际问题。荷兰在各种对农民的中长期培训中，采取课堂教学和实验示范相结合的方式，取到了较好的教育培训效果。

3. 荷兰农民培育特色

（1）完善的职业教育体系。荷兰中等职业学校拥有的学生人数占中等职业学校及以上学生总数的46%，约40%的劳动人口经过职业训练并达到中等职业教育以上的水平。通过提前分流学生，改进教育培训内容，推进职业学校升学衔接，强化与劳动力市场对接等多项措施，荷兰已形成特色鲜明的职业教育体系。荷兰职业教育体系的主要特点为学生提前分流，职业教育与普通教育互联互通；职业教育层次分明，体系完善；注重职业能力教育，加强考试和课程管理；采取综合措施，减少生源流失；建立专门机构，促进职业教育与劳动力市场对接。

（2）绿色实践教育。中等职业教育强调绿色教育，强调与社会生产实际紧密结合，涉及领域非常广，包括植物、动物、绿化、花卉、食品、自然、休闲及环保等，设有不同的专业方向，如食品工艺、景观管理、马匹管理、花卉与设计、动物护理、体育与休闲、护理与环境及农业技术等专业。采用模块式教学方式，特别注重实践教学，学生要经常参加实践培训中心的实践技能操作培训，随时到农场、企业、基地参加实习实践活动。

（3）面向社会开放。任何层次的学员都可参加学习，开设的课程及教学内容不仅与教育、科研、推广和农业经营紧密相关，而且可以根据学员的具体要求开设新课程，以满足农业生产、经营与发展的需要。目前荷兰农业教育集团正在推行BTEC课程模式，这是英国商业与技术教育委员会开发并操作运行的证书课程模式，是一种新型的职业培训模式，以能力本位培养为核心，致力于提高学生的实际操作能力和职业发展空间，是一种国际认可学历、国际标准资格、统一标准课程和适用世界各国的培训方式。随着农业现代化技术的不断发展，荷兰农业生产率的不断提高，农业劳动力也不断向农业以外的各部门转移。在农业发展的同时，农场数量不断减少，规模不断扩大，专业化程度不断提高。

第四节　经验及启示

一、欧盟农民教育与培训的经验

（一）用立法进行保障

通过立法来保障和支持农民培训。欧盟主要成员国所制定的法律法规对农业教育的重要性、农民培训的地位、培训主要内容和财政投入力度都有明确的规定，并且还规定了培训单位和农民等主体应有的权利义务，以此来保障农民培训的规范化、法制化和可持续性。德国颁布实行《职业教育法》和《职业促进法》，英国颁布《技术教育法》等。

（二）培训主体多元化，鼓励培训主体竞争

培训国家起主导作用，建立的培训体制层次分明。这些国家把教育、科技研发和农业技术推广这三部分内容进行有机结合，以保证培训的质量。同时，各国的培训主体相对多元化，包括农业院校、科研机构以及农业协会等多个组织；不同的培训机构负责不同层次的培训，培训者又可分为专职培训和兼职培训两种。由此可见，这些国家的培训体系相对灵活。德国的农民职业教育采用"双元制"职业培训，它的突出特点是把理论和实际紧密结合起来，既传授给学生丰富的理论知识，又重视培养学生的实际操作技能。

（三）培训的实用性和灵活性

发达国家的农民培训科研机构和培训主体根据农民在农业生产中遇到的实际问题而采取有针对性的研究和技术培训，构建多元化的培训模式，避免单一模式培训实效性差等问题，从而保证技术培训效果、提高农业生产力。德国的农民教育与培训有严格的准入准出制度，把促进职业能力提升作为农民培训的目的，大部分培训以生产性劳动的方式进行，培训内容则以现代机械技术和设备操作为主。德国农民培训的形式以普通教育、成人教育和职业培训为主。德国各类教育形式之间的随时分流是其教育的一大优势，也就是农民在接受"双元制"职业培训后，如果文化课考试合格可以进入高等院校学习，普通学生也可以从高等院校转入职业院校。

（四）资金来源应具有稳定性

以政府财政为主，多元化的筹资机制保障了农民培训经费来源的稳定。德国政府为了调动企业在职业技能培训中的积极性，特别规定企业承担的培训费用可用来抵扣企业所得税。

（五）培训教师应有严格标准

欧盟发达国家对从事农业职业培训的教师有很高的要求，尤其看重教师的实践技能。比如德国规定，只有取得相当于硕士学位的农业工程师资格的人，

才能够从事农业培训。

二、欧盟农民教育与培训的启示

（一）完善的职业农民培育法律法规更有保障

通过健全相关法律法规，将培育环节、培育对象、培育模式、培育层次等方面的规范上升到国家法律层面，全面落实农民培育政策。增强对职业农民及其职业培育支持措施的可操作性。通过进一步完善政策条款，理顺农民的培育思路，提高农民接受培育前后的一体化水平，促进农民职业教育体系内部融会贯通。

（二）“一主多元”的农民培育体系更先进

借鉴欧盟等发达国家的做法，农民培育的资源配置由市场决定，在此基础上，完善由政府引导、机构主导、企业共同参与的“一主多元”的农民培育体系，形成多元化的培育协同机制。

积极引导支持农民组织成为重要的教育组织，充分发挥其在培育农民中的重要作用。随着农民组织的功能逐步完善，其将成为培育农民的重要载体，并且能以农民培育为关键节点连接相关利益主体，形成农民职业培育联盟。设立组织发展基金，给予资金支持，打造信息传播平台，加大科技服务力度，简化登记注册程序，创设优惠政策，创新利益分配机制，维持组织服务高素质农民的活力。

（三）实施“互联网+教育”，进一步创新培育模式、手段和方法

进一步加大农村互联网建设投入，扩大农村网络的有效覆盖率，实施“互联网＋教育”。利用云计算、互联网、大数据、智能装备等技术手段，构建农民培育信息管理系统和全国农业科教云平台，通过系统和平台开展在线学习、网上评价、成果速递和跟踪服务。

重视农民组织发展，充分发挥其在农民教育培训方面的重要作用。各类农民组织在搭建交流平台、开办专项培训、开展技术指导与服务、开展信息共享、共同购买农资农机、搭建产品销售渠道等方面发挥着重要的作用，同时具有承载政策引导及后续培训教育等功能。实施“精准培育”，提升职业农民培

育质量。精准认识职业农民的概念、内涵和类别，分类分层，因材施教，为不同的群体定制最适合的学习计划和课程体系，按照农村实际所需各类人才要求，灵活开设相适应的专业。培训内容上注意结合农民的实际需求，围绕生产技能与经营管理能力提升进行精准定位；注意培训时间安排，灵活运用“四课堂”（即空中课堂、固定课堂、流动课堂、田间课堂），有条件的要努力在农业产业链上开展人才培育，做到教育培训与农业生产周期同步开展、农业实践与生产环节紧密融合。

（四）构建多方参与的协作机制，进一步保障经费投入，优化教师队伍，精准施策，提高培育机制的有效性

法国、德国等国家以政府引导甚至是主导的形式，通过构建多方参与的协作机制，使得职业农民教育培训在资金、师资等方面得到充分保证。

建立多元化的资金投入保障机制。解决资金保障问题的关键就是要建立政府、社会共同投入的资金保障体系。一方面，要建立政府投入为主、各类社会机构广泛参与的稳定保障体系，同时，辅以政府、社会机构设立的各类专项职业农民培育基金，通过设置基金申请“门槛”、引入竞争性拨款等方式，使职业农民得到更多的扶持与优惠。另一方面，要创新职业农民融资方式，鼓励多渠道筹集资金，大力吸收民间资本。鼓励民间资金互助，把政府、企业、行业协会等的资金委托给专业机构管理，以提供多元化的支持与保障机制。也可以对不同的对象设置不同的额度和年利率进行资金援助。

建设高素质专职教师队伍，扎实推进职业农民培育工作。在师资队伍建设方面，可以设置严格的农民职业教育教师标准，多种方式组建数量庞大、质量较高的职业教育师资队伍。进一步加大师资队伍建设，以满足职业农民数量增长和发展对师资的需求，解决持续跟踪指导教学的精力和时间不够等问题。职业教育师资队伍的继续教育也要理论联系实际，分类指导，多形式、多渠道并举，加强针对性，注重实效。

第九章 CHAPTER 9
欧盟农业生态环境保护

欧盟的农业环境政策是建立在共同农业政策的基础上，将环境保护因素一体化纲要融入农业政策的政策体系。欧盟的农业环境政策通过一定的政策手段规范农业生产活动，执行严格的农业环境标准和环境措施，使欧盟农业环境政策更加绿色化。目前欧盟已成为全球农业生态环境保护的先驱和践行者，通过农业生态环境政策与气候变化、自然与生物多样性、农业生态环境、自然资源与废物处理等领域的保护措施交叉融合，共同促进欧盟环境保护和农产品质量安全。欧盟认识到农业生态环境保护在整个环境保护中的重要地位，欧盟通过共同农业政策、“绿色交易”和“地平线 2020”计划逐步加强对农业生态环境的保护。本章基于欧盟农业生态环境保护政策的演变、目标、主要内容和主要做法等多个维度开展研究，并进一步剖析了欧盟农业生态环境保护政策中的经验和启示。

第一节 欧盟农业生态环境保护政策

生态环境保护领域最初在欧共体的各项共同协议中并未被纳入考量范畴和共同管辖范围，直至 20 世纪 60 年代末，环境保护政策还一直被认为是成员国的国内政策，应由各成员国自主制定并实施，欧洲地区也没有农业一体化的成功案例。20 世纪 70 年代以来，随着经济的迅速发展，农业生态环境不断恶化，农业环境保护和生态修复已成为欧盟一体化过程中不断强化的重要领域，欧盟共同农业政策逐步走向绿色化和市场化。

一、欧盟共同农业政策中生态环境因素的演变

1957年颁布的《罗马条约》在序言中强调，它的目标是加强各成员国经济的联结，保证协调发展，建立更加紧密的联盟基础等。以《罗马条约》为基础的欧共体的最初愿景只是建立一个以关税同盟为基础的区域性、排他性的经济集团。1961年，包括法国、联邦德国、意大利、荷兰、比利时和卢森堡在内的欧共体六国全面取消工业品进口限额，后续逐步实现内部关税取消、对外关税一致等政策。关税的取消和区域性联盟的建立对欧共体内部商品的流通和贸易大有裨益，但由于各成员国发展的不均衡性以及经济结构的差异导致农业生产比较优势存在差异，进一步引发了农业一体化发展的需求。由于欧共体成立之前各国都有各自的传统农产品进口渠道，同时由于欧洲主要畜产品供应国——法国、意大利、荷兰的畜产品成本过高，相较于加拿大、美国的畜产品丧失比较优势，导致法国、意大利、荷兰在20世纪60年代初出现了诸如谷物、畜产品、蔬果等农产品的大规模区域性过剩的情况。

在此背景下，促进欧共体内农业一体化发展、建立农产品统一市场以抗衡联盟外农产品进口的需求应运而生。在法国、荷兰、意大利等国的动议支持下，欧共体1962年首次提出共同农业政策的概念（European Commission，2019）。其主要内容包括：①共同体内部实行农产品统一价格，自由流通，免征关税，并优先购买成员国的产品。②对共同体以外的国家实行保护关税，进口的农产品按照国际市场价格和内部统一价格之间的差额征收差价税。③建立欧洲农业指导和保障基金，用于补贴向共同体外的出口，提高在国际市场上的竞争能力，稳定及调节各成员国的农产品价格，资助各成员国进行农业结构改革（即兼并中小农场以扩大集约化农场经营规模）。④针对高龄兼业农户的退休补助、农民专业技能培训、欠发达地区的支持政策等普惠性政策也在共同农业政策的考量范畴之内。

欧盟官方网站对共同农业政策定义为，农业与社会之间以及欧洲与其农民之间的一种伙伴关系。共同农业政策的目标是：①支持农民并提高农业生产率，确保稳定供应收入可承受范围之内的农副产品。②保障增加欧盟农户收入。③帮助应对气候变化和自然资源的可持续管理。④维护整个欧盟的农村地区和自然景观。⑤通过刺激农业发展保证农业部门和相关部门就业率，以保持

农村经济的活力。

共同农业政策不论对以前的欧共体还是当今的欧盟在提高农业现代化水平和推动欧洲经济一体化发展等方面发挥了重要作用。同时，这一基于农业一体化为目标导向的提法也是欧共体成员国保证农产品有效供给、稳定农产品市场价格、推进农业结构调整的切实需要。共同农业政策实行期间通过多次修正，成本由1985年占欧盟预算的73%降低至2017年的37%（Irish Parliament，2018）。

自1962年建立以来，共同农业政策经历多次变革（表9-1）。

表9-1　CAP发展改革时间线与改革措施

年份	措　施
2018	建立《关于未来食品和农业的立法建议》，加强了绿色化导向的农业科研创新体系
2013	CAP进行针对加强核心竞争力、促进可持续性农业发展、支撑农村就业率增长、投资生产性土地等方面的改革
2008	推出健康检查制度以进一步对农业绿色支持政策进行补充和完善
2005	设立欧洲农业农村发展基金，确立农业多功能性，进一步明确农业绿色导向
2003	CAP将补贴制度进行优化改革，新政策将食品安全、环境生态健康、生物多样性等方面纳入补贴考核范畴。建立单一农场转移支付和交叉遵守制度，绿色生态转型加速形成
1992	CAP将补贴向供给侧倾斜，以鼓励可持续发展为导向对农民进行直接生产者补贴。同年，里约地球峰会提出可持续发展原则。采取休耕补贴、农业结构调整和环境保护政策
1984	CAP意识到区域性产品供给过剩问题，此次改革旨在平衡市场供需向均衡、合理方向发展，采取农业现代化改革和配额制度
1962	CAP正式确立，其目标是为欧盟地区提供欧盟居民支付能力范围内的农产品，并提升农民福祉

资料来源：欧盟官网。

1962年正式制订的共同农业政策将共同体优先、单一市场、价格支持和强化资金支持作为四个基本原则，核心是通过建立共同市场、干预粮食价格以增强农民的生产积极性，从而提高粮食生产能力和农民收入。20世纪七八十年代，欧共体共同农业政策改革的重点是推动农业生产现代化、乳制品和谷物生产配额，系列改革的主题均未涉及农业环境保护，这些综合因素导致日后欧共体的农业环境污染问题加重。

1992年麦克萨里改革是共同农业政策开启绿色生态转型的转折点。在增产导向的农业支持政策下，欧盟面临农业预算难以为继、农产品结构性过剩日趋严峻、农业环境保护压力持续加大的挑战，还因关税保护等行为在乌拉圭回合谈判中遭到猛烈的国际抨击。麦克萨里改革中，如何从结构、支持手段等多维度改革共同农业政策，使其既能有助于保留和支持足够数量的农业生产者以提供食品和原材料，又能加强农业环境保护，成为主要议题。为了实现改革目标，麦克萨里改革创造性地实施了以对农民的直接支付替代价格和市场支持的政策。

针对削减价格和市场支持可能造成的农民收入的下降，麦克萨里改革计划通过直接补贴农民的方式来弥补。以直接支付替代价格支持，使共同农业政策的环境友好色彩得到加强。为了进一步强化直接支付手段的环保功能，麦克萨里改革中部分产品的直接支付开始同环保指标挂钩。例如减少肉牛饲养密度、采取休耕制度等。如果其谷物产量超过 92 吨，即有义务休耕其 15%以上的耕地。同时，还鼓励产量不足该标准的小农户进行自愿休耕。对于休耕产生的损失，政府将综合市场价格、休耕面积等指标进行补贴，以此减少推行休耕遭遇的阻力并提高农业生产者的积极性。此外，为了进一步强化农业环境保护，麦克萨里改革还鼓励农民进行农业造林，并制定了详细的补贴方案（Kay，1998）。

2003 年欧盟设立交叉遵守制度，即 CAP 下的各项补贴政策不再与生产挂钩，而是与遵守环境、食品安全、动物健康和动物福利标准等方面的法规要求相联系。要求农民不能显著减少永久性牧场的面积，提出直接补贴的受益者有义务保持耕地处于良好的耕种和环境条件。

2005 年欧洲农业农村发展基金正式成立，标志“欧洲农业发展模式”的正式确立。改革后的共同农业政策把农业多功能性细分为三个维度：一是注重农业的社会功能，包括农业从业人员的退休补贴和发展支持；二是改善农业生产环境，包含污染物治理、污染源控制、农业景观和生态多样性的保护；三是以注重生活品质为导向取代单纯追求产量的发展模式，促进农业文化功能的发展，恢复原有的田园风光。

2008 年欧盟推出健康检查制度以进一步对农业绿色支持政策进行补充和完善，该制度主要涵盖三方面内容。一是推出第 68 条（即对具有特殊问题领域的援助）。成员国可以保留产品直接支付预算的 10%用于特定部门。2010 年起，该资金主要用于改善环境、提高产品质量、产品促销等方面。二是支持结构调整。如果农场获得的直接支付超过 5 000 欧元，将削减其直接支付的 5%（2012 年削减的比例增加至 10%），削减资金转入农村发展预算。以这种方式节余的资金可用于成员国可再生能源、水管理、气候条件改变、生物多样性方面的革新。三是完善交叉遵守制度。交叉遵守制度的要求更加简化，取消了一些与农民的义务无关的标准，增加了休耕和水管理方面的要求。

欧盟于 2010 年提出未来十年的发展规划，即“欧盟 2020 战略”，作为欧盟农业领域及共同农业政策的着力点和抓手，文中明确指出三个优先发展方向，即智慧型增长、包容性增长以及可持续性增长。

2013年底，CAP进行了新一轮调整，设定了2014—2020年CAP的政策框架，进一步建立了以绿色发展为导向的农业支持政策体系。

2018年6月1日，欧盟委员会向欧盟理事会提交了《关于未来食品和农业的立法建议》，再次启动了对共同农业政策的改革（Commission of the European Communities，2018）。改革是在欧盟农业应对气候变化和环境污染的压力增大、面临严重的经济和社会挑战、英国脱欧冲击欧盟财政等背景下启动的（Monbiot，2013；Haniotis，2017）。可以看出，未来共同农业政策强调绿色发展的政策导向更加明显。改革加强了科技投入，强化绿色发展的创新驱动。欧盟建立并完善了以"地平线欧洲"和"农村发展项目"为资金核心来源的农业科技创新资助体系。在《关于未来食品和农业的立法建议》中，欧盟计划通过"农业欧洲创新伙伴关系"（EIP-AGRI）汇集上述两个项目的资金，加强对农业科技创新的资金支持力度。

可以看出，欧盟共同农业政策的历次改革在减少财政压力的同时把农村地区的发展纳入政策目标，其具体表现为逐渐从以价格支持为基础的机制过渡到以价格和直接补贴并行的机制，从而更加向农村发展领域倾斜，更加强调农业的多功能性和可持续性，更加注重绿色生态转型，以确保欧盟农业、农村、农民的全方位发展，促进新冠肺炎疫情后欧洲的绿色恢复。

二、欧盟农业生态环境保护政策的目标

地区性产品过剩问题得到缓解后，欧盟意识到，不考虑环境影响后果的、简单粗放的集约化经营以及常规农业补贴必然会对农业生态环境造成不可逆的破坏，从而造成农业生产不可持续性发展。在此背景下，欧盟制定了农业生态环境保护政策，目标有：①划定转基因生物种植区域并责令其所属成员国在其领土的边境地区采取适当措施，以避免跨境污染邻近区域；②设定用于科学研究的动物的统一看护标准；③防治生物多样性及生态系统退化；④对自然资产及生态系统进行合理估值；⑤保证森林覆盖水平现状，减少区域内森林的砍伐以保证林区可持续发展；⑥创建城市区域内生物多样性问题保护方案；⑦维持海洋生物多样性；⑧逐步减少、取消含抗生素耐药基因的转基因生物生产；

⑨最小化自然灾害（干旱、洪水）的影响；⑩以可持续发展为导向对营养素循环系统进行管理优化；⑪缓解水资源紧缺和水胁迫现状；⑫全面清除地表水中第2008/105号指令标明的有毒物质；⑬保证可持续发展前提下最大范围的渔业捕捞（Susanna Paleari and Almut Reichel，2019）。

三、欧盟农业生态环境保护政策的主要内容

以《罗马条约》为基础形态的欧洲共同体为欧洲地区后续各方面的合作奠定了坚实基础。在1972年的巴黎峰会上，欧盟官方的生态环境保护政策正式确立，当时9个欧共体成员国的领导人参加了这次峰会（McCormick J，2001）。随着现代环境保护运动的发展，同年在瑞典斯德哥尔摩举行的联合国人类环境会议就生态环境保护政策的落实提出倡议，斯德哥尔摩会议呼吁各成员国就环境问题进行政策及科技多边合作，例如工业污染、海陆野生动植物保护等。巴黎峰会就其具体政策措施进行了讨论，并制定环境行动计划（Environmental Action Programs，简称EAP），欧盟成员国及各民间社会机构参与并制定有针对性的环境政策（European Commission，2014）。这一计划一定程度上改善了20世纪七八十年代过于宏观的环境治理办法，EAP建立了更清晰明确的指标及系统的绿色社区战略（Hildebrand P M，1992；Weale A，1996）。

欧盟的环境保护政策以《欧共体条约》第2条第3项和第16章第130条为法律基础。当今欧盟的环境政策遵循维持、保护和改善环境质量，保护人类健康，谨慎和合理地利用自然资源以及在全球范围处理区域和世界环境问题的原则。除此之外，欧盟的环境政策也考虑到了不同区域的多样化和差异性环境条件、政策的潜在利益和成本，已有的科技和数据，各地区的发展平衡等方面。在其他条款中还对环境保护领域的财政安排、城乡规划、土地规划、水资源管理、成员国能源结构提出具体要求。其主旨为，在不造成贸易壁垒及损害各成员国利益的前提下，将不禁止各成员国对本区域内的环境保护政策采取更严苛的措施。

由于欧盟各成员国农业政策中的支持方法和支持力度大相径庭，所以农业一体化的统一管理及执行一直是症结所在。巴黎峰会作为欧盟农业生态环境保护政策的转折点，象征着当时的欧共体正式把农业生态环境保护这一议题作为主要任务，随后陆续颁布的《单一欧洲法》（*The Single European Act*）、《马

斯特里赫特条约》(*The Maastricht Treaty*)、《阿姆斯特丹条约》(*The Amsterdam Treaty*)、《尼斯条约》(*The Nice Treaty*)、《里斯本条约》(*The Lisbon Treaty*)构成了当今欧盟农业环境生态保护的格局。

1.《罗马条约》

《罗马条约》第39条中指明共同农业政策的五大目标是促进农业劳动生产率提高;确保农业群体生活水平,增加农民个人收入;稳定市场;保障供给的可靠性;确保农产品以合理价格到达消费者手中。由此形成共同农业政策的三个支柱,即统一市场,允许农产品的自由流动;内部优先,避免欧盟外部廉价商品;财政统一。

2.《单一欧洲法》

巴黎峰会上欧共体首次将环境问题作为正式议题提出,为之后的农业环境政策制定奠定了基础。巴黎峰会提出的主要目标为改善自然和城市环境、缓解由过度使用导致的自然资源的退化而引发的环境问题及加强对环境问题的认识和教育等。

这一提法促使通过了一批针对环境的政策纲领。在1986年政府间会议(IGC)修改条约之后,1987年的《单一欧洲法》引入了新的"环境所有权"这一概念,首次为欧共体的环境政策提供了明确的法律基础。"环境所有权"的目标非常广泛,使欧盟环境委员会能够在例如保护野生动植物栖息地及环境信息公开等细分领域提出立法。同时提出应从源头上纠正损害环境的行为;并明确指出"谁污染谁负责"的具体方针。《单一欧洲法》还引入了"环境必须贯彻到欧盟的其他经济和社会政策中"的重要原则(Farmer A M,2012)。

总体来说,《单一欧洲法》为欧共体环境保护政策提供了立法基础,同时《欧共体条约》第2条第3项和第16章第130条确立了其三个主要目标为保护环境、保护人类健康和谨慎理性地利用自然资源。

3.《马斯特里赫特条约》

1992年的《马斯特里赫特条约》首次提出促进农业可持续发展的概念。尽管《马斯特里赫特条约》中并未提及布伦特兰在1987年提出的对"可持续发展"的完整定义,导致可能引起"可持续发展"和"持续发展"的定义混淆,但这一提法反映了欧盟将环境保护问题从单一的防止污染向可持续发展的转型。欧盟成员国在《成员国关于评估共同体措施的环境影响的声明》(*Declaration by the Member States on Assessment of the Environmental Impact of Community Measures*）中共同承诺遵守环境可持续增长的原则。《马斯特里赫特条约》还通过建立同欧盟理事会具有同等权力的共同决策体制以增强欧盟在制定环境政策中的作用（Farmer A M，2012）。

4.《阿姆斯特丹条约》

继《马斯特里赫特条约》提出可持续发展这一概念后，1997 年《阿姆斯特丹条约》把可持续发展列为欧盟的优先目标，可持续发展和更高水平的环境保护成为欧盟承诺的未来发展所必须遵守的法则。该修正案的第 2 条明确提出："欧盟的任务是促进各成员国的和谐、均衡和可持续发展以及经济的可持续和非通货膨胀的增长"（Farmer A M，2012）。

5.《尼斯条约》

《尼斯条约》于 2001 年 2 月签署，并于 2003 年 2 月 1 日正式生效。环境治理政策方面最重大的变化之一就是多数表决制系统的变化。新投票机制的设立给人口相对少的小国更多的投票权重及发言权力。

6.《里斯本条约》

《里斯本条约》即欧盟非正式首脑会议在葡萄牙首都里斯本通过的欧盟新条约，是在原《欧盟宪法条约》的基础上修改而成，被视为"简版的《欧盟宪法条约》"。该条约基本上没有改变有关环境政策的核心条约规定，但值得注意的是新条约中不再特别强调"经济活动的可持续发展"，而是转而强调"各成员国的经济平稳增长及物价水平的稳定，在高度竞争的社会市场经济的基础上，为欧洲的可持续发展而努力"。同时，正式规定了能源政策以确保能源供应安全、促进能源效率和节能以及开发新的和可再生的能源形式。该条约将渔业完全纳入了农业。该条约旨在实现充分就业和社会进步，保护环境，改善环境质量。该条约赋予欧盟强大的法律权利，意在实现欧洲及全球可持续发展的目标（Farmer A M，2012）。

欧盟已制定 200 余部涉及环境和生态保护的法规条例，涉及"黄箱"质量标准基本法令、生产加工过程标准（排放标准、涉及标准和操作标准）等具体内容。

2020 年以来，欧盟启动了《欧洲绿色协议》和"地平线欧洲"等研究与创新项目，以应对气候危机，减缓农业气候变化的影响，并帮助保护欧洲独特的生态系统和生物多样性。

2021 年 1 月，欧盟委员会发布了农业生态计划清单，旨在实现共同农业政策改革中提出的"绿色交易"目标，以应对气候危机，并帮助欧洲发展生态友好型产业和实现农业可持续发展。农业生态计划提出了 2030 年欧盟要实现的“绿色交易”目标为：①减少 50%的农药的使用量；②有机农业用地至少达到 25%，同时增加生态水产养殖面积；③减少 50%的畜牧水产养殖抗生素的使用；④至少减少 50%的土地营养流失，至少减少 20%的化肥使用量；⑤至少修复 10%的农田景观多样化功能。

未来的共同农业政策将在促进可持续食物系统转型和生物多样性保持等方面发挥关键作用。农业生态计划是共同农业政策中的一个新工具，通过共同农业政策特定目标任务实现气候变化、环境保护和景观多样性改善这三大重要目标，并推动欧洲农业整体转型及“绿色交易”目标的实现。

农业生态计划清单支持的农业实践项目涉及有机农业、生态农业、低碳农业和精准农业等方面，具体措施包括豆类作物轮作、低强度饲草牲畜系统、保护性耕作、退耕还草、减少化肥使用量及优化饲料添加剂等，并将动物福利纳入考量范畴。

农业生态计划清单作为共同农业政策改革的内容之一，旨在为未来共同农业政策改革中提出的“绿色交易”目标提供绩效考核指标，以及对生态友好型产业从业者在可持续农业发展中的损失进行补偿。经过欧盟环境保护治理 40 多年的改革发展，欧盟各成员国从农业环境保护意识的萌芽到形成共同法律和行动、从工业环境为主到全面生态环境的保护、从治理污染到主动预防、从国家到区域到全球行动，在环境保护行动中欧盟变得更加活跃。

第二节　欧盟农业生态环境保护的主要做法

一、欧盟农业环境政策的原则

欧盟的环境政策围绕“谁污染谁负责”即“污染者付费”措施展开，遵循生态预警、防止及优先整治环境源和一体化统筹三大原则。

“污染者付费”措施由《环境责任指令》(*Environmental Liability Directive*)执行，提出由污染者而不是纳税人对其造成的生态污染负责。该指令旨在防止或以其他方式补救对保护物种、自然环境、水资源和土壤造成的生态损害。如危险物质的运输、排放污水的特定活动的经营者被纳入重点监督范畴。如果生态损害已经发生，他们有义务采取适当措施加以补救并支付费用。该指令的范围自发布起已扩大三次，包括采掘废物的管理、地质储存运营以及近海石油和天然气作业安全（Europarl. europa. eu，2020）。

生态预警原则。该原则是《欧盟环境条约》第191（2）条所规定的《欧盟环境法》的核心原则。“预警”的定义取自1992年《关于环境与发展的里约宣言》，其中指出：“共同体在遇有严重或不可逆转的损害威胁时，可以在缺乏充分科学确实证据的情况下，采取措施防止环境恶化（联合国环境规划署，1992）。”关于生态预警原则，欧盟委员会补充道：“预警原则是一种风险管理工具，其前提是，一种现有产品或产品生产过程中产生的对生态潜在的负面影响，且现有科学技术不足以应对这种风险时可援引这种风险管理工具。即如果某类产品存有不确定的潜在有害影响，依据生态预警原则可指示停止产品分销或将其从市场上删除。欧盟委员会同时指出，出于生态预警而采取的任何管制措施也应当根据实时的科学技术进行核查而予以修改或废除（Europarl. europa. eu，2020）”。在欧盟的各项生态保护法律范围内，预警原则也具有很强的延展性，具有许多不同的功能（Scotford，2017）。这方面著名的案例是，欧盟以转基因玉米可能损害人体健康、破坏生物多样性为由，禁止批准美国转基因玉米上市。

防止及优先整治环境源原则。其核心是环境保护措施应该从防止环境破坏发生时入手，治理环境损害应该从源头抓起。关于产品环保设计的指令体现了这一原则。

一体化统筹原则。其核心是环保政策要系统地融合到共同体其他各项政策中，在制定工业、农业、渔业、交通运输、能源等经济政策时，均应考虑这些政策对环境的影响，应将有关环保要求纳入这些政策之中。

二、欧盟农业环境政策的主要方法

欧盟环境政策的提出、确立和发展处于一个特定的时代，这个时代具有全球性环境问题突出、欧洲一体化进程加速、世界统一市场及和平与发展主题形成、信息全球化加速、可持续发展观形成等特点。欧盟环境政策方法也鲜明地体现了现代环境法的发展趋势和某些特点，体现了在法律文化和法律传统领域继承和创新的结合，形成了比较协调、有效的环境法实施机制，在许多具体领域有其值得参考的方法及标准体系。

（一）环境服务支付

环境服务支付概念与我国提出的生态补偿概念相近，在国际上又称生态环境服务付费（PES）。PES是一种相对较新的政策工具，旨在激励积极的环境外部性行为（FAO，2011）。目前大部分文献分别从环境经济学和生态经济学的角度定义PES。

环境经济学认为，PES以市场体制为手段对生态系统服务进行定价、买卖以提升生态保护的效率（Farley，2010）。Wunder从环境经济学角度出发将PES看作一种市场化保护机制，需要满足五个条件：自愿交易行为、定义明确的生态系统服务、至少有一个服务购买者、至少有一个服务提供者、当且仅当服务提供者保证提供生态系统服务（2005）。Engel等认为生态系统服务的购买者可以是生态服务的使用者，也可以是生态服务使用者的代表（如政府），他们的支付激励生态服务供给者的保护行为；在某些情况下，PES可以视为对生态正外部性供给者的环境补贴，对生态服务的使用费（2008）。

生态经济学在对PSE的定义上更强调保护生态可持续性和公平分配。Murandian等认为现实中的PES存在复杂性，这表现在PES缺乏运行良好的生态系统服务市场、要权衡公平和效率，同时作为多目标政策工具，具有社会嵌入性。因此，PES的目标是建立一种自然资源管理激励机制，改变个体和集体的破坏行为，使自然资源配置中的个人决策和社会利益达成一致。由于生态系统服务市场的不完美以及存在社会嵌入性，不是所有的交易都是市场交易，也可以是协议支付或者公共补贴等（2010）。

Tacconi对比了环境经济学和生态经济学的研究方法重新定义了PES，认为PES是对自愿的环境服务提供者进行有条件的支付提供额外的环境服务并提供及时、可靠信息的一个透明系统（2012）。

总体来说，由于生态保护服务的供给者（承担着实现生态环境改善的成本主体）和受益者（获得生态环境改善的正外部性主体）之间客观上存在的资源环境保护和使用权力、责任、利益的冲突，PSE机制旨在将环境服务具有外部性的价值转化为对环境保护者的财政激励。

（二）农业环境评价

农场农业在整个欧盟农业生产形态中占有较大比重，又因农场农业常会在自然生态环境中留下“足迹”（即对环境的永久或半永久性改变），就这一产业特点，确立一套针对农场的生态评估标准显得格外重要。

欧盟所资助的 AE-Footprint 项目所定义的农业环境足迹指标（AFI），是针对欧盟农业环境政策建立起的一套评估体系，其灵活的指标结构既可用于评估宏观政策的可行性，也可用于单个项目环境效益的评估。鉴于共同农业政策的多重目标，AFI 采用了一种加权指标的方法，以反映利益相关者对特定农业环境背景下的环境问题和对这些指标的重视程度。根据各个指标对农场进行评分，以反映其治理成效，并将评分与权重相结合以给出结构化指标（European Commission，2012）。罗福勇将 AFI 体系的主体归纳为横向（环境影响）和纵向（农户个体行为）两个维度，并将两个维度分为自然资源（Natural Resources）、生物多样性（Biodiversity）和景观质量（Landscape Quality）三大类，最终体现形式为一个具有九个象限的矩阵。其中，自然资源指标包含土地质量和稳定性、水资源数量及质量、空气质量；生物多样性指标包含野生物种及栖息地存量、基因多样性维持、农作物及畜禽多样性等指标；景观质量指标将环境的外貌指征、文史价值及社会性能纳入考量范畴。

AFI 不仅适用于特定项目的案例分析，也适用于从宏观角度评估农业环境政策，这为区域性自然资源禀赋、产业结构、生产水平大相径庭的欧盟各国提供了一种非常友好的环境评估工具。如今，AFI 方法代表了由许多国家的利益相关者开发的标准化评估工具。

（三）多边环境协议

环境问题普遍具有跨界性质且需要在全球范围内进行统筹考虑，只有通过国际合作才能有效解决。欧盟第七环境行动计划（7th Environment Action Programme of the EU 2014－2020）提出三个关键目标：①稳固和增强欧盟的自然资本权重；②使欧盟转变为资源节约、绿色环保型的低碳经济形态；③保护欧盟公民的健康和福祉免受环境相关的影响。这些战略目标的实现都建立在全球合作的基础上。该行动计划还包含横向优先目标，以帮助全球各国更有效地应对国际环境和气候挑战。欧盟是许多国际环境协定的缔约国，欧盟在加入多边环境协议（Multilateral Environmental Agreement，简称 MEA）方面拥有良好的成绩，并呼吁各成员国及其全球伙伴积极参与有关环境问题的谈判。

欧盟在区域性、全球性环境问题方面已做出很大贡献，无论是在全球（在联合国主持下谈判达成的多边协定)、地区(联合国欧洲经济委员会、欧洲理事会),以及区域(例如用于海洋或跨界河流的管理)都牵头签订多项环境友好协议(表9-2)。这些协议涉及的问题非常广泛,包括自然和生物多样性、气候变化、臭氧层保护、荒漠化、化学品和废物管理、越境水和空气污染、环境治理(包括影响评估、信息获得和公众参与)、工业事故、海河保护和环境责任等。在所有这些领域中,欧盟是国际环境行动与合作的先导,并且致力于在全球推广可持续发展概念和绿色生产与消费。

表9-2　部分欧盟多边环境协议列表

涉及领域	具体协议名称及签署年份
空气	《长期跨界空气污染问题日内瓦公约》(1979)
生物	《濒危野生动植物种国际贸易公约》(1973)
	《里约生物多样性公约》(1992)
	《责任和补救补充议定书》(2010)
	《卡塔赫纳生物安全议定书》(2000)
化学品	《鹿特丹公约》(1998)
	《持久性有机污染物斯德哥尔摩公约》(2001)
	《关于汞的米纳塔公约》(2013)
民事保护和环境事故	《关于工业事故的赫尔辛基公约》(1992)
	《巴塞罗那公约》(1976)
	《波罗的海赫尔辛基公约》(1992)
	《奥巴会议公约》(1992)
	《波恩协定》(1983)
	《里斯本协定》(1990)
	《黑海保护布加勒斯特公约》(1992)
气候变化	《气候变化框架公约》(1992)
	《京都议定书》(1997)
	《巴黎协定》(2015)
	《保护臭氧层维也纳公约》(1985)
	《蒙特利尔议定书》(1987)
环境治理	《奥胡斯公约》(1998)
	《环境影响评估公约》(1991)
	《污染物排放和转让登记册议定书》(2009)
工业	《关于工业事故的赫尔辛基公约》(1992)
土地使用	《阿尔卑斯山公约》(1994)
	《阿尔卑斯山公约关于城乡规划和可持续发展的议定书》(1994)
	《阿尔卑斯山山地农业公约的议定书》(1994)
	《阿尔卑斯山公约关于保护自然和景观的议定书》(1994)
	《拉姆萨公约》(1971)

（续）

涉及领域	具体协议名称及签署年份
自然和生物多样性	《卡塔赫纳生物安全议定书》（2003）
	《名古屋议定书》（2010）
	《濒危野生动植物种国际贸易公约》（1973）
	《波恩 CMS 保护移栖物种公约》（1979）
	《保护非洲—欧亚迁徙水鸟的协定》（1995）
	《伯尔尼欧洲野生生物和生境公约》（1979）
	《科学实验动物（脊椎类）保护公约》（1986）
	《国际热带木材协定》（1994）
	《阿尔卑斯山公约》（1991）
	《具有国际重要性的湿地拉姆萨尔公约》（1971）
	《关于保护和可持续发展的普雷斯帕公园区协定》（2010）
	《南极海洋生物资源保护公约》（1980）
土壤	《防治荒漠化公约》（1994）
废物处理	《关于危险废物处理的巴塞尔公约》（1989）
	《关于汞的水俣公约》（2013）
水资源	《关于水道和国际湖泊的赫尔辛基公约》（1992）
	《多瑙河流域公约》（1994）
	《莱茵河流域大会》（1999）
	《巴塞罗那公约》（1976）
	《奥巴会议公约》（1992）
	《波恩协定》（1983）
	《波罗的海赫尔辛基公约》（1992）
	《保护黑海免受污染布加勒斯特公约》（1992）

资料来源：欧盟统计局。

（四）农业环境措施

农业环境措施（Agri-environmental measures，简称 AEM）是欧盟为提高农耕环境和保护生物多样性而采取的特殊措施。1992 年，欧盟农业环境措施正式实施，该措施旨在限制农业对环境的负面影响。农业环境补贴措施旨在给那些自愿申请加入环境保护和乡村治理相关的环境承诺的农民提供转移性支付补贴（Bennett J，2016）。Sandra Uthes 和 Bettina Matzdorf（2013）评价农业环境措施是欧盟激励成员国及欧盟农户重视环境改善问题和文化景观保护的重要工具。

农业环境计划为成员国设计和执行农业环境措施提供财政支持，每项措施都有特定的环境目标，如保护或增强生物多样性、土壤、水、景观或空气质量，或减缓或适应气候变化（European Commission DG Environment，2017）。值得注意的是，大多数农业环境计划归类为管理性协议，为接受生态保护措施的农民（例如作物轮作、降低化肥和农药使用率或有机耕作、景观和生态环境措施以及饲养濒危的动物品种）提供补贴。CAP 改革 2000 议程提供给农民的补贴与其农业生产相联系。这种联系经常是指直接支付与农业生产要求的挂钩，即应将适当的环境条件附加于所有向农民发放的直接支付之中。欧盟第 1259/99 号条例规定，当向农民发放直接支付时，成员国应该根据农业用地使用情况、或有关生产的以及反映潜在环境影响的情况来考虑采取适当的环境措施。该条例也秉承“污染者付费”原则。条例提道：“成员国应该对未遵守规定措施而造成严重生态后果的行为，规定适合的且成比例的处罚。”

2003 年，欧盟出台的农业生态环境的最低标准指标体系作为指导欧盟成员国进行农业生态环境补贴的纲领性文件。文件指出，欧盟各成员国依据农业生态环境的最低标准指标体系并结合本国的实际情况制订出符合本国国情的农业生态环境的最低标准指标体系。2005 年欧盟农业与农村发展总司对农业环境措施的一般原则、类型及其适用情况进行了梳理，主要对农业生产性土地的管理及非农业生产性土地的管理做出具体分类。

1. 农业生产性土地管理

（1）投入物削减。该类措施包括化肥和植物保护产品的削减。当它成为“综合农业”的组成部分时，也可以和作物轮作措施相结合，也可从其他措施中获得投入物的削减，例如有机农业。预期的影响包括确保水质、促进生物多样性和改善土壤质量。

（2）有机农业。应界定明确且有控制方法并纳入一系列的措施，如投入物削减、轮作、畜禽的粗放养殖。预期的影响包括改善土壤质量、保持水质和促进生物多样性。

（3）畜禽的粗放养殖。期望对水质、土壤质量、生物多样性和自然景观的维护产生积极的影响。

（4）可耕地转换成草地和轮作。可耕地转换成草地能对水质、土壤质量、生物多样性和自然景观的维护产生积极的影响。轮作措施的影响具有多变性。如果环境目标界定清晰，那么它们会对水质、土壤质量、生物多样性和自然景观的保持将产生积极的影响。

（5）套种和遮盖作物、缓冲带（例如农业缓冲地带）防止水蚀和火灾。套种和遮盖作物能够对水质、土壤质量和生物多样性带来积极影响，农田缓冲带对生物多样性和水质有积极影响，并且有助于水土流失。其他多样化的措施也能用以防止水土流失和火灾。

(6) 特殊的生物多样性或自然利益地区的活动。在这些区域保护生物多样性的措施数量众多且多样化，例如延缓割草期以保护鸟巢、建立缓冲地带和削减投入物等。这些也许对水质和水量会有次要的积极影响。

(7) 遗传多样性。这一措施关注的是该区域内珍稀物种的培育，在适应本地区自然条件的情况下让植物基因资源得以保存。计划之内的影响是针对遗传多样性的，但也可能对自然景观产生积极影响。

(8) 现存的可持续和粗放耕作制度的维持。该目标项下包含许多措施，预期对生物多样性、自然景观和特殊情形下的水质及土质产生积极影响。

(9) 农耕景观。这一措施是指维持能带来特色景观的农业系统。此类措施一般会对生物多样性产生积极影响。许多农田生物多样性取决于该区域特定风格的农业所需的那些特征，而这些特征也会产生传统自然景观。

(10) 水资源节约措施。通过薄膜覆盖种植等措施减少灌溉或者减少土壤中的水损失，从而保护水资源。

2. 非生产性土地管理

(1) 已被放弃的耕地和林地的保养。通过继续为仰赖农业的动植物物种提供栖息地产生积极影响，也对自然景观产生积极的作用。它还有助于避免火灾，这些结果也为生物多样性和水土流失带来积极的影响。

(2) 乡村和自然景观的维持。该类措施寻求保护诸如线性容貌（篱笆、石头墙）和点性容貌（独立的树、池塘等）的景观面貌。这些措施不仅对景观也对生物多样性起到了积极作用。

(3) 公众准入。该措施寻求为公众提供接近农业土地之上环境利益的机会。

（五）农业环境指数

农业环境指数（Agri-environmental Indicators，简称 AEI）作为追踪欧盟各成员国及各成员国辖区内对环境保护问题贯彻落实情况的指标，旨在跟踪 4 项环境保护相关的重要方面，即农场管理实践、农业生产系统、对环境的压力和风险、自然资源状况。2006 年，欧盟农业与农村发展总司、欧盟环境总局、欧盟统计局、欧盟联合研究中心、欧洲环境署以及欧盟卫生与食品安全总局联合起草，并最终将农业环境指数确立为 28 大类，其中细分领域部分涉及二级指标（表 9-3）。

表 9-3　农业环境指数分类

一级分类	二级分类	编号	指标名称
宏观	公共政策	1	农业环境承诺
		2	Natura 农业区（2000）
	科学技术	3	农户培训与农场管理咨询
	市场信息	4	有机农业播种面积
驱动力	农业投入品	5	矿物肥料消耗
		6	农药消耗
		7	灌溉
		8	能源消耗
	土地利用	9	土地用途变更
		10.1	农作物种植模式
		10.2	畜牧业饲养模式
	农场管理	11.1	土地覆盖率
		11.2	耕作模式
		11.3	粪便处理
	农业展望	12	粗放经营情况
		13	集约化经营情况
		14	土地废弃风险
风险与展望	农业污染	15	土地总氮平衡情况
		16	磷肥污染情况
		17	农药污染风险
		18	氨气排放量
		19	温室气体排放
	不可再生资源	20	水资源可获得性
		21	水土流失
		22	遗传多样性
	可持续发展	23	高价值农田
		24	可再生资源生产
现状及影响	生物多样性	25	鸟类及其栖息地数量
	自然资源	26	土壤质量
		27.1	水质硝酸盐污染
		27.2	水质农药污染
	环境景观	28	生态景观状态及多样性

资料来源：欧盟统计局。

（六）健全的组织结构

《欧盟环境法》中最重要的主体之一是包括共同体在内的各种欧盟机构，根据《欧盟基础条约》第 4 条的规定，“托付于共同体的任务，由欧洲议会、欧盟理事会、欧盟委员会、法院和审计院共同执行。各机构在本条约赋予它的权限内行事。”也就是说，由欧盟机构代表欧盟在各自的职权范围内行使权限。欧盟作为区域性国际组织，在这个国际组织内还有一些国家性组织即欧盟机构，欧盟机构如同欧盟一样，都是《欧盟环境法》中的重要主体。在同欧盟外缔约国及国际组织合作方面，欧盟缔结的国际环境条约也是《欧盟环境法》的重要组成部分，与欧盟缔结或共同参加国际环境条约的其他有关国际组织成为《欧盟环境法》的主体。在欧盟缔结的国际环境条约中，其他国际组织不仅是缔结欧盟国际条约的主体，也是享受有关条约权利、承担有关条约义务的主体（蔡守秋，2002）。

欧盟的立法机制比较健全、民主、科学。根据《欧盟基础条约》的规定，欧盟的立法程序一般都涉及欧盟理事会、欧盟委员会、欧洲议会、经社委员会和地区委员会。欧盟委员会在立法时也充分考虑到民众、利益相关者的意见。根据《马斯特里赫特条约》第 3 章的规定，经社委员会由各类经济与社会活动的代表，尤其是生产者、农场主、运输承办人、工人、商人、手工业者及自由职业者的代表与公众的代表组成。绝大多数环境条例、指令、决定都先由欧盟委员会提出立法建议案，然后由欧盟理事会就欧盟委员会的提议取得欧洲议会、经社委员会或地区委员会的意见，以特定多数或一致同意议决。其中欧盟理事会主要体现各成员国政府的利益，欧盟委员会主要体现欧盟的整体利益，欧洲议会主要体现欧盟人民的利益，经社委员会主要体现欧盟各种经济、社会活动团体或阶层的利益，地区委员会主要代表各地区团体的利益。

第三节　经验及启示

欧盟是世界公认的环境保护领域的先驱者，欧盟共同农业政策涉及范围广、支持力度大；农业保护政策对细分产业及领域划分、分级管理文件也在其发展的数十年中不断补充完善；欧盟成员国农业和消费者的环保意识也在全球范围内处于前列。1990—2014 年，欧盟农业部门的温室气体排放量下降了

21%，农民显著削减了化肥的使用，同时提高了产量（European Commission，2019）。欧盟实施的农业政策不仅解决了起初针对区域性产品过剩和居民农产品价格可承受性的问题，还对欧盟环境质量的改善、食品质量的提高、农民收入的增加以及世界范围内气候环境合作的开展都具有积极意义。

CAP 过去 40 年的成就基本达到了《罗马条约》中对农业提出的任务指标：①劳动生产率增加。欧盟从农产品短缺和农产品依靠进口的格局到主要农产品完全自给的转变中得到了 CAP 政策的极大支持，CAP 政策中各项农业友好型政策也对欧洲地区的农业规模化进程起到了推动作用，并且这些成就对其他经济部门的发展有很大帮助。②稳定农产品市场。CAP 的干预主义机制导致欧洲市场比世界市场价格波动相对较小。事实上对主要农产品价格支持的可变差价税方法使得欧盟内部的价格与外界变化的影响相隔绝。同时干预和出口补贴也消除了其内部变化（如农产品过剩）对价格的影响。③确保日常供给。欧盟委员会如此描述保障联盟内农产品稳定供给的作用："只要我们想到海外农产品供给的脆弱性，就能明白欧洲作为具有 2.6 亿或许不久超过 3 亿人口的一个实体，承受不起粮食主要依赖进口的处境。欧盟有责任去利用它自己土地的富饶"。

一、内外部挑战

由欧盟统一制定，决策遵循多数原则且以直接经济刺激为主导（价格转移性支付补贴）的共同农业政策也给欧盟带来了沉重的财政负担，且欧盟的共同农业政策起初就是建立在排他性基础上的，随着世界政治经济的发展、欧盟扩大和世界贸易自由化，来自欧盟内外部的压力也逐渐显现出来。

（一）由价格支持引起财政负担

欧盟市场组织对大约 70%的农产品给予市场和价格保证以及对外的保护。不能在特定价格出售的农产品，国家的干预机构就运用干预价格。孙森指出在德国的一些地区，农民参与的主要目的是获得补贴而非环境保护，致使联邦德国这样一个并无粮食生产比较优势的地区也生产了大量粮食。农业产出随着农业生产率的增长持续增加，而欧盟内的消费增长却很有限。这不可避免地导致欧盟农产品由区域性部分产品过剩向整体农产品过剩发展。价格支持导致共同体用大量的预算购买剩余产品和出口补贴（2012）。基于此，目前 CAP 由价格支持为主转变以为市场补贴为主。

（二）环境保护和乡村发展

农业和林业不仅生产食物和纤维，也塑造乡村环境。土地维持着持续的生产以及现代社会价值。欧盟共同农业政策被批评为引起乡村环境变化而没有考虑其影响。在过去的年代里，农业污染成为主要问题，化肥和杀虫剂在欧洲大多数地方广泛使用，许多化学物进入水体，加速超营养化，灭绝了一些敏感的水中生物并进入地下水，同样污染了人类的水供应体系。这一问题在后续的农业环境措施中得到一定程度的改善，但对不可再生资源的粗放使用问题以及对环境的永久性破坏问题应该更加重视。

（三）欧盟东扩的压力

从欧共体到欧盟，从起初的 6 个国家到 2020 年的 27 个国家，越来越多的欧洲国家加入这一联盟的同时，也应考量现有的共同农业政策尤其在补贴机制方面的合理性。面对欧盟农业土地面积的快速扩张，重要的是怎样将农业的补贴调到相对低的支持水平，从而不会进一步加重欧盟财政负担。

（四）WTO 的挑战

最初共同农业政策的改革是由于一些产品的持续过剩和预算危机，但外部的压力也同时存在。尤其是近年来世界贸易自由化，从关贸总协定乌拉圭回合谈判开始带来的压力。《罗马条约》只是零星提到欧共体会为世界贸易自由化而努力。随着世界贸易自由化的发展，世界上主要农产品出口国批评欧盟共同农业政策的出口补贴扭曲了世界市场的价格，导致了贸易伙伴的严重冲突。

二、欧盟农业生态环境保护政策的启示

鉴于农业的弱质性和不可替代性，不论是工业反哺农业还是农业的输血性保护政策已被世界各国广泛认可和使用。共同农业政策自 1962 年确立以来虽经历多次改革及预算削减，但本质上对农业的重视及保护一直作为主要目标的态度是一以贯之的。

经过不断摸索及修订，共同农业政策的支持手段从过去的价格支持转向与

产量挂钩的限制性补贴、多边环境协议，引入环境服务支付概念以及确立一系列重点领域及细分产业的监管综合治理体系。

正如欧盟委员会《关于粮食和农业的未来》中所强调的：知识、创新和数字化是提高 CAP 和欧盟农业部门业绩的基本要素，包括保护环境和简单的政策执行机制。这在农业实践层面是正确的。成熟的技术能够精确监测作物和天气状况，并精确地提供水和养分，在降低投入水平的同时最大限度地提高产量，减少对土壤的污染。并非所有的进步都需要复杂的技术或高支出：农业知识的普及、自然灾害的预警、农业普惠金融的落地都会以投产比相对高的方式对农业的发展与生态的保护期待积极意义（European Commission，2019）。实现以保障供给为基础，建立生态农业为目标的现代农业格局，加强农业科学技术的推广普及、病虫害的防治、完善农业性基础设施建设等方面对农业生态环境保护具有更重要的意义。欧盟农业生态环境政策的启示主要包括以下几点。

（一）建立框架合理的阶段性政策

从欧盟共同农业政策的发展和历代改革中可以看出，欧盟针对不同阶段所面临的农业问题制定不同的政策措施。欧盟建立之初针对农产品区域性过剩及价格问题做出降税等市场价格方面的宏观调控；进入 20 世纪 90 年代，过剩的供给和贸易频繁往来促使欧盟引入收入支持并减少价格干预的措施，同时欧盟也注意到环境保护对可持续发展的重要意义；2014—2020 年的改革中，更是将绿色发展、包容性发展的理念放在了首要位置。

（二）建立基于农业环境保护目标的多层次补贴机制

以环境保护为目的的多层次农业补贴政策是欧盟农业环境政策的核心，依此促进农民采取保护性生产措施。欧盟多层次的补贴还囊括农村基础建设、农民教育培训、农业科学技术推广等方面，尤其是针对青年农民的中高等教育为农村地区的长期发展和相关政策的有效开展做出极大贡献。

（三）建立环境友好型可持续农业发展体系

欧盟通过共同农业政策和之后的“地平线计划”、《欧洲绿色协议》等，建立了可持续农业发展体系，涉及农业环境保护、水土污染治理、气候变化农业适应性和生物多样性保护等方面。

第十章 CHAPTER 10
欧盟食品安全

第一节　欧盟食品安全管理体系

一、欧盟食品安全管理机构

（一）决策机构

欧盟食品安全管理的决策机构为欧洲议会、欧盟理事会和欧盟委员会，它们也是欧盟的立法主体。欧盟理事会、欧盟委员会可根据条约的授权或联合法规的授权制定条例、指令或决定等。涉及食品安全的法规一般由欧盟理事会和欧洲议会联合制定，并以联合法规的形式发布，涉及除食品安全外的农业政策由欧盟理事会独立制定。作为食品立法的重要机构欧盟委员会还被赋予了简化和加速制定食品技术法规程序的权利。在食品安全的风险决策方面，欧盟理事会、欧盟委员会是主要机构，负责欧盟食品安全管理政策、法令、法规等的制定和决策，以及欧盟食品技术标准的制定。此外，在2000年发布的《食品安全白皮书》中，欧盟委员会呼吁欧洲标准化委员会也参与到制定严格的食品安全技术标准工作中来[①]。

制定指令时，欧洲议会和欧盟理事会负责制定框架指令，欧盟委员会承担制定实施框架指令的相关政策，即欧盟理事会批准框架指令后，由欧盟委员会制定相关的具体实施指令。

在欧盟委员会的决策程序中，部长理事会为欧盟委员会设立了特别委员会来监管其行使委任立法权，由该特别委员会讨论、审议法规草稿。对于特别委

① 刘春青，鲍建忠，2004. 欧盟技术法规：市场准入的依据［M］. 北京：中国计量出版社.

员会讨论意见中所建议的措施，欧盟委员会将通过正式程序予以采纳实施。特别委员会还可以发表相应的独立结论，指导成员国实施欧盟的相关规范。欧盟根据第178/2002号条例设立了食物链和动物健康常务委员会（Standing Committee on the Food Chain and Animal Health，简称SCFCAH），具体负责食品安全领域立法事项①。食物链和动物健康常务委员会下设8个小组，负责食品安全的各个方面。实际上，该常务委员会为成员国提供了一个食品安全政策磋商的平台，同时也为成员国交流相关信息提供了方便。

（二）执行机构

1997年2月，欧洲议会宣布了对食品安全监管机构的重组，将原隶属于农业总司的欧共体动植物检疫和控制办公室，转移到隶属于消费者和健康保护总司的食品和兽医办公室（Food and Veterinary Office，简称FVO）。FVO是欧盟食品安全政策的主要执行机构，负责监控成员国和第三国是否遵守欧盟的食品卫生法和兽医、植物的相关规定。FVO主要通过例行监测、现场检查和过程审核等方式独立行使监控职能，以确定成员国或第三国是否在整个生产链中严格遵守欧盟食品安全相关法规。对执行中发现的问题和建议将通报给欧盟委员会、当事国及公众。具体而言，FVO贯彻执行的例行监测和审核包括：动物源性食品方面，主要监测化学物品（兽药产品、生长激素、农药等）的残留、检查成员国监测计划和进口产品；植物源性食品方面，主要检查水果蔬菜中的农药残留；植物健康方面，主要检测有害生物、转基因生物和农药使用等；此外，还包括动物健康、动物福利和饲养等。FVO在成立的第一年，就对成员国和第三国进行了200多次例行检查。通过独立开展监测活动，FVO确保了食品安全标准和法规被遵守和执行。通过审核各成员国根据欧盟标准建立的各项食品安全操作标准，并将其作为关键参考点，成为各机构进行监管的依据；FVO通过其控制职能，为欧盟成员国和出口至欧盟成员国的食品出具是否满足欧盟食品相关法规的报告，为欧盟委员会决定是否采取保护措施提供了决策依据。

---

① Regulation (EC) No 178/2002 of the European Parliament and of the Council, 2002. Laying down the general principles and requirements of food law, establishing the European Food Safety Authority and laying down procedures in matters of food safety [N]. Official Journal of the European Union (1), 58: 23.

(三) 咨询机构

根据欧盟第178/2002号条例，欧盟食品安全管理局（EFSA）于2002年6月21日正式成立，总部设在意大利帕尔玛市。EFSA是欧盟食品安全管理的主要咨询机构之一，它是一个独立的法律实体，不隶属欧盟的任何其他机构，其经费来源于欧盟财政预算。与美国食品药品管理局不同，EFSA不具备制定规章制度的权限，食品的风险管理决策权仍然归属欧盟委员会等权力机构。EFSA主要负责监视整个食品链，根据科学的证据做出风险评估，提出独立的、透明的、开放的并经仔细研究的科学建议，为欧盟委员会和成员国政府的立法和决策提供科学依据。

EFSA的主要咨询作用包括以下六个方面：一是根据欧盟理事会、欧洲议会和成员国的要求，提出有关食品安全及相关事宜（如动物卫生和福利、植物保护、转基因生物等）的独立科学建议，作为风险管理决策的基础；二是就食品安全领域的技术性问题提供建议，作为制定有关食品链方面的政策与法规依据；三是收集和分析有关任何潜在风险的信息，以监视整个欧盟食品链的安全状况；四是对潜在风险进行鉴别并做出通报；五是在紧急情况下，向欧盟理事会提供与风险管理有关的科学建议；六是建立与公众之间持久的对话交流，并在其权限范围之内向公众提供有关信息①。除此以外，EFSA还与欧盟成员国食品安全机构和欧盟其他部门相互交流、紧密协作，共同解决可能出现或已经出现的食品安全问题。

EFSA由管理委员会、执行董事、顾问团、科学委员会和9个科学小组等机构组成②。

1. 管理委员会

管理委员会的主要职责是制定和修改EFSA的工作计划、财政预算并监督工作计划的实施，选拔录用执行董事、科学委员会和科学小组的组成人员。

① Regulation (EC) No 178/2002 of the European Parliament and of the Council, 2002. Laying down the general principles and requirements of food law, establishing the European Food Safety Authority and laying down procedures in matters of food safety [N]. Official Journal of the European Union (1), 23: Chapter III, 13.

② Regulation (EC) No 178/2002 of the European Parliament and of the Council, 2002. Laying down the general principles and requirements of food law, establishing the European Food Safety Authority and laying down procedures in matters of food safety [N]. Official Journal of the European Union (1): Chapter III, 13-16.

管理委员会由 14 名成员国代表和欧盟委员会的 1 名代表组成，并且其中 4 名成员须为消费者及食品行业利益方组织的代表。管理委员会的成员由欧盟委员会在与欧洲议会协商之后正式任命，成员的任期为 4 年，可连任一届。

2. 顾问团

顾问团由执行董事主持，由 27 个成员国分别派出的代表组成，上述代表由成员国国家食品安全机构派遣，共同负责协调欧洲范围内食品的风险评估、建立潜在风险和知识积累方面的信息交流机制。另外，挪威、冰岛、瑞士和欧盟委员会各派遣一名观察员前往顾问团观察。顾问团将 EFSA 与各成员国相关机构密切联系在一起。通过顾问团，EFSA 和各成员国在风险评估和风险信息交流上集中资源、紧密协调并通力合作，确保在食品安全制度构建和施行上实现统一。

3. 科学小组

科学小组由独立的科学专家组成。科学专家由管理委员会依据竞争能力、知识面、独立性和资历情况进行选拔和任命，但被任命的科学专家不属于 EFSA 的雇员。科学小组同科学委员会一起负责向 EFSA 提供其职权范围内的科学建议和观点，并根据需要组织听证会。EFSA 有 9 个科学小组，分别是：①食品添加剂、调味品、加工辅料和食品相接触物质小组；②饲料添加剂及饲料有关成分小组；③植物卫生、植物保护产品及其残留物小组；④转基因生物小组；⑤营养食品、饮食及过敏性小组；⑥生物危险小组；⑦食品链污染小组；⑧动物卫生与福利小组；⑨植物健康小组。

4. 科学委员会

科学委员会负责对科学小组进行必要的协调，确保各个小组的意见保持一致。科学委员会由各个科学小组组长和 6 名不属于任何科学小组的独立专家组成。为了增强透明度，科学委员会和科学小组的讨论意见将附带少数人的意见一起公开发表，管理委员会将公开举行会议，并可能邀请消费者代表或者其他感兴趣的组织来观察 EFSA 的一些活动，以此确保公众可以广泛获取 EFSA 掌握的信息。EFSA 通过收集和分析数据、科学地评估和识别风险，为欧盟层面进行风险决策提供了强有力的科学支持和保障；EFSA 将其涉及的相关问题信息收集，直接传递给公众及其他利益相关方并与之交流，使得欧盟官方机构保持了与相关利益方的充分沟通，实现了安全信息的透明度和快速传递，确保了食品安全事件能够被及时发现并得到快速处理。

二、欧盟食品安全法律法规

(一) 欧盟食品安全法律法规的构成

欧盟食品安全法律法规主要分为两个层次：第一个层次是以食品安全基本法及后续补充扩展为代表的食品安全领域的原则性规定；第二个层次则是在基本法原则指导下形成的一些具体的措施和要求。对于具体要求的立法，欧盟又通过两种途经进行：普遍性立法，即针对所有食品的一般方面（例如添加剂、标签、卫生要求等）的立法；专项性立法，即专门针对某些产品（例如可可粉和巧克力产品、食糖、蜂蜜、果汁、新食品等）的立法。

欧盟的法律文件主要由条例（Regulation）、指令（Directive）、决定（Decision）、建议（Recommendation）和意见（Opinion）组成[①]。其中条例、指令和决议均具有法律强制效力。在具体实施要求上，条例要求所有成员国强制执行；指令只对必须达到的结果进行限定，至于采取何种形式及方法将其转化为自己国内的法律，则由各成员国自行决定；决议只对其接受者具有直接拘束力而不具有普遍约束力，其发出的对象可以是成员国，也可以是自然人或法人；建议和意见仅仅是欧盟委员会或欧盟理事会就某个问题提出的看法，作为欧盟立法趋势和政策导向，供成员国参考，不具有强制效力。

目前，欧盟已经形成了以第 178/2002 号条例为基本法的食品安全法律体系，该法律体系框架主要始于《食品安全绿皮书》(1997 年发布) 和《食品安全白皮书》(2000 年发布)。《食品安全绿皮书》提出将高水平保护公众健康安全作为欧盟食品法的目标，为欧盟食品安全立法改革确定了方向。《食品安全白皮书》加强对食品"从农场到餐桌战略"的控制，提出将安全作为欧盟食品立法的主要目标，奠定了欧盟食品安全法律制度的基本框架。2002 年 1 月 28 日，按照《食品安全白皮书》的规划要求，欧盟颁布了第 178/2002 号条例，明确了制定欧盟范围统一食品法的基本原则与要求，并建立了 EFSA。2004 年，欧盟又颁布了"食品卫生系列措施"，对食品安全法律进行了进一步整合。至此，欧盟食品安全法律基本框架形成。

此外，欧盟一直在对其食品安全法律法规及技术标准不断更新，形成了涵

---

① 姚晓燕，2005. 浅析欧盟立法 [J]. 中国检验检疫 (4)：39.

盖整个食物链的一整套法律体系及相应的运行机制。在欧盟食品安全的法律框架下，各成员国也根据具体情况制定并形成了各自的食品法规体系。

1.《食品安全绿皮书》

在经历了疯牛病、二噁英污染食品安全危机后，为了使消费者重新树立对欧洲食品供应的信心，1997 年 4 月，欧盟委员会发表了关于欧盟食品法规一般原则的《食品安全绿皮书》。其对过去 30 年间欧共体食品法规的变化趋势进行了总结，对统一市场计划给食品加工行业带来的影响与效益给予了积极的评价。但《食品安全绿皮书》认为，与各个成员国的食品法规相比，共同体层面的食品法规基本原则和职责要求不明确，法规内容零散、陈旧、缺乏核心。该绿皮书分析了欧洲食品安全的现状及成因，对共同体食品安全立法的前景进行了建议，为欧盟食品安全法律体系确立基本框架奠定了基础。

《食品安全绿皮书》为欧共体的食品安全立法确立了六个基本目标：①确保为公众健康、安全，为消费者提供高水平的保护；②确保食品在内部市场的自由贸易；③确保食品法规以科学证据及相关机构的风险评估为基础；④确保欧洲食品产业的竞争力并增强其出口能力；⑤生产者、加工者及供应商应承担食品安全的主要责任，在有效的官方控制和法规执行的支持下，推行危害分析与关键控制点（Hazard Analysis and Critical Control Point，简称 HACCP）体系；⑥确保法规的连贯性、合理性和简明易懂，并保证与有关利益各方充分协商。

《食品安全绿皮书》为欧洲食品安全法律法规的改革指明了方向，此后欧盟食品安全法律制度的改革也基本是围绕上述六个目标进行的，其标志着欧盟食品安全立法进入了一个崭新的阶段。

2.《食品安全白皮书》

2000 年 1 月 12 日，欧盟委员会正式发表了《食品安全白皮书》。其指导性思想是食品安全政策一定要建立在一个综合、完整的基础之上，食品安全立法需要纵贯整个食物链、横跨所有的食品部门、包括各个决策层面、涵盖政策制定的所有阶段。该白皮书进一步提出了一项根本改革，这项改革的目的是建立一整套制度体系以控制“从农场到餐桌”的全过程，因此白皮书规定的内容范围相当广泛，涉及普通动物饲养、动物健康与保健、污染物和农药残留、新型食品、添加剂、香精、包装、辐射、饲料生产、农场主和食品生产者的责任，以及各种农场控制措施等。同时，《食品安全白皮书》要求各成员国政府机构加强工作，保证各项措施能可靠、合适地执行。

《食品安全白皮书》的另一个重要内容是倡导建立欧盟食品安全管理局，独立于欧盟委员会和欧洲议会之外，主要负责为欧盟委员会提供与食品安全有关的独立建议与科学支持。同时建立一个与成员国相关机构进行紧密协作的网络，评估与整个食品链相关的风险，并且就食品风险问题向公众提供相关信息。

《食品安全白皮书》是欧盟和各成员国制定食品安全管理措施以及建立欧洲食品安全管理机构的核心规范，且白皮书中各项建议所提的标准较高，在各个层次上具有较高透明性，以便于所有执行者实施，其向消费者提供了对欧盟食品安全政策信心的最基本保证，同时使欧洲食品安全管理体制更加协调和一致，奠定了欧盟食品安全体系实现高度统一性的基础。

3. 欧盟食品安全基本法（第 178/2002 号条例）①

按照《食品安全白皮书》的规划，欧洲议会和欧盟理事会于 2002 年 1 月 28 日颁布了第 178/2002 号条例。该条例提出了食品法律的一般原则和要求，建立了欧盟食品安全管理局（EFSA），制定了食品安全事务的程序规则，共包含 5 章 65 项条款。主要构成为：第一部分（范围和定义）阐述条例的目标和范围，界定了食品、食品法律、食品商业、饲料、风险、风险分析等 20 多个名词术语；第二部分规定了食品安全法的一般原则、透明原则、食品贸易的一般原则、食品法律的一般要求等；第三部分分析了 EFSA 的筹建，详述了 EFSA 的任务及使命、机构组织、操作规程，以及保持 EFSA 的独立性、透明性、保密性和交流性的要求，还规定了 EFSA 财政和其他方面的条款等；第四部分分析了快速预警系统的建立和实施、紧急事件处理方式和危机管理程序；第五部分对一些程序和最终条款做出了规定，包括委员会的职责、协调程序及一些补充。

欧盟第 178/2002 号条例确立了欧盟对食品和食品安全的通用定义，规定了食品安全法律的基本原则和要求，规定了与食品安全有直接或间接影响事务的一般程序，制定了食品安全法的总体原则和目标，设立了欧盟食品安全管理

---

① Regulation (EC) No 178/2002 of the European Parliament and of the Council, 2002. Laying down the general principles and requirements of food law, establishing the European Food Safety Authority and laying down procedures in matters of food safety [N]. Official Journal of the European Union (1): 1.

局以进行食品风险评估和信息搜集，建立了快速预警系统监测和预警食品安全问题，奠定了欧盟食品安全法律制度的基础，具有欧盟食品安全基本法的地位。

4. “食品卫生系列措施”①

2004年4月29日，为了进一步完善欧盟食品安全法规、与食品安全基本法配套，欧盟颁布了四个补充的法规。这些法规包括危害分析与关键控制点（HACCP）体系、可追溯性、饲料和食品控制，以及从第三国进口食品的官方控制等方面的内容，被统称为“食品卫生系列措施”，具体包括以下几个方面。

（1）食品卫生条例（第852/2004号条例）。该条例对欧盟各成员国之间的食品卫生法进行了协调，以确保食品在各生产阶段卫生标准的一致性。该条例对食品卫生进行了较为严格、清晰的规定，尤其对动物源性食品和用于人类消费的动物源性产品的卫生进行了特别规定。条例要求所有食品供应者（包括食品运输方和仓储方）均须遵守一般卫生规范的规定，包括食品卫生证、运输条件、生产设备、厨余处理、供应水、人员卫生、包装、食品热处理及食品加工人员培训等。此外，条例第5条还要求食品供应者（除原料初级产品生产者外）均须采用国际食品卫生法典委员会颁布的HACCP体系的相关要求，以确保食品安全。

（2）动物源性食品具体卫生条例（第853/2004号条例）。该条例确立了动物源食品生产和销售的卫生条件及动物福利等方面的特殊规定。其规范的产品主要包括奶乳制品、蛋及蛋制品、水产品、软体贝类、肉类、禽类及其产品等。此外，该条例还规定了生产、销售上述产品的工厂或场所须经主管机关登记、核准；屠宰场所须遵守HACCP体系的规定；若该产品系第三国进口则须被列入核准第三国进口名单；相关标识规范须遵守欧盟第178/2002号条例的规定；等等。

（3）对动物源性食品进行官方控制的组织的特定规则（第854/2004号条例）。该条例主要规范肉类、软贝类、鱼类、奶及乳制品等食品官方审查规范（包括卫生法规规范以及对HACCP的执行），核准从第三国进口国家名单相关规范（包括工厂及场所登记核准之规定）以及包装、标识及食品含特定微生物标准的规定。该条例使欧盟食品的微生物标准更加符合时代的需求。

---

① 章强华，2007. 欧盟食品安全管理基本法及其研究［M］. 北京：中国标准出版社.

（4）符合食品饲料法、动物健康及动物福利规定的官方控制（第882/2004号条例）。该条例提出了官方控制及查验程序，提出了官方监控的抽样与分析方法必须符合欧洲标准化委员会所制定的标准等要求；提出了与进口有关的规定，例如建立进口核准清单、食品及饲料风险清单、未符合法规物品退运扣押及销毁的规定；同时，提出了欧盟对成员国执行监控措施的辅助等。

（5）其他。欧盟除了上述几次主要的基础性立法活动外，还制定了大量相关的指令及技术标准，这一系列的法规、指令及标准确保了其食品安全制度的切实施行。例如按照欧盟第178/2002号法规的基本要求，欧盟制定了一系列食品安全规范要求，并以指令或决议的形式在欧盟官方公报上发布，内容涵盖了食品卫生、人畜共患病、动物副产品、残留和污染、对公共卫生有影响的动物疫病的控制和根除、食品标签、农药残留、食品添加剂、食品接触材料、特殊营养物、转基因食品等。

（二）欧盟食品安全法律体系特征

1. 法律渊源复杂，涵盖食品供应链的各个方面

前文已经提到，欧盟食品安全方面的法律渊源众多，这是由其政治体制本身所决定的。而按照《食品安全白皮书》的要求，欧盟在策略选择上强调“从农场到餐桌”的连续管理，注重从源头上控制食品安全，抓住了保证食品安全的关键环节，食品安全立法能够涵盖各个层面。欧盟食品法规体现出了种类多的特点，几乎涉及与食品安全有关的所有领域。另外，欧盟还制定了许多与食品安全法规相关的标准来保障其实施。例如，欧盟目前涉及农产品的技术标准有2万多项，这些标准为制定各方面的法规提供了技术支撑。

2. 结构完整、系统性强

欧盟整个食品安全法律体系的设计围绕保证食品安全这一终极目标，贯穿风险分析、从业者责任、可追溯性和高水平的透明度这四个基本要求，形成了一个包括食品化学安全、食品生物安全、食品标签、食品加工，以及部分重要食品垂直性立法的完善的食品安全法规体系。这种一条主线、多个分支、脉络清晰的法律框架体系，使得欧盟的食品安全法规体系实际上拥有一个从指导思想到宏观要求，再到具体规定的非常严谨的内在结构。

3. 强调以科学研究为后盾

欧盟十分重视科学研究对食品安全立法的指向作用，并且现实当中采取了

风险评估和风险管理相分离的机制，强调食品立法必须建立在风险分析的基础之上，除非风险分析本身不适合现有情形。为了向风险决策机构提供专门的科学支持，欧盟设立了 EFSA 这一专门机构负责风险评估工作。一方面，EFSA 领导下的 9 个科学小组分工明确，为制定食品安全法规提供了科学依据；另一方面，EFSA 通过风险信息交流为科学信息的广泛搜集和及时获取提供了保障。

4. 可操作性强、便于施行

欧盟不仅制定了涵盖食品链各个阶段的各种安全法规，还制定了大量的技术标准以保障食品安全法规的实施。安全法规和技术标准相互融合，使政府机构实施管理具有更强的可操作性。欧盟的许多食品安全法规通常由两部分组成，一部分是政府管理的程序性要求，另一部分是具体的技术性要求。例如在第 178/2002 号条例中，对 EFSA 的任务、组织机构、操作规程等方面做了既详细又清楚的规定，使该机构责权明确，可依法有序开展各项工作。所有这些都使得欧盟食品安全法规具有极强的可操作性，便于实施和管理。

5. 及时更新，不断发展

食品安全问题是动态的、不断变化的。欧盟食品安全法规或指令一般在原始法规或指令仍然有效的情况下，根据需要随时发布新的法规或指令，或者修订其中某个或某些条款。主动应变使欧盟食品安全相关法规或指令能够迅速适应欧盟内外形势的变化。

（三）欧盟食品安全立法原则

1. 保障人类生命与健康原则

欧盟坚持以高标准保障食品安全，并将人类生命和健康确定为其基本保护目标。《欧共体条约》第 52 条规定，所有的欧盟政策和活动都应当保证对人类健康的高水平保护，而欧盟第 178/2002 号条例也将其作为立法的基础原则直接加以引用。欧盟无论是在政策法规的制定、食品安全机构的运行，还是紧急食品事件的处理上，都保证了一定的前瞻性，切实围绕这一目标进行。

2. 保护消费者利益原则

随着食品生产与贸易的全球化，消费者的食品安全意识越来越强。欧盟对食品安全制度进行改革，希望通过建立一整套机制保证食品安全，以提升消费者信心。欧盟及其成员国坚持将保护消费者健康作为其食品安全管理中的基本原则，把消费者健康保护和利益放在极其重要的位置。这种坚持以“消费者安全”而不是以“限制进口”为立法的导向，使其立法的出发点更多的是对食品安全本身的保护，确保所有的欧洲消费者食用同样高标准的食品。与此同时，欧盟还要求生产者、销售者积极同消费者进行沟通，确保消费者及时了解相关信息而具有选择的权利。欧盟还发起了消费者健康和食品安全行动，努力向消费者提供各种涉及其健康保护的科学建议。此举不仅向公众表明了欧盟及成员国在保障食品安全方面的立场、态度和责任，也让公众注意到其在食品安全中所扮演的重要角色，努力减少未知食品风险因素。

3. 预防原则

面对食品领域出现的潜在的科学研究和评估还不能完全解释的风险，欧盟决策者们决定援引预防原则进行风险管理。欧盟第 178/2002 号条例正式规定了预防原则的具体应用。第 178/2002 号条例中食品安全基本法的一般原则部分第 7 条规定，“在特定的环境下，经可获得信息的评估确定可能对健康产生不利影响但科学证据不很充分时，欧盟将采取临时的风险管理措施以保证高水平的健康保护，等以后取得更多的科学信息时进行更全面的风险评估。”根据欧盟委员会的意见，当通过科学或客观的评估识别了某一现象、产品或加工的潜在危险，同时这种评估并不能足够肯定地确定该危险时，预防原则就可以应用。

预防原则强调了人类健康的首要位置，使欧盟在食品安全方面的关注焦点和解决方式发生了重大的变化；其还通过转移科学举证责任，使管理者摆脱了面对潜在风险进退两难的被动局面。然而，预防原则也很有可能成为贸易保护主义的有力武器。

三、欧盟食品安全管理

（一）欧盟食品安全管理的理念

欧盟《食品安全白皮书》指出，欧盟食品安全的指导原则是食品安全政策必须以全面、综合的食品安全管理为基础，涵盖“从农场到餐桌”的整个食物生产链，以及所有粮食部门、成员国之间、欧盟内外部到国际决策论坛的所有阶段。食品安全支柱（科学建议、数据收集和分析、监管和控制方面以及消费者信息）必须形成一个无缝的整体，以实现综合、全面的管理。这要求食物链中所有利益攸关方（饲料制造商、农民、食品制造商、经营者、成员国和第三国的主管当局、欧盟委员会、消费者）的作用必须明确界定，比如饲料制造商、农民、食品制造商、经营者对食品安全负有首要责任；主管当局通过国家监督和控制系统的运作来监测和执行这一责任；欧盟委员会集中评估主管当局通过国家一级的审计和检查交付这些系统的能力；消费者也必须认识到，他们有责任妥善储存、处理和烹饪食物。同时，将这种系统和一致的食品安全管理方式实施到涵盖食物链的所有部门，包括饲料生产、初级生产、食品加工、储存、运输和零售。

此外，一个成功的食品安全政策要求饲料和食品及其成分具有可追溯性，并且采用适当的方式方法来促进这种可追踪性。比如饲料和食品企业有义务确保制定适当的程序将饲料和食品从对消费者健康构成风险的市场中撤出。操作人员应保存原材料和配料供应商的充分记录，以便能够识别问题的来源。但必须强调的是，明确追踪饲料和食品及其成分是一个复杂的问题，必须考虑到不同部门和商品的特殊性。

为了使这种全面、综合的食品安全管理办法形成一种更加连贯、有效和有活力的粮食政策，需要解决目前部门僵化所带来的缺点。如果某一政策使迅速和灵活地处理人类健康风险的能力受到限制，这就需要不断审查该政策，并在必要时加以调整，以应对缺点和新出现的风险，并认识到产业链的新发展。同时，这一办法的制定需要透明地让所有利益攸关方参与进来，使他们能够为新的发展做出有效贡献。公布已经达成的科学意见和检验报告并使其扩展到其他食品安全相关领域。

风险分析必须形成食品安全政策的基础。欧盟的食品政策必须以应用风险分析的三个组成部分为基础：风险评估（科学建议和信息分析）、风险管理（监管和控制）和风险沟通。

在欧盟的决策过程中，还可以考虑到与消费者健康保护和促进食品贸易中的公平做法有关的其他合法因素。这些其他合法因素包括环境考虑、动物福利、可持续农业、消费者对产品质量的期望、公平的信息和对产品基本特征及其工艺和生产方法的定义。

（二）欧盟食品安全管理的主要措施

欧盟食品安全管理的主要措施包括风险评估机制、食品和饲料类快速预警系统、可追溯制度、危害分析与关键控制点体系四个部分。

1. 风险评估机制

对食品要求零风险几乎不可能，因此保证食品安全和卫生、使大众消费食品的风险控制在可接受的水平并提供科学基础和采取适宜行动就成为食品安全保障的最大挑战。

而食品安全风险评估就是通过对影响食品安全的各种生物的、化学的和物理的危害进行风险测评，定性或定量地描述风险的特征，在参考有关因素的前提下，提出风险管理措施建议，并对有关情况进行交流。应用风险评估有利于更好地对食品安全性进行科学化管理。

欧盟在食品安全风险管理决策的制定及实施程序上一般采取三步走：第一是风险评估，是科学家的行为，就是对某一个食品安全问题及风险因素进行科学评估；第二是风险管理，属于政府行为，即政府部门根据科学家的评估结果，结合当时本国、本地区的具体情况，制定相应的对策，采取具体的管理措施；第三是风险交流，就是将专家的评估结果和政府的管理决策以适当的方式告诉所有的利益相关部门或消费者，包括行业协会、生产企业等。

欧盟要求所有食品法律，尤其是与食品安全相关的措施必须有强有力的科学支持。而风险的科学评估必须在所具备的最优科学依据的基础上独立、客观、透明地进行。欧盟食品安全管理局负责为欧盟委员会、欧洲议会及各成员国提供风险评估结果，并为公众提供风险信息。欧盟成员国也纷纷建立了统一的食品安全监督管理机构，并将风险管理与风险评估分别在不同的机构进行，保证以科学为基础的风险评估不受行政干扰。

与此同时，成员国在风险评估过程中积极与欧盟食品安全管理局、欧盟委员会及国际组织（包括联合国粮农组织、世界卫生组织等）开展广泛的交流与合作。

欧盟在食品安全方面采取风险评估和风险决策相分离的机制，而风险评估机制又是后者采取行动的基础。在进行风险决策前，独立、客观科学的评估工作是必需的。风险管理是科学监管的前提，由欧盟食品安全管理局担任风险评估机构并为欧盟风险决策提供保障的这一监管方式，已经得到全世界认可并被确认为是行之有效的。

2. 食品和饲料类快速预警系统

为了适应一体化市场的需要，同时加强对食品安全事故的控制，欧盟在

20世纪70年代后期就开始在成员国中建立快速警报系统，让成员国通报涉及消费者健康风险的信息。2002年根据欧盟178/2002号条例，在快速警报系统的基础上，设立了食品和饲料类快速预警系统（Rapid Alert System for Food and Feed，简称RASFF）。RASFF主要针对的是各成员国内部由于食品不符合安全要求或标示不准确等原因引起的风险以及可能带来的问题。该系统及时将上述信息通报各成员国，从而使消费者避开风险。预警系统的设立使消费者免受食品消费中潜在风险的危害，同时也便于欧盟成员国及欧盟委员会之间及时交流风险信息，采取措施确保食品安全。

RASFF借助欧盟委员会的CIRCA（交流与信息资源管理中心）向各成员国通报预警信息。其具体的运转程序如下：各成员国的RASFF国家联系点将发现的问题产品的通报上传到只有EFSA下属的食品监督局可读取的数据库。该监督局在收到信息后，根据特定的标准，决定信息进一步传播的程度。欧盟委员会下属的RASFF工作组与食品监督局进行联系，通知其该信息是预警通报还是非预警通报。食品监督局收到通知后，将通报上传到CIRCA官网。各成员国再依据通报的风险等级采取反应措施，并将其采取措施的情况以通报形式发布到系统上。欧盟食品安全管理局则会在适当的时机进行风险评估、搜集必要的科学信息并提出建议，之后将这些信息反馈回欧盟委员会。可见，RASFF并不是一个单向运作的系统，而是一个成员各方不断互动的交流网络。同时，为避免被监测到的问题再度出现，RASFF还设立了第三国特殊保障机制，将发现的问题反馈给原产国。RASFF对各成员国之间协调立场、采取措施、防范风险、抵御危害起到了重要的作用，其覆盖面广、反应迅速，并采取多向交流的形式，顺利实现了对食品安全风险的预防和控制，切实保障了欧洲消费者的健康和安全。

3. 可追溯制度

可追溯性的概念最早由法国等欧盟国家在国际食品法典委员会（CAC）生物技术食品政府间特别工作组会议上提出，旨在将其作为危机管理的措施，即政府在一旦发现危害健康的问题食品时，可按照上市至成品最终消费过程中各个环节所必须记载的信息追踪流向、回收未消费的食品、撤销上市许可、切断源头和消除危害等以减少损失。欧盟第178/2002号条例对食品可追溯性做了如下定义："在生产、加工及分销的各个环节中，对食品、饲料、食用性畜禽以及添加到食品或饲料中的物质进行追溯或追踪的能力。"

目前，可追溯性是欧盟食品法律的一个普遍要求，覆盖所有食品、饲料等。可追溯制度作为食品安全管理的重要手段，是欧盟为了应对 1997 年的疯牛病危机，才开始着手并逐步建立起来的。《食品安全白皮书》中提出的一项根本性改革就是，首次把“从农场到餐桌”的全过程管理原则纳入卫生政策，并要求所有的食品和食品成分具有可追溯性。欧盟第 178/2002 号条例对食品可追溯性做了官方定义，并要求：“从 2005 年 1 月 1 日起，在欧盟范围内销售的所有食品都必须具备可追溯性，否则就不允许上市销售，不具备可追溯性的食品禁止出口；食品和饲料的生产、加工及分销各个阶段均应建立相应机制确保其能够被识别和具有可追溯性。”

2006 年 1 月 1 日开始实施的“食品卫生系列措施”则进一步确立了食品安全可追溯制度的具体规范和实施要求。欧盟第 852/2004 号条例对可追溯性做了如下规定：“饲养动物或生产以动物为原料的初级产品的食品业从业人员必须保存相应记录，并在需要时将这些记录包含的相关信息提供给权威机构和进货的其他食品业从业人员。其中必须保存的信息包括喂养动物的饲料的性质和来源，对动物的用药和其他治疗手段、施用药物的日期和停止用药的时间，可能影响以动物作为原料的产品安全的疾病，从动物样本上获得的可能关系到人类健康的分析结果，从对动物和动物原产地的产品检查取得的相关报告。”欧盟第 852/2004 号条例第 7 至第 9 条还为各国和欧盟卫生准则的发展提供了指导，其包括的内容主要有两个方面：一方面是准确和合理地使用牲畜用药、添加剂、植物保护产品和杀虫剂以及它们的可追溯性；另一方面是饲料的备置、存储、使用和可追溯性。

欧盟还有不少法规规定了食品的可追溯性。例如欧盟第 89/396 号条例要求食品必须作标记以确定批次，即为保证产品的自由运输和消费者获取充分信息，应当建立一个已生产包装食品所属批次的共同识别体系，通过批号编码识别食物。欧盟第 2065/2001 号条例中对鱼类提出了可追溯性要求，要求向消费者提供关于渔产品和水产品的信息，并对渔产品和水产品标记进行了特别的规定：“鲜活和冷冻食品必须正确标记或贴标签才能出售给最终消费者；标记或标签须体现品种的商业名称、生产方法（活水、海水或养殖）、捉捕的地区”。欧盟第 1907/90 号、第 1906/90 号和第 2295/2003 号条例中对蛋类和禽类提出了可追溯性要求。欧盟第 2200/196 号条例对水果蔬菜提出了可追溯性要求，要求新鲜的蔬菜和水果、部分种类的水果干必须标明原产地。

此外，欧盟第 1830/2003 号条例还对转基因产品的可追溯性和标记以及从转基因产品生产的食物和饲料的可追溯性进行了特殊规定，要求从事转基因食品的经营者保证将下列文字信息传递给消费者："注明每一个由转基因物质生产的食品成分或食品添加剂；对于没有列出成分表的食品，要说明该食品由转基因产品生产；必须建立相应的体系和标准化的管理程序来保存上述信息，以便对转基因物质的来源和去向进行追溯"。上述信息必须至少保留 5 年。按照规定，食品、饲料、供食品制造用的家畜，以及与食品、饲料制造相关的物品，其在生产、加工、销售的各个阶段必须确立食品安全可追溯制度。欧盟还对各阶段中相关主体的工作进行了细化，确保该制度得以顺利实施①。

在应用食品安全可追溯的技术方面，欧盟使用的是其在 20 世纪 60 年代建立起来的并且全球统一的标识系统——EAN-UCC 系统（在我国又称 ANCC 系统）。该系统目前已在国际上普遍采用。应当注意的是，欧盟在建立和运行可追溯制度的过程中，加强了标签制度的应用，并保持了与 HACCP 体系的结合，这种做法不仅保证了食品供应链的全部信息能够相互连接，也避免了重复工作造成的资源浪费。

欧盟建立并实施的食品安全可追溯制度，可以快速查出问题食品的来源，确保了食品安全事件的快速处理并减少了相应损失；可追溯制度对食品供应商形成了有效约束，进而起到了保证食品质量的作用；最后，可追溯制度向消费者提供了更为详细的食品生产信息，极大地增强了消费者对食品的信心。

4. 危害分析与关键控制点体系

要确保食品的安全性，建立和执行有效的食品安全控制体系是必须的。HACCP 体系就是一种以预防食品安全为基础的食品控制体系。它适用于鉴别影响食品安全的微生物、化学和物理危害，其最大的优点是它使食品生产者或供应厂将以最终产品检验（即检验不合格）为主要基础的控制观念转变为在生产环境中鉴别并控制潜在危害（即预防产品不合格）的预防性方法。它为食品生产者提供了一个比传统的最终产品检验更为安全的产品控制方法。目前，国际食品法典委员会将 HACCP 体系确定为控制食源性疾病最有效的方法。

HACCP 体系于 20 世纪 60 年代由美国首先提出，并在 20 世纪 90 年代开始逐步推广。欧盟委员会 1997 年发布的《食品安全绿皮书》中指出，欧盟明

---

① 段丽英，2005. HACCP 食品安全管理体系的应用 [D]. 北京：对外经济贸易大学.

确将 HACCP 体系应用作为其立法目标之一；而在 2000 年的《食品安全白皮书》和 2002 年的食品安全基本法中，欧盟要求强制推行 HACCP 体系，并开始对企业实施 HACCP 体系的有关记录进行检查。欧盟“食品卫生系列措施”对 HACCP 体系的具体实施做了规定，其中：欧盟第 852/2004 号条例进一步制定了一般食品从业者建立 HACCP 体系的具体要求；欧盟第 853/2004 号条例针对动物源性食品经营者建立 HACCP 体系做了特殊的程序规定；欧盟第 854/2004 号条例对 HACCP 体系的官方控制提出了要求。欧盟要求，除了初级生产过程因为具体情况无法应用以外（但成员国应当鼓励从事初级生产的企业尽可能使用该体系），食品生产供应商应当在其相应环节实施、执行 HACCP 体系，包括进行危害分析和确定预防计划措施、确定关键控制点、建立关键限值、监控关键控制点、建立纠偏措施、建立验证程序、建立记录保存系统七个方面的内容；食品生产供应商还应当在生产、加工或其他任何步骤发生变动时及时对该程序进行检查并作相应调整。除此以外，食品生产供应商还应当按照主管机构的要求保留相关文件和记录，提供相关证据，为保证食品安全奠定可靠的基础。同时，HACCP 体系也为食品生产商、销售商、消费者和政府监督管理部门制定了衡量食品安全性的统一尺度。HACCP 体系在欧盟的实施，进一步规范了食品生产供应商的行为，使各职能部门责任清晰，政府管理效率大大提高。

第二节　欧盟食品安全风险评估与风险管理

一、欧盟食品安全风险评估

（一）欧盟食品安全风险评估原则

1. 科学性原则

欧盟食品安全管理局向欧盟的风险管理者提供的食品安全风险评估的建议应当具有最高质量的科学性。欧盟食品安全基本法以及欧盟食品安全管理局的内部指引规定了三种机制。一是通过严格的程序招聘最高水准的专家组成科学委员会和科学小组，从事风险评估工作。欧盟食品安全管理局的内部指引规定，科学小组的成员选择应当确保高水平的科学能力和专业知识，并体现地理上的分布。科学小组的潜在成员将受制于一项真实性与合法性的审查，这种审查工作由欧盟食品安全管理局的人力资源部门来进行。二是使用严格的质量保障程序来确保风险评估结论的可靠性。该程序由四个环节构成：①自我评估，即欧盟食品安全管理局的科学委员会使用一种自我审查的形式来确保持续性地遵循相同的步骤以实施每一次科学评估，如确保所有的科学数据被清楚地描述和参考、在规定的期限内达成共识等。②内部审查，即欧盟食品安全管理局的一个内部审查小组对经自我评估程序的科学结论做第二次复查。该小组会提出修改建议。③外部审查，即欧盟食品安全管理局通过建立外部独立的专家小组来对其内部的质量审查程序加以审查。外部专家小组会提出建议。④质量管理年度报告，即欧盟食品安全管理局将内部和外部的审查建议汇编成质量管理年度报告。该报告的作用是增强其工作程序的质量，并在其官方网站上公布。三是建立高效的信息和数据交换网络。

2. 独立性原则

欧盟食品安全基本法第 37 条规定了欧盟食品安全风险评估的独立性原则。独立性原则包含三层意思：第一，欧盟食品安全管理局的组成机构，即管理委员会、执行董事、顾问团、科学委员会和科学小组都应当以公共利益作为行动的唯一依据。第二，欧盟食品安全管理局科学委员会和科学小组的成员必须独立于任何外部影响而采取行动，特别是独立于食品生产企业和其他利害关系人。第三，在行政上，欧盟食品安全管理局独立于作为食品安全风险管理者的欧盟委员会和各成员国。作为欧盟的一个机构，欧盟食品安全管理局依然要接受欧洲议会的监督。行政上的独立性决定了欧盟食品安全风险评估与食品安全风险管理的分离，这是欧盟食品安全风险监管制度的一个重要特色。

3. 透明性原则

透明性原则是指欧盟食品安全管理局实施风险评估的过程和结果都要公开和透明。具体而言，以下七个方面的事项不能迟延公开：①科学委员会和科学小组的议程和时间。②科学委员会和科学小组采纳的意见也应当包括少数人的意见。③在不违背第 39 条和 41 条的情况下，科学意见的基本信息。④管理委员会成员、执行董事、顾问团成员以及科学委员会和科学小组成员每年做出的利益声明，及在议程会议中对相关项目做出的利益声明。⑤科学研究结果公布在欧盟食品安全管理局的官方网站上，为感兴趣的人提供交流的机会。如在风险评估结论被执行之前，主要科学见解的草案要公开，少数派的意见也要公开。⑥每年的活动报告。⑦欧洲议会、欧盟委员会或成员国对科学意见的请求。如这些科学意见被拒绝或修改，要公布请求拒绝或修改科学意见的理由。此外，除非执行董事提议，否则管理委员会应当公开举行会议。

为确保透明性原则得以实现，欧盟食品安全基本法以及欧盟食品安全管理局的内部指引规定了多项机制，其中最为重要的是两项。一是欧盟食品安全管理局通过一项内部指引规定了公众以及成员国可以获得的涉及食品安全风险评估的文件的范围、不能获得的文件的范围以及相应的程序。这一指引被称为《获得文件的决定》。它于2003年9月16日生效。二是2005年3月10日欧盟食品安全管理局管理委员会发布了《执行透明度和保密性要求的决定》。这一决定强调了欧盟食品安全管理遵循透明度原则的执行方式，如公开管理委员会的会议，公开顾问团、科学委员会和科学小组的会议报告等。对于涉及科学见解的基础性背景，包括少数派意见在内的科学见解也会公开。

4. 公众协商性原则

公众协商性原则是欧盟食品安全风险评估制度的第四项基本原则，还处于发展过程中。欧盟食品安全基本法第42条规定，欧盟食品安全管理局应当与消费者代表、生产者代表、加工商和其他利益团体进行有效联系。欧盟食品安全管理局制定的《关于科学意见的公众协商方法》也提出了公众协商性原则。该方法规定，“公众”包括学者、非政府组织、行业和所有其他潜在的兴趣和受影响的各方。公众协商的对象主要是欧盟食品安全管理局制定科学意见的过程，如：欧盟食品安全管理局在施加风险评估任务的情形下制定科学意见的过程；在评估过程的初步阶段，欧盟食品安全管理局就一个特定科学主题向公众寻求信息、数据和观点的过程；确认科学草案的最后版本是否具备完整性、正确性和清晰性的过程；等等。

（二）欧盟食品安全风险评估作用

食品安全风险评估指对食品及食品添加剂中生物性、化学性和物理性危害对人体健康可能造成的不良影响所进行的科学评估，包括危害识别、危害特征描述、暴露评估、风险特征描述等。由于食品安全不存在“零风险”，收集和分析食品安全潜在风险信息，监控欧盟整个食品链的安全状况，确认和预报食品安全风险，并及时发现问题和解决问题显得尤为重要。欧盟在监管模式上引入风险分析、制定最大残留限量程序、调整残留限量等，以达到风险评估的目的。

欧盟以指令形式规定最大残留限量（MRL）。欧盟最大残留限量的制定程序和国际食品法典委员会推荐的残留限量依据程序相似。在参考过去制定标准的基础上根据最新的信息和数据加以调整。在没有被授权使用的领域，残留限量应符合分析的最低检出限量。如果需要修改 MRL，将由欧盟理事会对欧盟委员会的动议进行表决后采纳。

如欧盟植物健康常设委员会通过的农药 MRL 标准制定的工作程序是：为每种农药指定一个成员国来起草制定 MRL 标准的报告，起草成员国向欧盟委员会提出新的或修正的农药 MRL 标准的建议。这个建议先在欧盟植物健康常设委员会的一个工作组内进行广泛的讨论，取得一致意见后，再在植物健康常设委员会中进行讨论（一般持续 4 个月左右），对该项 MRL 建议的科学依据（特别是在饮食吸入或消费者接触方面）的可靠性做出评价。在植物健康常设委员会做出一个肯定的意见后，欧盟委员会将指示植物健康常设委员会起草指令，在植物健康常设委员会对指令内容获得原则通过后，再在 WTO 程序中进行讨论（约 2 个月），然后在植物健康常设委员会中进行正式投票，最后由欧盟委员会发布。

原则上，制定农药 MRL 标准的主要依据是：①通过严格的残留试验确定一种农药在特定的使用条件（良好农业规范）下处理某一农作物后该农药的残留动态。②根据适当的消费模式，评估不同人群及各种敏感人群（如婴儿）在正常和不良条件下的每日残留吸入量。③根据该农药的毒理学试验资料，确定一个日允许吸入量（ADI），通常这包括确定在一生（慢性）的持续吸入期内不产生不利影响的最高剂量，然后再考虑适当的安全系数。④如果通过上述第二条评估计算出的消费者从各种日常食品中的日吸入量低于根据上述第三条计算出的日允许吸入量，那么根据上述第一条得到的残留水平则被确认为 MRL 标准。如果通过上述第二条计算得到的残留吸入量高于日允许吸入量，那么上述第一条中原定的使用条件需要进行修正，以降低日常食品中的残留水平。如果使用条件无法作出适当的修正，那就不能允许该农药在这种作物上使用，该农药的检测限量即被设定为 MRL 标准。

指令作为制定 MRL 的法律基础，除了规定 MRL 的制定程序外，还提出设立相关机构的要求。根据相关条例，欧盟委员会对销售责任人提交的申请材料进行审核后，将材料转交兽医药品委员会检查。兽医药品委员会指定委员作为报告起草人并对申请材料初步评价。欧盟委员会根据兽医药品委员会指定委员的观察，准备一份将要采取的措施草案并转交给成员国和销售责任人，并提交给按欧盟第 81/852 号条例设立的适应指令的技术进步委员会，由后者对草案提出建议。如果建议符合欧盟委员会意见，将得到采纳。

欧盟第 315/93 号条例规定："如果食品中某种污染物被怀疑对健康构成风险，由第 69/314 号条例建立的食品常设委员会将进行调查，并立即发表其观点，按照决议规定程序采取必要措施。如果食品常设委员会提出的 MRL 符合欧盟委员会的意见，则被采纳。"

二、欧盟食品安全风险管理①

（一）欧盟层面的食品安全风险管理

首先，建立了食品安全风险管理制度。根据欧盟食品安全基本法的规定，由欧盟委员会负责食品安全风险管理制定和执行、监管食品安全法律文件和食品技术标准，对食品安全的法律法规和政策制定、项目实施提出建议。欧盟食品安全管理局无权制定规章制度，只负责对整个食物链进行监督，并根据科学家的研究成果做出风险评估，为制定法规、标准以及其他的管理政策提供信息依据，这使得风险评估的过程具有较高的独立性，评估的结果则具有鲜明的客观性和科学性。

其次，建立了食品安全风险交流制度。根据欧盟食品安全基本法的规定，食品安全风险交流由欧盟食品安全管理局负责。食品安全风险交流的双方当事人存在两种情形，一种是两者分别为食品风险管理者和利益相关方，另一种是两者分别为风险评估者和利益相关方。欧盟食品安全风险交流机制的参与者范围广泛，包括欧洲议会、欧洲理事会、欧盟成员国等利益相关者和媒体组织，以及普通公众。欧盟食品安全管理局建立了包括风险交流专家咨询小组、咨询论坛、利益相关者磋商平台在内的食品安全风险交流平台，采用多种方式行使其风险交流职能，使公众与主管部门更好地开展食品安全风险信息共享机制，向公众提供更多的获取食品安全信息的渠道，完善食品安全利益相关者协同机制，提高公众在食品安全风险分析中的参与程度。

---

① 张路，2016. 欧盟怎样防范食品风险［J］. 人民论坛（36）：86-87.

（二）欧盟成员国的食品安全风险管理

按照欧盟指令和标准要求，成员国对自身的食品安全制度进行了调整。成员国均发布了具体指令并贯彻执行，将欧盟指令转化成国家法律予以适用。各成员国对原有的监管体制进行了调整，逐步将食品安全监管职能集中到1～2个部门，并建立了统一的食品安全监督管理机构，同时将风险管理与风险评估分离，保证以科学为基础的风险评估不受行政干扰。这些食品安全监督管理机构与欧盟食品安全管理局的职责相近，其主要职责包括科学地评估风险、收集和分析科学数据、为欧盟层面食品行业物质或过程批准所提出的文件进行安全评估、紧急风险的识别、在存在食品安全危害的特殊情况下对欧盟委员会进行科学支持、将涉及食品安全的相关问题和信息直接传送给公众及其他利益相关方等。德国于2001年1月22日将原食品、农业、林业部改组为食品、农业和消费者保护部，接管了卫生部的消费者保护和经济技术部的消费者政策制定职能，对本国的食品安全进行统一监管。为进一步提高食品安全水平，2002年德国又设立了两个机构，一个是联邦风险评估研究所，整合了食品监管研究所职能，负责风险评估；另一个是联邦消费者保护和食品安全局，负责风险管理。丹麦将原来承担食品安全管理职能的农业部、渔业部、食品部合并为食品和农业渔业部，形成了全国范围内食品安全的统一管理机构[①]。法国也设立了食品安全评价中心。荷兰成立了国家食品局。

第三节　食品安全可追溯与快速反应系统

一、食品安全可追溯系统

（一）食品安全可追溯性内容

按照欧盟的规定，处于生产、加工、销售各个阶段的食品、饲料以及供食品制造用的家畜和相关物品都需确立可追溯制度，以确保提供物的来源与方向。

① 刘波，罗旋，等，2004. 德国食品安全法律体系与研究[M]. 厦门：厦门大学出版社：16.

1. 生产阶段的追溯

以牛为例，首先饲养者必须严格按照相应的操作管理规程饲养。每头牛在出生后，饲养者为其标注终生唯一的识别号码；在饲养过程中，饲养者将饲料来源、兽医防疫、饲养管理等相关信息输入计算机管理系统，这一号码即是牛的“身份证”。牛的“身份证”需同时送往地方政府管理部门、保存在养殖场并随牛进入屠宰场。欧盟及各成员国政府主管部门将能够随时通过该系统获取相关信息。同时按照欧盟第 2000/1760 号指令，所有于 1997 年 12 月 31 日之后出生的牛或 1998 年 1 月 1 日之后在欧盟范围内销售的牛都必须加耳标，每一标签均有单独的校验码。如没有标签则不得向外转运。从欧盟之外第三国进口的牛也同样须根据上述规定在牛的进口地加挂牛耳标签。未经成员国主管部门许可，牛耳标签不得挪动或更换。

2. 加工阶段的追溯

在加工环节，加工者要严格按照操作管理规程工作，同时将屠宰加工过程中的相关信息输入计算机管理系统。这时将为屠宰的牛进行统一编号。编号的方式有许多种，可将来自同一个饲养场、在相同饲养管理条件下饲养出来的牛统一使用一个编号；也可将每头牛作为一个屠宰单位，单独编号。如果加工的是将牛肉和猪肉等混合在一起制作的混合肉制品，在其标签中要包括该产品是由哪些动物、何部位、数量多少的肉进行混合的，所有的动物分别来自哪个养殖场、屠宰场以及屠宰加工过程中操作人员姓名等相关信息。

3. 销售阶段的追溯

食品进入市场进行销售时，在产品标签中应包含食品供应链各个环节的相关信息。如牛肉的标签内容应包括参考号（据此保证牛肉和被屠宰牛之间的可联系性）、屠宰场批准号、切割厂批准号、牛的出生地、饲养地所在国家（包括第三国）、屠宰地所在国家。而对于从欧盟之外第三国进口的牛肉则须在标签上注明产地为非欧盟国家及其屠宰地所在国家。这些信息也将被分别存储在包括生产、加工、销售及地方政府管理部门在内的各环节信息库中，在产品出售两个月后才可清除相关信息。如果消费者购买的食品出现问题，能够沿着信息链追溯到养殖（包括饲料、兽药生产）、屠宰加工、贮存、运输、流通等各环节，便于控制问题食品的扩散和进行责任追究。

（二）欧盟食品安全可追溯系统的技术

当前，追溯食品的编码包括产品的标识是比较常用的食品质量安全可追溯技术。RFID（Radio Frequency Identification）技术是一种无线射频识别的通信技术，它利用微波射频信号进行短距离非接触识别通信，因而又常被称为非接触卡、电子标签等。RFID 技术可以快速识别运动物体，并且具有同时识别多个电子标签的防碰撞功能，其协议简单明了，操作简便实用，因而被广泛应用在工业、农业、物流业等行业，在食品安全溯源方面更是有着广阔的使用前景。二维码技术可以通过通用的二维码读写器自动识别图像信息，实现信息自动处理。二维码具有储存量大、保密性高、追踪性高、抗损性强、备援性大、成本便宜等特性，这些特性特别适用于表单、安全保密、追踪、证照、存货盘点、资料备援等方面。

目前欧盟使用的是国际上普遍采用的全球统一标识系统（EAN-UCC 系统）进行食品安全可追溯性的工作。这套系统目前在全球供应链中的零售业和物流业已得到广泛应用，能避免众多系统互不兼容所带来的时间和资源的浪费，降低系统的运行成本，实现信息流和实物流快速、准确地无缝链接。EAN-UCC 系统主要包括以下三部分：一是编码体系，包括贸易项目、物流单元、资产、位置、服务关系等标识代码，EAN-UCC 编码随着产品或服务的产生在流通源头建立起来，并伴着该产品与服务贯穿流通全过程，是信息共享的关键；二是数据载体，包括条码和无线射频标识；三是数据交换，为了使供应链上的相关信息能够在贸易伙伴间自由流动，EAN-UCC 系统通过流通领域电子数据交换规范进行信息交换。

（三）欧盟食品安全可追溯性事例①

欧盟在食品安全管理中立法先行。以转基因食品的溯源管理为例，欧盟建立了包括框架指令、授权和监督、标签和标识等一系列措施作为溯源管理的手段。

首先，欧盟通过第 1830/2003 号条例建立了转基因食品可追溯性的管理框架。根据欧盟第 1829/2003 号条例的规定，含有基因改良生物（GMOs）和由 GMOs 生产的食品在投放市场之前应经过严格的授权审批程序，同时还要接受上市后的监督管理。此外第 65/2004 号条例建立了 GMOs 的唯一标识系统，第 641/2004 号条例建立了 GMOs 的风险评估框架，第 2001/18 号指令建立了

① 孙彩霞，2009. 欧盟转基因食品溯源管理体系 [J]. 浙江农业学报，21 (6)：645－648.

GMOs 环境释放的风险评估框架。通过这一系列条例和指令，欧盟已经初步建立了转基因食品可追溯性的法律体系框架，并随着科学技术的发展不断补充和完善。

其次，对欧盟转基因食品进行授权和监督。对转基因食品投放欧盟市场之前的授权和上市后的监督是实现溯源管理的基础。进入市场前，欧盟对转基因食品的授权主要包括授权的申请、环境评价、欧盟食品安全管理局的评估、来自公众的评议和欧盟委员会的决议五个步骤。申请者不仅应向欧盟食品安全管理局提交关于 GMOs 的基本情况、生产和加工方法的信息、与传统食品对照的信息，同时还应提交关于 GMOs 安全性的基础研究，如满足关于生物多样性的《卡塔赫纳公约》的相关信息、抽样检测方法等。欧盟对于转基因食品投放市场后也实施严格的监督，并规定每 10 年需要更新授权复审一次。

此外，标签管理是欧盟转基因食品授权和实现可追溯性的重要组成部分。根据第 1830/2003 号条例的要求，转基因食品的标签包括以下几种情况：①对于含有 2 种以上成分，并包括基因改良成分的食品，“基因改良”或者“源自转基因”应在成分列表中，并在相关成分的后面用括号表示；②如果成分指明了类别的名称，“含有基因改良（生物体的名称）”或者“含有源自基因改良成分（生物体的名称）”的字样应出现在成分的列表中；③如果没有成分列表，“基因改良”或者“源自基因改良（生物体的名称）”的字样应清晰地标注在标签中；④如果没有成分列表，可以在标签中采用其他的形式标注；⑤如果用于提供给最终消费者的食品是非预包装食品，或者包装的面积不足 10 平方厘米，以上要求的信息应在产品的主要展示版面或者附带的展示版面，或者在包装材料上展示，展示信息应清晰可读；⑥如果含有或者包括的转基因成分低于 0.9%的食品，或者含有某种单一的转基因组分而其存在和不确性在技术上无法解决，则不需要标识。对于豁免进行标识的情况，生产者应向欧盟食品安全管理局提供充足的证据。

同时，欧盟 2004 年 1 月 14 日颁布了第 65/2004 号条例，建立了用于基因改良生物的唯一标识系统。考虑到维持国际框架下的一致性，欧盟采取了 OECD 建立的唯一标识的格式。欧盟采用的转基因食品唯一标识系统主要包括三部分的内容：第一部分为 2～3 位阿拉伯数字，表示的是申请者或许可申请者的信息，后接连接线，用指定阿拉伯数字以表明其身份；第二部分为 5～6 位阿拉伯数字，表示了投放市场的授权或者许可的主题；第三部分是确认单元，与其他的唯一标识数字单元用一连接线分隔。确认数字的目的是为了减少错误，以保证阿拉伯数字确认的完整性。

欧盟要求生产企业向管理部门提出关于唯一标识的申请，欧盟采取了与OECD统一的唯一标识系统。为避免编码重复，申请者应事先咨询 OECD 和生物安全信息交换所（BCH）。

二、食品和饲料类快速预警系统（RASFF）

（一）RASFF 的内容

RASFF 目前已经涵盖所有食品和动物饲料，主要以通报的形式运作，包括信息通报、预警通报、边境拒收通报和新闻。欧盟委员会在其《欧盟通用产品安全指令》第 34 项第 8 条规定了通报制度的具体内容，包括成员国向欧盟委员会通报和欧盟委员会向成员国通报两个方面。该条还对通报分级、通报类型、采取的措施、后续反应行动、新闻发布制度和公司召回制度等做出了具体规定。按照要求，成员国需将下列食品信息及时通报欧盟委员会：任何限制进入市场或强制召回食品或饲料的措施、任何涉及职业经营者的以预防或控制食品或饲料使用为目的的措施、主管当局在欧盟边境检查站拒绝一批或一组食品或饲料入境的任何行为等。

根据欧盟第 178/2002 号条例建立 RASFF，其目的是为主管当局提供一个交换有关方法信息的有效工具，以确保食物安全。当发生下列情况之一时，成员国应通报信息：①为了保护人类健康而采取的快速行动，包括他们采取的限制饲料和食品在市场出售、强制其从市场撤出或将其回收的任何措施；②面对人类健康严重风险而采取的快速行动，主要是对食品和饲料在市场的出售进行阻止、限制、实行特殊政策或评价其使用时，对于志愿和义务的专业操作人员的推荐和认同；③为了应对人类健康直接或间接风险，任何主管权威机构针对大批量、集装箱或船运的食品和饲料在欧盟内部边界运输的抵制行为。

RASFF 根据风险的严重性以及其危害在各成员国之间的扩散程度，将预警信息分成四类：边境拒绝通报、预警通报、信息通报和新闻。

1. 边境拒绝通报

边境拒绝是指在欧盟（或欧洲经济区）的外部边界被检测和拒绝的已被发现存在健康风险的食品和饲料托运。此类通报发送到所有欧洲经济区边境站，以加强控制，并确保被拒绝的产品不会通过另一个边境站重新进入欧盟。

2. 预警通报

在欧盟市场上的食品和饲料表现有危害和需要立即行动的情况时，要发出预警通报。预警通报由检查这个问题，并采取相应措施的国家发出。此类通报的目的是向网络的所有成员发布信息，使其去核实相关产品是否出现在他们的市场上，以便各成员能采取必要的措施。

对于符合预警通报的产品，无论是已经从市场撤出或正在撤出，成员国都有他们自己执行这类行动的机制。如果需要的话，成员国通过媒体向公众提供详细信息。

3. 信息通报

信息通报涉及其危害已经被证实了的食品或饲料，但网络中的其他成员没有必要立即采取行动，因为这些产品没有到达他们的市场。此类通报通常涉及那些在欧盟外部边界被检查和拒绝的食品和饲料。

符合信息通报的产品是那些还没有到达市场，或者已经采取所有必要措施的产品。

4. 新闻

任何与食品和饲料产品安全有关的信息，如果没有作为警报或信息传递，但被认为是管制当局应当关注的，则在“新闻”标题下转交给各成员。

（二）RASFF 事例

近年来，世界范围内的肉制品安全事件频频发生，从欧洲马肉风波、巴西腐肉丑闻到荷兰猪肉沙门氏菌事件，肉制品安全问题层出不穷。RASFF 年度报告通过数据统计反映了欧盟所关注的热点问题和焦点事件。

2018 年，欧盟 RASFF 通报涉及 26 类食品风险，其中微生物污染排名第一，高达 936 例。在肉类及肉制品问题中，微生物污染占 81.3%，主要为沙门氏菌、大肠杆菌和单增李斯特菌污染，其中法国、波兰、荷兰、比利时和意大利等国家被通报的主要问题中都涉及动物源性肉及肉制品的微生物污染。2018 年 11 月 26 日，波兰通过 RASFF 通报本国的冷冻无骨鸡块检出了沙门氏菌。随后，RASFF 又发布了一份荷兰猪肉感染沙门氏菌的预警通报，显示有 19 人感染。

第十一章 CHAPTER 11
中国欧盟农业科技交流与合作

第一节 欧盟科技创新体系及中国欧盟科技合作概况

一、欧盟研究与创新框架计划

（一）整体概况

欧盟研究与创新框架计划（EU Framework Programme for Research and Innovation，以下简称框架计划）是目前世界上规模最大的官方科技创新计划，由欧盟成员国共同参与制定和实施，具有研究水平高、涉及领域广、投资力度大、参与国家多等特点。迄今已完成实施八期计划。第八期计划——“地平线2020（Horizon 2020）”于2020年结束。自2021年起，欧盟将启动第九个科技创新计划“地平线欧洲”。

欧盟科研项目主要由两部分组成，一是欧盟整体的研究、技术研发与示范的框架计划，二是欧盟成员国国内研究项目。欧盟对科技创新的支持主要是通过框架计划，整合欧洲科技资源、促进各成员国协同研究与创新，形成整合优势驱动科技发展。

20世纪80年代以前，欧盟只在能源领域有统一的科技研发项目，随着欧盟加快推进“单一市场”建设，整个科技领域的共同政策也逐步确立，多年度科技框架计划方案浮出水面，第一期计划于1984年正式启动。欧盟框架计划一直以来都以解决欧盟面临的科技以及经济社会发展问题为目标，研究国际前沿和竞争性科技难点，促进科研与产业相结合。伴随着欧洲一体化进程，欧盟框架计划随之不断发展、逐步强化，规模从最初的四年期计划、总经费不到

40亿欧元，发展到现在的七年期计划、投资总额接近1 000亿欧元（表11-1）。通过不断整合资源、改革管理体制，欧盟框架计划更加有效地集中整个欧洲的创新资源，逐步确立了其在欧盟科技创新战略中的主体地位。

表11-1 欧盟研究与创新框架计划各期概况

期数	执行年限	重点内容	经费
第一期	1984—1988年	技术推动发展，重点内容包括计算机、机器人、通信网络等	37.5亿欧元
第二期	1987—1991年	实施全面欧洲科技战略，主要研究信息与通信大市场化、工业现代化、生物资源、能源等	53.96亿欧元
第三期	1990—1994年	延续第二期，项目滚动进行，并根据执行情况和研究结果做相应调整，首次将生命科学列为重点研究领域	66亿欧元
第四期	1994—1998年	按照《马斯特里赫特条约》和《欧盟一体化法案》制定，为追赶美国、振兴欧洲经济而制定，以发展信息、通信、遥感、能源和工业技术为重点，同时加强环境保护、生物医学和交通运输，并首次启动了国际合作项目	132.15亿欧元
第五期	1998—2002年	涵盖气候和环境，洁净技术和生物防治，人类和动物老化、衰退及防治，远距离通信和数据传输，多功能材料，能源问题共计六大领域	149.6亿欧元
第六期	2002—2006年	围绕整合欧洲科研力量，建设并巩固“欧洲科研区”基础，优先领域包括基因和生物技术、纳米技术、信息技术、航天技术等	178.83亿欧元
第七期	2007—2013年	将欧洲建成世界上最具竞争力的知识驱动型经济地区，含四大主题研究领域——主题合作研究、基础和前沿研究、人才培养、能力建设	505.21亿欧元
第八期	2014—2020年	“欧盟2020战略”七大旗舰计划之一，命名为“地平线2020”。设立了三大重点研究领域——卓越科学、产业引领、社会挑战，分别从基础科学、技术研发、社会发展等多个方面开展科研项目	预算超过700亿欧元
第九期	2021—2027年	命名为“地平线欧洲”，整体目标是加强欧盟的科技基础和欧洲研究区（ERA）建设，提升欧洲的创新能力、竞争力和就业；实现公民优先，维护社会经济模式和价值观等。设立三大支柱领域和一个交叉领域	预算1 000亿欧元

（二）“地平线2020”计划

1. “地平线2020”计划推出的背景

受2008年全球经济危机影响，欧盟整体经济严重受挫：2008—2009年两年时间，欧盟 GDP 整体下滑 4%，失业人口增至 2 300 万人，约占欧盟国家人口的 10%。这暴露出欧盟国家经济结构的弱点，包括科研创新投入不足、就业不够充分、老龄化等。同时，面对全球经济一体化，欧盟从这次经济危机中也认识到来自全球的挑战越来越大，包括新型经济体的竞争、气候变化和自然资源紧缺等。经历这次经济危机，欧盟需要通过更加统一的政策和行动来恢复经济增长和国际竞争力。在这一背景下，欧盟推出了“欧盟 2020 战略”，亟须在各个领域开展全新的改革。“欧盟 2020 战略”提出了三个相辅相成的优先发展方向：一是智慧型增长，将经济发展立足知识与创新；二是可持续增长，推进资源利用更加高效、更加绿色和更具竞争力的经济发展模式；三是包容性增长，提升就业率并促进地区和谐。

“欧盟 2020 战略”着重强调对科技研发的投入，提出提升欧盟整体的研发和创新能力是加强欧盟国际竞争力、实现资源利用高效、低碳环保经济、提升就业、应对全球性挑战等的重要途径。“欧盟 2020 战略”的一个重要目标就是将欧盟建设成一个“创新联合体”（European Commission，2010a）。从整个欧盟层面，提升科技投入的措施主要包括：进一步加强欧盟支持创新的有关机制，包括欧盟研究与创新框架计划，整合和优化资金和资源；完成“欧洲研究区（ERA）”开放平台建设，加强成员国的联合科研攻关；加强教育、商业和研究创新的关系，鼓励年轻初创公司的发展等。

2. “地平线 2020”计划的主要内容与特点

欧盟第八期研究与创新框架计划作为“欧盟 2020 战略”的重要内容之一，于 2011 年 11 月提出，经历两年的多轮磋商，该计划于 2013 年 11 月正式被欧洲议会和欧盟理事会采纳，批准经费预算超过 700 亿欧元，执行期为 2014—2020 年，并命名为“地平线 2020”计划。该计划将紧密结合研究到创新（即从研究到终端产品的各种形式创新），重点集中在欧洲社会所面临的社会性挑战，例如农业、健康、清洁能源和交通。

“地平线 2020”计划设立了三大重点研究领域——卓越科学（Excellent Science）、产业引领（Industrial Leadership）和社会挑战（Societal Challenges），分别从基础科学、技术研发、社会发展等多个方面开展科研项目。

“卓越科学”旨在提高欧洲基础科学水平，以稳定和一流的研究保证欧洲的长远竞争力。该领域的四个具体目标如下：①欧洲研究理事会将提供稳定的资金用于支持最前沿科学领域研究；②开展未来和新兴技术研发以及在全新科研领域内跨学科合作研究；③通过“玛丽·居里行动”提供优秀的创新研究培训，提高跨领域、跨部门科研人员流动性和技术知识交流水平；④完善科研平台建设，为科研人员提供世界一流的科研设施。

“社会挑战”旨在通过集聚不同领域、技术和学科的资源与知识，包括社会和人文科学，以“从科研到市场”为导向，解决欧洲和世界其他地方民众共同面临的社会问题，共涉及七大方向：①健康、人口结构变化和社会福利；②粮食安全、可持续农业、渔业研究和生物经济；③安全、纯净和高效能源；④智能、绿色和综合性交通运输；⑤气候行动、资源效率和自然资源保护与开发；⑥变化世界中的欧洲——包容、创新和反思型社会；⑦安全社会——欧洲公民的自由与安全。

“产业引领”旨在加快技术开发与创新以及科研成果的商业化，从而帮助富有创造力的中小企业成长为世界一流企业。通过高新科技产业技术研发、建立风险财务机制保障研发收支平衡，鼓励中小企业创新，推动商业部门主导作用，吸引更多研究与创新投资到欧洲。

“地平线2020”计划的预算超过700亿欧元，各个重点研究领域金额分配如下：“卓越科学”预算222.74亿欧元，约占总预算的32%；“社会挑战”预算270.48亿欧元，约占总预算的39%；“产业引领”预算155.07亿欧元，约占总预算的22%；其他（成果推广经费、欧洲创新与技术研究院行动、非核心行动经费等）53.69亿欧元，约占总预算的7%。

3. “地平线2020”计划的成效

2017年5月欧盟委员会发布《“地平线2020”中期评估报告》。该报告指出自实施以来，“地平线2020”计划体现了其卓越的影响力和吸引力，实施情况良好，与欧盟各优先领域紧密相关，在促进经济增长、创造就业、应对社会挑战等多个方面都发挥着支撑作用。“地平线2020”计划涉及的项目涵盖了最广泛的学科领域，参与者来自欧洲内外最好的研究机构和公司，与第七期框架计划相比，超过半数的项目参与者是新来者，创新力得到提升；提升了对中小企业的创新扶持，23.9%的项目投资倾向中小企业，超过计划目标原定的20%；有效促进科企融合，约1/5的科学论文是学术机构与私营部门合作的成果，并产生了更多的跨学科研究成果，通过加强跨部门合作和促进创新，增加了研究成果的附加值；为创造就业和经济增长做出了重大贡献，“地平线2020”计划的投入资金占整个欧盟公共研发支出的比例不到10%，但根据此次评估中所采用的宏观经济模型预测，其影响力将持续至 2030 年，社会经济影响将达到 6 000 亿欧元，并预计创造 17.9 万个工作岗位。

截至 2020 年，“地平线 2020”计划已批准 31 428 个项目，拨付经费590 余亿欧元。按照参加项目获得支持经费额度，排在前十位的欧盟成员国依次是：德国、英国（自 2020 年 2 月 1 日起作为欧盟外第三国家）、法国、西班牙、意大利、荷兰、比利时、瑞士、瑞典、奥地利。通过这些项目的执行，已申报专利 2 626 项，发表经同行评议的学术论文 96 250 余篇。

4. “地平线 2020”计划中的农业研究与创新

农业科技发展是实现“欧盟 2020 战略”增长模式不可或缺的力量，也是欧盟共同农业政策 2014—2020 改革中的一环。在“地平线 2020”计划中农业领域的研究与创新主要聚焦在三个方面：提高生产效率，应对气候变化，同时确保可持续性和适应力；提供生态系统服务和公共产品；确保农业农村可持续发展，支持政策创制和农村创新。

“卓越科学”领域中由欧洲研究理事会支持的前沿科学研究涉及物理科学与工程、生命科学、人文与社会科学三大方向。其中，与农业相关的生命科学研究内容主要包括：①分子与结构生物学及生物化学；②遗传学、基因组学、生物信息学及系统生物学；③细胞及发育生物学；④免疫学；⑤诊断技术与公共健康；⑥应用生物科学（包括畜牧业、渔业、林业）和食品科学、生物技术、遗传工程、环境工程等。

欧洲研究理事会提供总计 130.95 亿欧元（约占整个“卓越科学”预算的 59%）用于支持物理科学与工程、生命科学、人文与社会科学三大方向的科研项目，资助类型分为五类：①“起始资助”（Starting Grants），用于资助年轻研究人员（具备 2～7 年工作经验），经费最高为 5 年 200 万欧元；②“巩固资助”（Consolidator Grants），用于资助可独立开展研究的优秀科学家（具备 7～12 年工作经验），经费最高为 5 年 275 万欧元；③“高级资助”（Advanced Grants），用于资助已获得重大科研成果的顶级科学家（具备 10 年以上工作经验），经费最高为 5 年 350 万欧元；④“成果验证资助”（Proof of Concept Grants），用于资助研究成果转化，经费最高 1 年 15 万欧元；⑤“协同资助”（Synergy Grants），用于资助优秀科研团队，经费最高 6 年 1 500 万欧元。

除了基础性研究外，“社会挑战”领域也有涉及农业的科研项目，主要包括“粮食安全、可持续农业、渔业研究和生物经济”（以下简称“可持续农业方向”）和“气候行动、资源效率和自然资源保护与开发”（以下简称“气候资源方向”）两大方向。

“可持续农业方向”预算经费35.10亿欧元，旨在通过优化和可持续利用生物资源，从而以最少的投入生产更多的食物、纤维制品和各种生物源产品，同时减少温室气体排放和资源浪费，维持生态系统平衡并获得足够的社会价值。这一方向涉及农业、林业、渔业、水产业、食品安全、生物质能等多个领域，通过开展科研项目解决这些领域所面临的重大问题。在农业、林业领域：保障足够的粮食生产，以满足世界粮食增长的需求；有效开展自然资源的可持续管理，从而减少对环境的破坏。在食品安全领域：在满足消费者需求的同时减少食品对人类健康和自然环境的不良影响；在生产、加工和消费的每一个环节确保食品安全；同时注重饲料安全，保障畜禽产品健康。在渔业、水产业领域：优化渔业和水产养殖对保障粮食安全的可持续贡献；发展“蓝色”生物技术和跨领域海洋研究，提高渔业创新力。在生物质能领域：将传统的基于化石燃料的化工产业转变为低碳、资源高效、环境友好型的基于生物质能的新型产业。

“气候资源方向”预算经费28.08亿欧元，旨在促进社会和生态系统适应包括气候变化在内的各种环境变化。这一方向的研究与创新行动包括：①适应并抵抗气候变化；②保护环境，实现自然资源、水、生物多样性和生态系统的可持续管理；③实现非能源和非农业原料的可持续供应；④通过生态学创新研究实现经济和社会的绿色革命；⑤开发综合性全球环境监测与信息系统。通过上述行动将达到如下目标：①资源利用高效且能够抵御气候变化的经济与社会；②自然资源和生态得到保护且实现可持续管理；③原材料可持续供应和利用，在自然资源不断减少的情况下保障世界人口增长的需求。

截至2020年，“地平线2020”计划中以农业和食品为主题的项目共批准立项486项（占总项目数的1.55%），拨付经费13.4亿欧元（占总经费的2.24%）。按照获得项目金额以及承担项目数量来计，排在前五位的欧盟成员国依次是西班牙、意大利、德国、法国、荷兰。按照承担项目的数量来计，排在前五位的机构依次是荷兰瓦格宁根大学及研究中心（77项）、法国国家农业食品与环境研究院（44项）、德国弗劳恩霍夫科学研究所（29项）、意大利博洛尼亚大学（27项）、比利时根特大学（19项）。农业和食品领域项目共申请专利101项，发表经同行评议的学术论文2 350余篇。

综上所述，“地平线 2020”计划中的农业研究与创新项目将围绕提升农业生产力、自然资源可持续管理与利用、食品质量与安全等重点领域展开，以期通过这些领域的研究与创新解决欧洲以及全世界农业生产所面临的气候变化、环境污染和资源紧缺等问题。

（三）“地平线欧洲”计划

2018 年，欧盟委员会提出了一项预算 1 000 亿欧元的研究和创新计划——“地平线欧洲”，以接替“地平线 2020”计划。2019 年，欧洲议会和欧盟理事会就“地平线欧洲”达成临时协议，初步通过了计划整体框架和主要内容。2020 年 12 月，决定“地平线欧洲”具体实施的政治协议获得欧盟各成员国同意，并于 2021 年 1 月提交欧洲议会和欧盟理事会进行正式批准。受到英国脱欧和新冠肺炎疫情等因素的影响，“地平线欧洲”的筹备工作明显落后于原计划，对后续项目征集、执行等工作势必会造成一定不良影响。

“地平线欧洲”是“地平线 2020”的延续和升级，整体框架仍沿用了三大支柱结构，但每个支柱的内容有了全新变化。

第一支柱“卓越科学”：唯一延续“地平线 2020”计划的支柱领域，继续重点支持欧洲研究理事会、“玛丽·居里行动”和研究设施建设。欧洲研究理事会将继续进行开创性、高收益、高风险的研究，并推动前沿知识发展；还将与区域和国家研究资助机构共享实践经验，并与“地平线欧洲”的其他部分建立联系，尤其是“玛丽·居里行动”，以支持优秀研究人员；来自欧盟及其他地区的新一代高水平研究人员和新兴人才可被指导获得欧洲研究理事会资助。“玛丽·居里行动”将继续为研究和创新背后的人员和机构提供资金、支撑和培训，培养优秀博士和博士后，同时培训研究人员，建立职业发展系统等。研究设施建设将继续提供最先进的服务、知识和工具，以应对社会挑战，帮助相关产业强化其知识和技术基础；减少分散并巩固欧洲地区、国家及区域基础设施格局；现有研究基础设施的使用将在“地平线欧洲”的不同支柱上得到促进，以有效和高效地利用资源和投资。

第二支柱“全球挑战和欧洲产业竞争力”：是“地平线欧洲”计划的重点，旨在通过研究和创新应对全球挑战，推动实现联合国可持续发展目标，并支持欧洲产业（尤其是中小型企业）通过获取和采用创新解决方案提升国际竞争力。这一支柱下设五个主题集群“卫生健康”（预算 77 亿欧元）、“文化、创新和包容性社会”（预算28亿欧元）、“社会公民保障”（预算22亿欧元）、“数字化、产业化和空间发展”（预算150亿欧元）、“气候、能源和交通”（预算150亿欧元）以及“食品、生物经济、自然资源、农业和环境”（预算100亿欧元）。

第三支柱“创新欧洲”：旨在通过支持、开发和部署具有颠覆性和市场创造力的创新，构建欧洲创新生态系统，增强整个欧洲创新格局，并增强学术界、企业家之间的协同合作，进而增强欧洲的创新能力，特别是中小企业和市场运营商。欧洲将“卓越科学”的研究成果转化为创新和业务的能力需要进一步提升，以提升整个欧洲的全球竞争力，促使欧洲获得突破性和颠覆性的技术，引导市场创新，这会对欧洲的生活方式产生深远影响。第三支柱重点支持三个方面的工作：一是欧洲创新理事会（European Innovation Council），在颠覆性的市场创新最前沿提高欧洲的创新能力，为发明者、创新者和投资者提供一站式服务，支持新型初创企业和公司；二是欧洲创新生态系统（European Innovation Ecosystem）连接区域和国家创新资源，支持由国家或地方参与者实施的创新活动联合方案，分享最佳经验和资源，为所有欧洲创新者提供机会，以开发和部署他们的产品，推动欧洲公平竞争的发展；三是支持欧洲创新与技术研究院（European Institute of Innovation and Technology），将产学研全要素（研究、教育、商业）聚合起来，推动创新活动，促进就业和经济增长。

针对重大的全球性挑战问题，“地平线欧洲”设立了五大研究创新任务，即“适应气候变化（含社会转型）”“癌症”“气候中性和智慧城市”“健康的深海、浅海、沿海和内陆水域”“土壤健康和粮食”。每个创新任务是一整套跨学科创新行动的组合，要在设定的时间框架内实现突破性、跨越式且可衡量的目标，将对社会和政策制定产生显著影响，并涉及最广泛的欧洲居民。五大研究创新任务将纳入第二支柱“全球挑战和欧洲产业竞争力”框架下开展执行。

“土壤健康和粮食”任务涉及农业研究与创新。一方面，提升公众对土壤重要性的认识，促使大众参与创新创造，制定出恢复土壤健康和功能、保障粮食高质量生产的解决办法；另一方面，在应对气候变化、保护生物多样性和构建可持续粮食体系上充分发挥科技作用，支撑实现联合国2030可持续发展目标，以及欧盟2030年达到“75%的土壤对粮食、人类、自然和气候都是健康的”的目标。

二、中国欧盟科技合作进展

中国和欧盟互为重要的科技合作伙伴，自 1981 年双方初步建立合作关系以来的 40 年时间中，中国和欧盟的科技合作体制不断完善，合作规模显著扩大，合作内容日益丰富，科技合作已成为中欧全面战略合作伙伴关系中的重要组成部分。

欧盟第四期研究与创新框架计划（1994—1998 年）首次将国际合作项目列入专项计划，参与范围不再局限于欧洲，信息通信技术、新能源、交通和生命科学成为重点合作领域。从这一时期起，中国作为发展中国家开始有组织、有计划地参与框架计划，合作项目多为援助性、示范性的，由欧方主导和承担资金，中国以引进先进技术、培养科研人员、提高研究水平、积累国际合作经验为主。在生物技术、能源、信息等领域中欧双方从具体合作项目开始，逐步形成相关工作机制，成立专项工作组并签订合作计划、协议等，通过一系列机构建立和政策制定完成领域内合作机制构建，并形成高级别对话机制，自下而上地推动了中欧科技合作深度发展，为今后国家层面的整体合作奠定了基础。

1998 年，中欧双方正式签订《中华人民共和国政府与欧洲共同体科学技术合作协定》(以下简称《中欧科技合作协定》)，实现了中欧政府间科技合作关系的历史性突破，为双方进一步拓展合作，特别是高科技和基础研究的全面合作开辟了新渠道，并提供了必要的法律保障。根据《中欧科技合作协定》，欧盟研究与创新框架计划的主体部分面向中国科学家全面开放，中国的主要科学计划包括“973”和“863”计划也向欧盟开放，双方进入了互信合作的新阶段。该协定还明确了中国作为发展中国家参加欧盟的科研活动，保障了中国作为平等合作伙伴参加欧盟项目的同时继续享有发展中国家的受援待遇。《中欧科技合作协定》分别于 2004 年、2009 年、2014 年和 2019 年续签和展期，双方高度认可这一协定对深化中欧科技合作伙伴关系所发挥的重要指导作用。

2000 年，中欧科技合作指导委员会第一次会议在位于布鲁塞尔的欧盟总部召开。该委员会是根据《中欧科技合作协定》建立的部级合作指导监督机制，通过定期会晤，总结阶段性合作进展、交流最新科技政策和规划的制定情况、商讨科研计划和项目合作的对接机制、明确合作重点领域、确定重大科技合作的措施和行动等。截至 2018 年，中欧科技合作指导委员会已组织召开 14 次会议，在不同发展阶段共同制定了符合双方创新合作需求、适应当时全球科技趋势、立足中欧伙伴关系发展态势的一系列措施建议、合作机制、行动方案等。

2007 年，在中欧科技合作指导委员会第六次会议上，在既有合作基础上，遵循平等、透明和互惠互利原则，继续开拓中欧科技合作关系，双方着重就设立高水平平等合作新机制进行了深入探讨，同意在共同的优先领域，联合征集、评审、确定合作项目，并予以共同支持，并商定筹备启动“中欧科技伙伴计划”。2008 年，在中欧科技合作指导委员会第七次会议上，中欧双方对“中欧科技伙伴计划”协议文本内容达成一致。2009 年 5 月，在第十一次中欧领导人会晤上，中国与欧盟正式签订《中欧科技伙伴计划》，这一高水平和平等的中欧科技合作新机制是深化中欧科技合作的一个重大突破，中欧科技合作关系从以欧方为主转向了力争平等的合作伙伴关系，也对提高中国科技计划的管理水平和对外开放度有着重大影响。《中欧科技伙伴计划》的签署正值欧盟开启第七期框架计划之时。与前几期计划项目相比，欧盟第七期框架计划开放程度更高、投资规模更大。在《中欧科技伙伴计划》的支持下，中国参与欧盟框架计划项目的水平得到了显著提升。

2013 年是中欧全面战略伙伴关系建立 10 周年。在第十六次中欧领导人会晤前，第一次中欧创新合作对话召开。这是双方基于长期合作形成的在创新领域交流与合作的最高层年度性机制对话，旨在深入开展创新战略磋商，共同鼓励和支持科研与创新工作，进一步深化中欧在创新领域的共赢合作，支撑科技创新成为《中欧合作 2020 战略规划》的重要组成部分。《中欧合作 2020 战略规划》将指引未来数年中欧全面战略伙伴关系的进一步发展，在和平与安全、繁荣、可持续发展、人文交流等领域加强合作。

2014 年欧盟启动“地平线 2020”计划，不再将中国作为可以获得欧盟资助的第三方国家，中方参与项目合作所需要的经费须自行承担，相应的合作项目将包含更多由中方提出或主导的内容，进一步体现了合作的平衡性、互利性。2015 年，第二次中欧创新合作对话召开，双方同意在互惠互利的基础上设立联合资助机制，进一步加强科研合作与交流，鼓励科技型企业的创新创业，拓展中欧科技创新务实合作。联合资助机制规定：欧方每年出资 1 亿欧元，中方每年出资 2 亿人民币用于支持双方科学家开展研究创新合作；欧方以

"地平线 2020"计划为主要资金来源，中方以"国家重点研发计划政府间国际科技创新合作重点专项"项目为主要资金来源，项目涵盖欧盟"地平线 2020"计划大多数合作领域。2017 年，在中欧科技合作指导委员会第十三次会议上，双方决定在中欧科研创新共同资助机制下，选择食品、交通、航空、农业与生物技术、可持续城镇化等双方共同感兴趣的领域，启动"2018—2020 年科技创新旗舰合作项目"。截至 2019 年底，中欧双方共批准 77 个项目立项，共支持 4.4 亿人民币和 3.2 亿欧元。

2018 年，中欧科技合作指导委员会第十四次会议提出联合规划中欧科研创新合作路线图（以下简称"路线图"），并探讨了路线图整体框架设定。2019 年，第四次中欧创新合作对话明确了联合制定面向未来的中欧科研创新合作路线图，进一步分享中欧创新合作良好实践，做好顶层设计，共同促进交流、互鉴与合作。双方组建专门的路线图制定工作组，分别开展研究并交换意见，形成路线图建议稿报双方主管部门，最终完善并发布路线图。路线图核心内容包括 14 个框架条件和 13 个优先合作领域。框架条件包括知识产权、科研伦理、开放获取、性别平等、科研人员和物资流动等，优先合作领域包括食品、农业和生物技术、环境、城镇化、航天、能源、健康等。路线图的制定还在进行中，2021 年 1 月中欧科技创新高层对话对当前双方联合制定中欧科研创新合作路线图取得的阶段性进展表示肯定，就双方下一步推动路线图制定的有关工作讨论达成初步共识，一致同意共同开展第二个中欧研究创新旗舰合作计划。

第二节　中国欧盟农业科技合作特色与成效

一、中国欧盟农业科技合作历程

农业是中欧科技合作最早开展的领域，在早期的合作中与卫生等领域共同占据着双方合作的主导地位。第一个中欧农业领域的科研合作项目可追溯到 1991 年，即欧盟第三期框架计划项目，双方的合作从植物害虫非农药防治入手。从欧盟第四期框架计划开始，双方合作逐步扩展到植物固氮、作物遗传改良、家畜寄生虫防治、食品溯源和安全、动物流行病诊断、畜产品质量提升等多个方向。

中国与欧盟在农业科技领域的合作经历了早期的了解与探索，到加强联系与促进合作，再到深化关系与发挥主导作用等阶段，合作形式随着中欧关系发展而逐步完善。在早期的合作中（欧盟第四期框架计划到第五期框架计划），由于中国农业科技基础相对薄弱，在与欧盟的合作过程中主要以学习交流、引进农业研究先进理念为主，特别是生物技术在农业领域的应用，促进了中国农作物遗传改良研究理论和技术的进步。随着合作项目不断积累，双方合作进入了快速发展阶段（欧盟第六期框架计划到第七期框架计划），开始共同组织学术活动，增进了彼此了解和伙伴关系，同时研究领域和方向进一步拓展，从农业应用基础研究包括动物疾病诊断与防控、食品安全评估与追溯等，到科技对农业发展影响的宏观研究包括作物生产、加工、消费和贸易的系统研究，再到学术网络构建和能力建设，中欧农业合作呈现出宽领域、多层次发展态势。“地平线 2020”计划实施以来，中欧农业科技合作更加注重平等互利，中方在合作中的主动性和主导性得到了加强，合作领域和方向的确定不再是以欧方为主，而是双方共同协商拟定，为中国农业科研亟须解决的问题寻求欧盟科研力量协同创新的国际解决方案。

2011 年，在中欧科技合作指导委员会第九次会议上，双方认识到中国和欧盟在农业、水产养殖、粮食安全和食品安全方面投入了大量研发力量，以应对双方共同面临的气候变化影响粮食生产等共同挑战，为保障安全健康的食品供应、动物饲料以及一系列广泛的可持续利用原料和技术产品而进行的农业资源可持续开发，需要审慎利用资源并采取能够利用更少投入获得更多产出的系统，这一系统需要创新合作，以便在提供更多产出的同时，减少生物多样性损失并保护环境。双方一致同意成立“中欧食品、农业和生物技术工作组”（以下简称中欧农业工作组），负责确定互利的科技合作优先领域，审议能够加强合作的实施机制。

2013 年，在第一次中欧创新合作对话上，双方签署《关于食品、农业和生物技术合作意向书》，明确面向 2020 年双方将在食品相关问题、可持续农业、生物技术领域开展研究与创新合作，由中欧农业工作组负责制定具体合作措施以促进落实双方联合资助的合作研究创新计划、项目和活动。在这一合作框架下，基于中欧联合资助机制，双方在食品、农业和生物技术领域的合作呈现出更加平衡的特点，中方的参与程度和主导作用更加显著。2014—2020 年，基于双方专家的研讨，中欧农业工作组共同起草 16 个“地平线 2020”计划农业和生物领域项目征集指南，均聚焦中欧合作，涵盖了食品科学、植物病虫害综合防治、土壤和水资源管理、动物健康和生产体系、都市农业等多个领域。根据项目指南内容，中欧农业工作组积极组织双方科研单位共同申报有关项目，截至2019年已成功获批17个项目，总经费超过1.1亿欧元（欧方支持）和1.2亿元人民币（中方支持）。

综上，农业领域一直都是中国欧盟科技合作的重要组成部分，通过构建有效的对话和工作机制，实现了中国欧盟农业科技合作持续保持活跃和创新，并促进了中方由最初的被动合作转变为主动影响甚至主导合作。

二、中国欧盟农业科技合作典型案例

中欧科研人员在动物传染病、食品安全、作物育种等领域积极开展联合研究，携手攻克了一系列科学难题，为解决相关农业技术问题提供更加环保、可持续性的国际化方案，形成了一系列终端产品、检测方法等，并应用于农业生产，获得良好成效。

在早期科研合作中，中国和欧盟在动物疫病领域的合作研究较为突出，项目数量多（从框架计划第四期到第七期合作项目超过20个）、成效显著。中国和欧盟在寄生虫病预防与控制、重要病原体基因和免疫学特性分析、牲畜动物病害控制与评估能力建设、流行病学调查研究与监控网络构建、疫苗创制与应用等多个方面开展了合作，实现了欧洲较为先进的动物疫病研究理论和技术方案在中国的良好实践，提升了中国在相关领域的创新能力，同时也为欧盟在该领域的理论创新和技术突破提供了丰富的实践案例。随着合作项目的积累，中国科研单位开始深入参与欧盟发起的各类动物健康相关行动和计划，例如作为重要国际伙伴参加欧盟第七期框架项目“全球动物传染病及人畜共患病研究战略协调联盟”（Global Strategic Alliances for the Coordination of Research on the Major Infectious Diseases of Animals and Zoonoses，简称STAR-IDAZ）相关工作。中国通过参与欧盟项目合作，逐步融入了全球创新网络。基于STAR-IDAZ项目执行取得的成功，2016年欧盟联合世界动物卫生组织（OIE）共同发起了“STAR-IDAZ国际动物卫生研究联盟”，成员来自美国、俄罗斯、意大利、德国、法国、西班牙、丹麦、荷兰、印度、日本、澳大利亚、新西兰、墨西哥、阿根廷、巴西、加拿大等国家，以及联合国粮农组织、国际家畜研究所等国际组织。该联盟旨在整合国际优势技术，制定和完善30

余种重要动物疫病防治策略，构建一个针对重要动物传染病和人畜共患病科学研究的全球水平协同创新网络。中国作为参与过 STAR-IDAZ 项目的研究单位应邀加入了该联盟，并派专家担任该联盟副主席一职，实现了从简单项目合作向深度参与欧盟乃至全球创新体系的飞跃。

随着中国农业科技力量的不断壮大，在“地平线 2020”计划下，中欧农业科技合作呈现出共同参与、协同创新、互利共惠的特点。以食品安全领域的合作为例，“食品、饲料链真菌毒素治理集合创新”（Mycokey）项目由 19 家欧盟科研单位和 11 家中国科研单位共同参与执行，开发智能、综合、可持续的解决方案和创新工具包，以减少具有重要经济价值的食品和饲料链中的主要霉菌毒素污染。在这个项目中，中欧密切合作，交流最佳实践，共同开发有效管理玉米、小麦和大麦中霉菌毒素的新解决方案。利用欧盟霉菌毒素研究指南和方法，中国研究机构建立了一种有效的、可持续的策略来控制采收前阶段的霉菌毒素；通过为种植者、经营者、食品和饲料制造商以及政策制定者分享先进的方法和实用的解决方案，Mycokey 项目为加强欧洲食品、饲料安全体系以及中欧伙伴关系做出了显著贡献。

绿色智能是中欧农业科技发展的最新趋势。通过“中欧创新型绿色智慧城市”（SiEUGreen）项目中都市农业方向的创新合作，即通过城市农业和基于循环经济的技术，应对气候变化、污染、供水和获得充足营养食品（粮食安全）方面的挑战协同创新，中国良好的种植技术实践已在北欧国家试验实施，而欧盟废物处理理念和技术也已在中国得到实施，助力加快欧洲和中国可持续社会发展。

三、下一阶段中国欧盟农业科技合作重点领域分析

面对全球性挑战和国际政治生态的重大变化，中国在未来很长一段时期都将把科技创新放在现代化建设全局中的核心地位，并不断深化科技开放合作和交流互鉴，就科技政策、发展规划、科研伦理以及共同关注的科学技术和创新领域开展对话交流，积极融入全球创新网络。

欧盟是中国最重要的战略合作伙伴之一，科技交流是双方共同认可的优质资源，共识多、分歧少，特别是农业领域，涉及普惠和民生，体现了中欧双方促进农业高质量、可持续发展的共同理念。面向下一阶段合作，在中欧农业工

作组牵头下，向中欧农业领域科研单位征集 2020 年后合作重点方向的建议，并形成“可持续农业、生态系统服务和环境”“提高林业对气候变化的抵御能力”“农业废弃物再利用”“可持续健康食品”和“遗传资源的管理和利用”五个专题方向作为 2020 年后早期阶段的合作重点，欧盟将相关项目征集指南纳入“地平线欧洲”计划 2021—2022 年工作计划。

“地平线欧洲”计划将土壤和粮食作为重点研发任务之一，提出恢复土壤健康和功能来保障粮食高质量生产。2020 年中国中央经济工作会议明确提出要解决好种子和耕地问题，强调保障粮食安全，关键在于“藏粮于地、藏粮于技”。耕地问题的核心是农用土壤健康恢复和质量提高，粮食高质量生产离不开种业创新和技术攻关。中国和欧盟在土壤管理和种质资源等领域的创新目标和愿景是相一致的。此外，《欧洲绿色协议》提出“从农场到餐桌战略”，要打造一个健康的、环境友好型的粮食体系，包括保护和修复生态系统及生物多样性，在农业生产中显著降低化学农业、化肥和抗生素的使用，为食物价值链上所有参与方、经营者创造发展机会等，实现这些目标需要积极动员科研力量不断开拓创新。当前中国农业正处在由增产导向向提质导向转变的阶段，政府立足国情适时提出了实施农业绿色发展战略，以保障国家粮食安全为底线，以资源环境承载力为基准，以推进农业供给侧结构性改革为主线，以资源节约保育、产地环境保护和生态服务功能提升为重点，全力构建人与自然和谐共生的农业发展新格局。由此可见，中欧在绿色发展方面目标一致、理念相同，农业绿色技术创新合作也将会成为未来合作的重点。

第十二章 CHAPTER 12
中国欧盟农产品贸易与投资合作

第一节　中国欧盟农产品贸易与投资合作历程

一、中国欧盟农产品贸易历程

中国与欧盟的贸易关系大致经历了三个阶段，在长期的发展过程中，中欧贸易关系有了长足的发展。中国欧盟农产品贸易伴随着中欧贸易关系的变化而变化。

第一阶段，1975 年之前，中国与西欧一些国家开始了部分贸易往来，双边的贸易发展属于民间交往的性质，也只能通过与各个成员国分别进行。20 世纪 50 年代末 60 年代初，受国际局势影响中国与西欧的贸易关系没有得到真正的发展，基本上处于停滞状态。60 年代中后期，国际关系趋于缓和，中国与西欧的贸易有所发展。1964 年 1 月，中法正式建立外交关系后，西欧其他国家如意大利、奥地利等纷纷主动改善和发展与中国的贸易关系，并先后同中国互派了商务代表。70 年代初，随着中美关系的好转，中国与西欧国家出现了外交高潮，并先后与 14 个国家建立了外交关系。1975 年 5 月中国与欧盟建立了正式外交关系，中欧贸易关系开始出现良好的发展局面。总体来说，在这个阶段，双方贸易规模较小，农产品贸易发展速度也十分缓慢。

第二阶段，1975 年中国与欧盟建交后，中欧经贸关系发展迅速。中欧正式的经贸关系是从 1978 年缔结贸易协定开始的。这一阶段，双边贸易持续增长。据统计，1975 年中欧建交时，双边出口总额仅为 24 亿美元，1981 年增加到 53 亿美元，1986 年达到 116.5 亿美元，1989 年增加到 235.1 亿美元。而且双方在货物贸易、服务贸易以及投资和经济合作与援助等方面都取得了很大的进展。

第三阶段，20 世纪 90 年代之后。1989 年后，中欧关系受挫，经贸关系受到了一定的影响，中欧贸易增长速度有所放慢。1994 年秋，中国国家主席访欧，提出了发展中欧关系的四项原则。从此，中欧关系迅速发展，双边贸易迅速增加，中欧经贸关系进入新的发展阶段。1995 年，欧盟与中国的贸易总额高达 403.4 亿美元，为 1975 年的 16 倍；1998 年攀升至488.6 亿美元。2000 年中国欧盟贸易总额达到 690 亿美元的历史新高，此时，欧盟成为中国的第三大贸易伙伴。2004 年 5 月 1 日欧盟东扩，欧盟成员国由 15 国增加到25 国，年进出口总额接近 3 万亿美元，占世界贸易总额的 20%，成为全球最大的贸易集团和进口市场。东扩后，欧盟成为中国的第一大贸易伙伴。从长远来看，只要进一步加强与欧盟各成员国之间的经贸关系，开展多种形式、广泛领域、不同层次的合作，欧盟东扩将有利于中国欧盟经贸关系的发展，中国欧盟的贸易关系前景更为广阔①。

二、中国欧盟农业投资合作历程

中国改革开放初期，中国对欧盟的投资规模较小，投资方式偏重利用国外贷款，投资目的以换取技术为主。这一时期，中国在双边投资中始终处于投资净流入状态。

2008 年全球金融危机之后，中国对欧盟的直接投资快速增长。从 2014 年起，中国开始成为双边投资中的净投资方，且净投资额呈现高速上涨趋势。从投资规模来看，2016 年中国对欧盟的直接投资额为 359 亿欧元，比 2015 年增长 77%；虽然在随后的 2017 年，欧盟从中国获得的直接投资减少 17%，仅为 297 亿欧元，但这一数值仍然是有记录以来第二高的。从投资方式来看，以并购为主，以绿地投资为辅。2017 年，并购投资额占中国对欧盟投资总额的 90%以上，且呈现出国有资本比重不断增加的趋势。2017 年，中国对欧盟的投资中，国有资本占比 68%，相比于 2016 年的 35%，国有资本占比增加了近 1 倍。从投资领域来看，随着对能源行业的投资规模减少，中国投资者到欧洲市场寻求投资的动机越来越多样化。2017 年，中国对欧盟的投资中，金额排

---

① 付建全，2005. 中国与欧盟农产品贸易发展的对策研究［D］. 保定：河北农业大学.

名前三的行业分别为运输公用事业和基础设施建设（153 亿欧元）、包括信息技术在内的高科技行业（48 亿欧元）、房地产与酒店行业（29 亿欧元）。

与中国同欧盟的贸易往来一样，中国对欧盟的投资也呈现出集中于核心经济体的特征，主要集中在德国、英国等经济总量大以及技术先进的国家。2017 年，中国对德国、法国和英国投资额的总和占中国对欧盟投资总额的 74%，这一比例达到 2007 年来最高，集中度愈加明显。同时，由于单笔并购交易的成交额较大，中国对欧盟各国的投资额在时间和空间上的波动很大。2017 年，英国获得了中国对欧盟投资总额的 65%，相较于 2016 年的 22%，占比提高了近 2 倍；而同期德国获得的投资额占比下降超过 80%。受 NXP 公司出售标准产品部门和另外两笔大额交易的影响，2017 年荷兰获中国直接投资的规模跃升至欧盟第六位①。

随着双边农产品贸易发展，中国和欧盟在农业领域的项目合作逐步增加，涵盖农业全部领域，包括农业、林业、牧业、渔业，且投资金额均达到百万美元以上。中国对欧盟的投资项目包括：丹麦石鱼养殖场项目，年初产量为 2 000 千克，总金额为 1 133 万美元；200 万美元的拉脱维亚鸵鸟养殖场项目；英国国际畜牧业公司出售 22 500 万美元股权；500 万美元的罗马尼亚农业承包项目；等等。2014 年，中粮集团并购荷兰 Nidera 公司，持股占比达 51%；后又以 12.9 亿美元收购荷兰尼德拉公司。欧盟国家为进一步吸引中国农业投资，出台了一系列优惠政策。如比利时为鼓励当地知名跨国公司投资大中型项目、资本和技术密集型项目以及“三高”农业项目提出，在土地使用权价格方面，可以按照现行价议价或者得到分期付款的优惠；并且，凡从事农业、林业、畜牧业、水产养殖业的外商投资企业，只要其经营时间在十五年以上，经过相关部门批准后，税收可以享受先征后返的优惠，企业所得税可实行五年免征，五年后按 10%的税率征收等。中国政府大力支持企业“走出去”的政策一定程度上推进了农业企业“走出去”的步伐。如中国商务部每年更新发布涉及 166 个国家和地区的《对外投资合作国别（地区）指南》。该指南汇聚世界各国（各地区）的法律法规、宏观经济数据以及政治、经济和社会等方面的投资合作相关信息。同时，中国用法律来保证海外并购的有效性，并对农业企业在开

① 丁纯霍，卓翔，2018. 改革开放以来中国与欧盟经贸合作的历史、现状、问题与展望 [J]. 海外投资与出口信贷 (6)：18-24.

展境外投资时可能遇到的问题给予提示和建议，引导企业积极稳妥开展对外投资并购[①]。

但总体上，中国对欧盟的农业投资起步晚、规模小、数量少；在投资路径上，对欧盟的农业投资以合资并购为主；在产业链环节上，对欧盟的农业投资以加工贸易为主[②]。

第二节　欧盟农业对外合作政策法规

一、欧盟对外贸易法规和政策[③]

欧盟独享共同贸易政策（Common Commercial Policy，简称 CCP）的管辖权。欧盟各机构在共同贸易政策中承担不同职能。欧盟委员会具有立法倡议权和政策执行权等“实权”，负责处理具体多双边贸易事务，向部长理事会和欧洲议会提出政策和立法建议。部长理事会代表欧盟各成员国，审批通过法律法规和发布贸易政策指令。欧洲议会代表公民，就有关贸易政策问题进行质询。《里斯本条约》生效后，欧洲议会权力上升，在共同贸易政策部分领域与部长理事会拥有共同决策权，有权审批欧盟对外签署的贸易投资协定，并就欧盟重大贸易投资问题提出意见和建议。欧盟法院负责监督欧盟法律实施，解决争端并进行司法解释。在欧盟委员会内部，贸易总司（DGTRADE）专门负责欧盟贸易事务。贸易总司下设 8 个司，分别负责水平议题和双边经贸关系等问题，与中国的经贸关系由 C 司负责，贸易救济措施由 H 司负责，投资、服务、政府采购和知识产权保护由 B 司负责，WTO 事务由 F 司负责。

欧盟共同贸易政策是规范欧盟成员国统一执行的、针对第三国的贸易政策、共同海关税则和法律体系。最初其内容仅涉及关税税率改变、关税和贸易协定缔结。在 1999 年 5 月生效的《阿姆斯特丹条约》之前，进出口政策只包括货物贸易。《阿姆斯特丹条约》将进出口政策的覆盖范围扩展到大部分服务

① 马静，2016. 中国与欧盟农业领域合作发展面临的问题及解决途径［J］. 对外经贸实务（8）：36－38.

② 柏娜，于敏，陈瑞剑，2018. 我国企业对欧洲国家农业投资面临的政策障碍研究［J］. 新疆农垦经济（8）：60－63.

③ 欧盟对外贸易法规和政策：http://eu.mofcom.gov.cn/article/ddfg/f/201601/20160101230175.shtml.

贸易。2003 年 2 月生效的《尼斯条约》又将进出口政策的覆盖范围扩及所有服务贸易和与贸易相关的知识产权。2009 年 12 月生效的《里斯本条约》则在外国直接投资（FDI）领域进一步扩大了欧盟权限，具体包括进口管理法规、出口管理法规、进出口商品检验检疫、海关管理制度等方面的内容。

（一）进口管理法规

欧盟进口管理法规为 1994 年制定的《关于对进口实施共同规则的第 3285/94 号条例》以及《关于对某些第三国实施共同进口规则的第 519/94 号条例》。后者适用于欧盟定义的“国有贸易国家”。

鉴于纺织品和农产品在多边贸易框架中的特殊安排，欧盟分别制定了针对纺织品和农产品的进口管理法规。欧盟适用于纺织品的进口管理法规主要包括《关于对某些纺织品进口实施共同规则的第 3030/93 号条例》和《关于对某些第三国纺织品实施共同进口规则的第 517/94 号条例》，后者随着 2005 年 1 月 1 日世界纺织品贸易实现一体化而终止。欧盟适用于农产品的进口管理法规主要包括《关于实施乌拉圭回合农业协议所需采取措施的第 974/95 号条例》《关于农产品共同关税术语调整程序的第 234/79 号条例》《关于某些农产品加工产品的贸易安排的第 3448/93 号条例》等。

欧盟进口许可制度主要包括监控、配额、保障措施三类。此外，欧盟还将各种技术标准、卫生和植物卫生标准作为进口管理手段。目前，欧盟采取进口监控措施的产品包括来自第三国的部分钢铁产品、部分农产品、来自中国的纺织品和鞋类。

（二）出口管理法规

欧盟鼓励出口，一般产品均可自由出口，仅对少数产品实施出口管理措施。欧盟出口管理法规主要包括《关于实施共同出口规则的第 2603/69 号条例》《关于文化产品出口的第 3911/92 号条例》《关于危险化学品进出口的第 2455/92 号条例》《关于出口信贷保险、信贷担保和融资信贷的咨询与信息程序的第 2455/92 号决定》《关于在官方支持的出口信贷领域适用项目融资框架协议原则的第 77/2001 号决定》《关于设定农产品出口退税术语的第 3846/87 号条例》以及《关于建立两用产品及技术出口控制体系的第 1183/2007 号条例》等。

根据欧盟出口管理法规，当短缺物资、敏感技术、初级产品出口将导致共同体产业损害时，成员国须马上通报欧盟委员会及其他成员国。欧盟委员会和成员国代表组成咨询委员会启动磋商，采取出口数量限制等措施减小损害。保护措施可针对某些第三国或针对某些欧盟成员国的出口。原则上讲，此类措施应由欧盟理事会以有效多数做出，欧盟委员会在紧急情况下也可直接采取措施。欧盟法规还规定，出于公共道德、公共政策、人类和动植物健康保护、国家文化遗产等需要，或为防止某些重要产品供应出现严重短缺，欧盟委员会和成员国政府有权对出口产品实行限制。欧盟出口贸易限制政策属于欧盟共同外交与安全政策的一部分，如欧盟对中国的武器出口禁令。此外，欧盟还对两用产品和技术实行出口管制。欧盟第 1183/2007 号条例附有一份禁止出口长单，并详细规定了共同体出口授权体系、信息交换条例、成员国间磋商等内容。

（三）进出口商品检验检疫

欧盟对食品、动植物及其产品和各种工业产品制定严格的检验检疫管理法规和标准。无论在欧盟内部流通的商品，还是从第三国进口或出口的商品都必须符合欧盟相关的法规和标准要求。对于不同的产品，有不同的检验检疫管理方式，有的需要对整个产品的管理体系进行符合性评估，有的需要在边境实施逐批检验检疫，或抽查检验检疫，有的需要在市场实施抽查和监督，有的需要加贴 CE 安全标志等。

1. 欧盟产品安全管理

根据欧盟通用产品安全指令（GPSD），生产者和进口商有责任保证投放欧盟市场产品的安全，并采取适当的预防性措施，出现问题时有义务立即行动并通报主管机构。欧盟委员会在消费品安全管理方面的具体职责是多方面的。第一，立法。起草、制定并报欧洲议会和欧盟理事会通过实施消费品安全新法规。主要目标是协调各成员国利益，使各成员国关于消费品安全的技术法规尽可能趋于一致。第二，监督实施。督促各成员国有效执行 GPSD、专门指令等产品安全法规，组织开展执法活动，并负责相关法律解释。第三，协调。组织欧盟范围内产品安全风险信息交流，协调各国开展风险产品控制和查处。第四，推动。以资金投入和人员培训等方式，推动欧盟各成员国特别是新成员国加强产品安全管理机构建设，同时支持欧盟和各成员国消费者保护组织发展。在欧盟委员会内部，企业总司负责企业竞争力、产业发展、欧盟内货物自由流通、中小企业与服务业以及其他一些产业的立法和管理工作。此外，欧盟委员会还可代表成员国对外与第三国或国际组织商签协定。

各成员国的责任是将欧盟法规（如指令）转换为国内法规，并具体执行，包括检查、召回、处罚等。为此，各成员国都设立专门执行机构，以保证生产者和经营者履行义务，并在出现问题时采取有效处罚措施。

为有效实施消费者保护政策，欧盟近年来建立了一系列快速预警系统，如非食品类消费品快速预警系统（RAPEX）、食品和饲料类快速预警系统以及医疗器械和药品等专门系统。

RAPEX是欧盟根据《关于普通产品安全第2001/95号指令》要求建立的一套非食品类消费品快速预警系统。通过该系统，任何成员国主管部门确认的危险产品信息，可迅速传递到欧盟委员会和其他成员国主管部门，以便共同采取有效措施防止或限制该类产品的市场销售。这些措施可由成员国主管部门采取，也可由生产商或销售商自愿采取。常用的措施包括禁止/停止销售、撤出市场、消费者告知或产品召回等。为维持RAPEX系统运行，每个参加国都设有一个专门的RAPEX联络点，负责将本国市场的危险产品详细信息向欧盟委员会通报。欧盟委员会收到信息并验证后，通过系统迅速发至所有参加国。各参加国马上检查本国市场是否具有问题产品，以采取相应措施，并将结果报回欧盟委员会。各参加国的RAPEX联络点也可以接收消费者直接提供的危险产品信息。

欧盟还对一些涉及安全的工业产品通过安全认证的方式进行管理，通过认证后加贴CE标志。CE标志被视为制造商打开并进入欧洲市场的护照。只要见到产品上有CE标志，无论是欧洲还是其他地方制造，就会明白该产品符合欧盟健康、安全、环保标准，产品就可在欧盟各成员国内销售，无须符合每个成员国要求，从而实现了商品在欧盟范围内自由流通；只要加贴CE标志，产品生产商、进口商和经销商必须保证其符合欧盟法规要求。目前有超过30%的工业产品，包括电脑、玩具和电器设备必须强制性加贴CE标志。

2. 食品安全及动植物卫生管理

（1）食品安全管理。在经历了20世纪90年代的二噁英、疯牛病、掺假橄榄油等一系列食品安全危机之后，欧盟对其食品安全体系进行了重大改革。欧盟发布《食品安全白皮书》，对食品安全问题进行详细阐述，提出对食品安全进行“从农场到餐桌”的全过程监管理念；成立欧盟食品安全管理局，负责食品风险评估和食品安全技术研究，为欧盟食品安全管理决策提供技术支持；还出台了关于食品安全基本原则和管理程序的食品安全基本法。

在这些原则和理念的基础上，欧盟建立起一个较为完善的食品安全法律体系。2006 年欧盟食品安全管理进入新阶段。从 2006 年 1 月 1 日起，一整套关于食品和饲料的管理条例正式实施，主要包括有关食品卫生的第 852/2004 号条例、有关动物源性食品特殊卫生规则的第 853/2004 号条例、有关人类消费用动物源性食品官方控制组织的特殊规则的第 854/2004 号条例、关于食品微生物标准的第 2073/2005 号条例、关于饲料卫生的第 183/2005 号条例以及有关食品与饲料、动物健康与福利等法规实施监管的第 882/2004 号条例等。这些条例根据欧盟“从农场到餐桌”的管理模式，适用于整个食品链各个环节。

欧盟在完善立法的同时，也逐步强化对食品安全的监管，要求生产者和经营者满足一系列法规和标准要求，在技术上尽可能保证食品安全，保障消费者的知情权和选择权。欧盟食品安全监管的主要方式包括 FVO 定期对成员国或者第三国的食品安全管理体系进行检查、边境口岸抽查检验及市场监督抽查。特别是，根据第 178/2002 号条例建立的 RASFF，为欧盟委员会和各成员国食品安全主管机构进行食品安全信息交换提供了有效途径。实践证明，RASFF 是一种有效的食品安全监管手段。

（2）动物卫生管理和动物福利。欧盟动物卫生管理的主要目的是保护和提高盟内动物，特别是食用动物的卫生条件和健康状况；根据适当的卫生标准和国际义务，允许动物及其产品的盟内贸易及进口。根据“防胜于治”的原则制订新动物卫生政策，其总目标是通过进一步重视动物疫病的预防、监控和研究，降低疫病发生风险，减少疫病损失，保障高水平的公共卫生及食品安全，促进农业发展。欧盟关于动物卫生法规的主要规定包括关于盟内贸易及进口的活动物、动物产品及动物精子、卵子、胚胎的健康要求，关于动物传染病的控制、根除与监测要求，动物鉴别措施和保证追溯性等方面的要求等。欧盟对动物传染病疫区的划定，实行区域化原则，以尽量减少对贸易的影响。

欧盟认为动物具有意识。欧盟动物福利政策的基本宗旨是保障动物的五大自由，即：免于饥渴的自由；免于不适的自由，给动物提供适当的生活及休息区域；免于痛苦、伤害与疾病的自由；表现正常行为的自由，应为动物提供充足的空间和有关设施，并应有同种动物陪伴；免于恐惧与压力的自由，避免精神折磨。随着科技的发展，越来越多的人认识到，安全的食品来自健康的动物，良好的动物福利，有利于动物的健康，有利于肉品的质量。迄今为止，欧盟有关动物福利的具体法规和标准累计已有几十项，涉及饲养（农场）、运输、屠宰、进口、实验等多个方面。

由于动物及其产品安全风险相对较高，欧盟对这类产品的管理非常严格。欧盟实施检验、检疫、安全监管的主要方式包括：FVO 定期对成员国或者第三国的食品安全管理体系进行检查；边境口岸逐批检验检疫；抽查检验检疫；市场监督抽查；等等。

（3）植物卫生管理。欧盟关于植物卫生管理的主要目的是保证植物源性食品的安全，确保欧盟所有成员国农作物的质量及卫生状况。欧盟根据国际植物卫生标准和义务，对具有重要经济意义、有可能成为有害生物载体的植物及植物产品的盟内贸易及进口进行管理，制订并实施预防性保障措施，防止对植物及植物产品有害的生物传入欧盟或在盟内传播。具体措施包括在适当时候检查植物的种植及生长、对生产者进行登记等。从第三国进口的某些植物及植物产品必须带有由第三国国家级植物保护机构签发的植物检疫证书，以证明这些植物或产品已经过严格检疫。

此外，欧盟还对植物保护产品或农药的销售与使用进行监管，并专门制定标准对农药残留进行监控，对种子及繁殖材料的质量、植物新品种的知识产权保护及遗传资源保护和使用等进行管理。

（四）海关管理制度——共同海关税则

1992 年欧盟理事会制定了《关于建立欧盟海关法典的第 2913/92 号条例》，对共同海关税则（包括商品分类目录、一般关税率、优惠关税措施以及普惠制等方面）、原产地规则（包括一般规则和特殊规则）以及海关估价等做出统一规定。

欧盟关税税则编码根据世界海关组织（WCO）《商品名称及编码的协调制度》制定，其协调编码为 8 位数，其中前 6 位数为协调编码税目。欧盟还对一些商品采用 10 位数编码进行监管，称为 TARIC 术语，用于区分和识别特殊政策措施下进口产品。TARIC 术语产品通常冠以 4 个附加编码，分别代表农产品合成物、反倾销税、两用产品和出口补贴。各成员国采用统一术语。

欧盟以委员会指令形式每年对外发布一次更新后税率表。欧盟关税征收方式较为复杂。除对大多数产品适用从价税税率外，欧盟的部分农产品、化工品，以及盐类、玻璃、钟表零部件等产品适用复合税、混合税或其他技术性关税的非从价税税率。在混合税中，欧盟又使用了7种不同征税方式。此外，欧盟对部分农产品设置包括季节性关税在内的多种技术性关税。

另外，欧盟还实行自主关税暂停征收和配额制度。该制度对某些进口产品全部或部分免征正常关税。如该制度适用于数量有限的货物，则属于配额；如其适用货物数量没有限制，则属关税暂停征收。原则上，该制度的适用范围仅限于欧盟境内无法获得的原材料、半成品，不包括成品。

欧盟对进口产品和本地产品征收相同增值税和消费税，欧盟制定并提倡统一税率（15%），但各成员国执行各自不同的增值税率和消费税率。

欧盟对第三国倾销产品或补贴产品征收反倾销税或反补贴税。

欧盟同时实施非优惠原产地规则和优惠原产地规则，前者为欧盟共同税则及其相应执行法规明文规定者，后者则体现在欧盟与贸易伙伴签署的优惠贸易协定或安排中。非优惠原产地规则主要用于贸易救济、进口监控或限制、出口退税和贸易统计。享受进口优惠原产地规则的商品需要原产地证书，优惠原产地规则可采用累积方法，即使用享受优惠原产地国家的原料可被视为原产于出口国。

二、欧盟外商投资法规政策①

《欧共体条约》规定，欧盟的投资政策决定权由各成员国自行掌握，在不违背有关条约和欧盟法律前提下，各成员国可根据情况制定各自的投资管理政策。在外国直接投资正式成为欧盟专属权限后，欧盟可代表其成员国对外开展投资协定谈判。

在德国、法国、意大利等成员国的推动下，欧盟正在制定欧盟层面的法律法规以加强对外资的审查和监管。根据2017年9月欧盟委员会公布的规则草案文本，欧盟委员会可基于安全和公共秩序审查“影响欧盟利益”的特定投资，并向涉及外资并购的成员国出具意见，但该意见不具有法律约束力，成员国对具体投资项目具有最终决定权。成员国应“最大程度考虑”欧盟委员会意见，如不采纳应提供相应解释。“影响欧盟利益”的投资项目主要包括欧盟资

① http：//eu. mofcom. gov. cn/article/sqfb/201805/20180502745092. shtml.

金重点支持的项目，被欧盟立法涵盖并与关键基础设施、关键技术或关键原材料有关的项目。

第三节　中国在欧盟的农业投资典型案例分析

一、中东欧投资合作基金与罗马尼亚 Brise 集团的合作

2019 年 8 月，罗马尼亚竞争委员会已经批准中国—中东欧投资合作基金二期，与该国私营粮食贸易商 Brise 集团的交易。

合作基金将收购 Brise 集团 15 个储藏谷物的筒仓以及物流中心。交易完成后，该基金承诺将立即投入 6 000 万欧元（约合人民币 4.72 亿元），用以升级这些筒仓和物流中心。上述交易由中国—中东欧投资合作基金二期于 2019 年 7 月宣布。该基金指出，旗下的 Bristol 物流公司（Bristol Logistics SA）将拥有和管理上述设施，帮助物流中心进一步提高卸货和装货率，改善筒仓储存、处理相关服务以及物流可追溯性。

作为一家综合性农业企业，Brise 集团起初为粮食贸易商，之后发展出种子、肥料、杀虫剂以及生物燃料的业务。当前，Brise 集团在罗马尼亚拥有 1.3 万公顷的耕地，主要用于测试新产品和技术。此外，集团还建立了粮食仓储设施，可接收罗马尼亚农民约 35 吨粮食作物。为了更方便地运输粮食，Brise 集团已将上述筒仓和物流中心建在罗马尼亚最具生产力的农业地区，并建立“多式联运”网络，包括公路、铁路和（或）水路。

中国—中东欧投资合作基金二期获得的上述仓储和物流设施，很可能继续为面向欧洲的粮食贸易服务。据 Brise 集团官网介绍，其储存在筒仓的粮食，此前主要出口至保加利亚和塞尔维亚。罗马尼亚素有“欧洲粮仓”之称，农用土地面积为 1 470 万公顷左右，约占国土总面积的 60%。2018 年，罗马尼亚粮食生产总量为 2 690 万吨，居欧盟第三，其中玉米和葵花籽产量则为欧盟第一。罗马尼亚生产的大部分粮食用于出口。其中，小麦、玉米、大麦等为主要出口作物①。

---

① 中粮罗马尼亚粮食贸易额年增 50%，这家中资控股基金决定前往投资：https://baijiahao.baidu.com/s?id=1643655750744147836&wfr=spider&for=pc.

二、寿光蔬菜产业控股集团在荷兰进行蔬菜种植投资

寿光蔬菜产业控股集团有限公司和西荷兰外国投资局、国家开发银行股份有限公司三方签署协议，建立战略合作关系。

寿光蔬菜产业控股集团将在西荷兰外国投资局的协助下，在荷兰进行农业设施建设及蔬菜种植投资，建设蔬菜技术培训基地，加强双方区域蔬菜种植技术和种子研发技术的交流学习，增强蔬菜新产品的产业化推广，提高农业生产技术水平并带动当地人员就业。合作方国家开发银行则将为中荷合作项目提供相应的融资支持以及财务顾问等全方位的金融服务。

作为中国国家级农业产业化龙头企业，寿光蔬菜产业控股集团致力于建设集蔬菜生产资料供应、菜果配送营销、蔬菜加工出口、技术推广培训、科技项目研发五大体系于一身的大型蔬菜产业集团。

“荷兰拥有优越的自然条件，也拥有发达的经济与完善的市场，这为外国投资者创造了良好的投资条件。”寿光蔬菜产业控股集团董事长在签约后表示，中荷在农业合作方面有着良好的互信和坚实的基础，这都给项目投资创造了一个稳定与可靠的环境。下一步，寿光蔬菜产业控股集团还将在中国寿光与荷兰分别设立中荷农业合作研发平台和交流中心，进一步加快推进中荷农业交流与合作，早日实现两国农业的互利共赢①。

三、圣元集团再投资法国乳业

圣元卡莱奶粉厂是中国第一家在法国设厂的乳品集团，也是近年来中国在法国最大的实体投资项目。圣元集团奶粉厂占地 3.8 万平方米，它的干燥塔是全欧洲最大的，仅这两座塔目前就创设了 250 个工作岗位。奶粉厂每年可生产 10 万吨婴儿奶粉。为此，圣元已经投资 2 亿欧元。

圣元新近计划在法国再投资 UHT 牛奶厂和奶酪厂，该项目还将再开创 450 个工作岗位。公司主要在当地招人，这些直接岗位还会产生数百个间接岗

① 中荷元首共同见证：寿光蔬菜产业控股集团在荷兰农业投资项目正式签约：http：//www.sjzdssm.cn/html/620918942.html.

位。仅奶粉干燥塔每年就需要 2.8 亿升原料，这些原料由 Sodiaal 合作集团的近千名会员奶农提供。该合作集团也在卡莱投资。卡莱市长披露，已经递交了建造乳清厂的建筑许可申请。这项计划的投资额是 1 000 万欧元。

圣元法国的出口产值将达到 12 亿欧元，直接带动就业人数 700 人，数万家法国奶农受益；2016 年 4 月 3 日第一批铁听包材在青岛工厂装车，发往郑州陆港，4 月 12 日从郑州沿"一带一路"的铁路运输路线发到法国①。

但圣元集团在法国投资乳业也不是一帆风顺的。2018 年 8 月 31 日，法国牛奶供应商 Les Maitres Laitiers du Contetin（MLC）宣布终止与中国圣元集团为期 11 年的合作合同②。公告显示，法国 MLC 是单方面收到圣元终止合同的决定。2019 年 3 月 12 日，圣元的合作伙伴索迪雅（Sodiaal）宣布收购位于法国卡莱的圣元婴幼儿奶粉工厂的大部分业务。在收购交易完成后，圣元仍然负责该工厂的奶粉混合以及包装工作，并继续与索迪雅保持合作关系，仍是索迪雅的客户③。

第四节　经验及启示

一、经验

中欧农业贸易与投资合作对扩大我国农产品有效供给、提升我国农业科技水平发挥了重要作用。一方面，中欧农业合作扩大了我国农产品的多样性供给，开创了优质农产品进口的渠道。近些年，我国持续从欧盟进口优质农产品，尤其是奶制品、牛羊肉，丰富了我国百姓的餐桌。中国与欧盟也形成了稳定的进口渠道，保证了农产品有效供给。另一方面，通过农业投资，加强技术交流，我国农业科学技术水平不断提高。一是引入了先进理念和先进技术；二是建立了交流平台，扩大了国际影响；三是加强了能力建设，加速了人才培

---

① 中国圣元集团再投资法国布列塔尼：http：//www.ccpit.org/Contents/Channel _ 3590/2016/0409/628459/content _ 628459.htm.

② 圣元为何宁可毁约面临巨大赔款，也要与法国牛奶供应商终止合作：https：//baijiahao.baidu.com/s? id=1610908167425503637&wfr=spider&for=pc.

③ 圣元法国卡莱工厂易主，买家曾放话在华奶粉销量五年内要翻倍：https：//www.163.com/dy/article/EABHPBRK05199EKV.html.

养[①]。但中国与欧盟的贸易投资合作还存在以下几个方面的问题。

（一）中国农产品安全问题较为突出，不利于中欧农业贸易开展

中国出口欧洲的农产品安全问题较为突出，对出口贸易带来了不利影响。自中国加入 WTO 以来，欧盟对中国的农产品发出过多次预警通报。欧盟食品安全管理局每周会在其官方网站通过 RASFF 向公众实时通报所发现的农产品安全问题。据中国食品土畜进出口商会资料显示，2015 年，从 RASFF 对华通报的产品类别来看，农产品被通报的频率最高，共计 267 项，占 63.6%；食品接触材料次之，共计 153 项，占 36.4%。占据通报前几位的货物品种一般是水果、蔬菜、食品接触材料、坚果及其制品和种子等。RASFF 在 2015 年 4 月公布的第14 周、15 周和 16 周通报里，针对中国对欧盟农产品出口的相关通报分别占 20%、14.3%和 11.1%，出现最多的是中国输往欧盟的花生检出超量的黄曲霉毒素。受此影响，我国花生及其产品因黄曲霉毒素超标被扣留、退回或销毁，对花生及其制品造成了较大的经济损失。由于中国农产品安全问题频发，欧盟对中国发出过多次预警通报，这在很大程度上影响了中欧农业领域合作的顺利开展[②]。

（二）部分企业对欧农业投资的主要障碍认识不清

投资障碍主要是劳务签证政策的束缚、环境标准的约束、劳工标准和工会影响的制约以及土地买卖和租赁的限制。

长期以来，由于成员国不愿让渡在人员和劳务方面的主权，欧盟在引进劳务方面的政策较为严苛。部分欧洲国家对欧盟以外国家劳工进入本国设置总额限制。例如匈牙利每年只提供 3 万个左右的劳务签证名额，且签证时间较短，对技术工种实行认证制度，这无疑增加了我国企业对欧投资的难度。

在欧盟国家，从政府到民众，环保意识都较强。欧盟非营利环保组织数量繁多，即使企业的生产运营达到东道国政府的环保要求，只要有民众提出异议，企业的进入和运营都会受到严重威胁，特别是对外资企业，民众的容忍程度更低，企业处理环境问题更需谨慎。

---

① 张熠，邢继俊，王锦标，2013. 中国—欧盟农业科技合作历程及展望 [J]. 世界农业（3）：12-17.

② 马静，2016. 中国与欧盟农业领域合作发展面临的问题及解决途径 [J]. 对外经贸实务（8）：36-38.

欧盟国家工业化时间较长，劳工标准高，工会的影响力也较大。对于多数企业而言，劳工事件若频繁发生或处理不当，将严重损害企业形象，甚至威胁到企业的生存和发展。

从政策上看，欧洲国家对于土地购买和租赁的限制并不严格，多数国家土地投资政策都规定非欧盟或欧洲经济区的外国人可以在获得许可的条件下购买或租赁本国土地。但事实表明，部分国家对我国企业在农业用地方面的购买或租赁仍然谨慎敏感①。

（三）相较欧盟农业企业，我国农业企业规模经营能力欠缺

欧盟农业企业现代化程度较高，形成了规模化的经营，主导了农产品消费市场及原料产地话语权。例如，在丹麦农业结构中，绝大多数农民以股东或社员身份加入了农业合作社，以此形成了规模化经营。Arla 乳品合作社经过多次兼并、重组，其经营活动已取得较好的成效。截至 2015 年 1 月，该合作社人数已达到 15 256 人。相比而言，在国际化经营能力方面，我国农产品企业经验不足，主要体现在以下两点：其一，中国农业企业大型并购活动还处于探索阶段。据联合国经贸委员会发布的数据显示，2012 年我国农业企业海外并购事件共有 8 起，交易总金额约为 26.7 亿元；2013 年为 6 起，交易总金额约为 359 亿元；2014 年为 10 起，涉及金额约为 246 亿元。而欧盟农业企业海外并购数量早已超过 100 家，成交金额约为 1 523 亿元，远远超过了我国。其二，我国农业企业对欧盟展开投资时间较短，经验不足。据《中国对欧盟境外投资报告》显示，在外商对欧盟在农业领域的投资中，受限于成本较高、经营环境差异较大等因素，中国农业企业仅占 1.4%，而外商在欧盟农业企业投资中超过了 3%。由上可知，和欧盟相比，我国农业企业的规模经营能力欠缺，影响了双方农业领域投资的同步进行。

二、启示

（一）需加强双方科研机构联系

在传统合作方式的基础上，双方需要讨论建立一些长效合作方式，包括建

① 柏娜，于敏，陈瑞剑，2018. 我国企业对欧洲国家农业投资面临的政策障碍研究 [J]. 新疆农垦经济（8）：60-63.

立中欧农作物分子育种联合实验室、中欧可持续发展绿色低碳农业和生物经济多样性产业基地，加强中欧科研创新合作成果。科研人员应该建立广泛的交流平台，与国际领先团队保持长久的工作联系，加强人才的引进来与走出去，建立双方在科技领域的信息交流平台①。

（二）积极发展中欧生态农业

大力推进标准化建设。当前，建设生态农业可以说是中欧农业走可持续发展道路的一个共同选择。一方面，引导农民积极发展生态农业，使资金、技术、人才由传统农业流向生态农业。另一方面，可以制定关于中欧农业生态方面补贴政策的评价指标体系和监督机制，并建立相应激励机制和惩罚机制等。

（三）为中方农业领域投资企业提供扶持

通过与金融公司合作、利用商业银行融资贷款等形式，在满足中国农业企业资金需求的同时，扩大其与欧盟农业领域合作范围。此外，我国应设立专项资金支持农业企业对欧盟农业领域的投资。

（四）创新中欧农业合作模式

我国应在国内农产品供求结构基础上，优化农产品进出口贸易的全球战略，加快培育具有国际竞争力的粮商和农业企业集团，以知名企业为导向，加强与欧盟农产品生产加工、运输服务、国际贸易等整个环节中的合作，推进中欧农业合作示范区建设，完善支持农业领域对欧盟合作的投资、财税、金融、保险、贸易、通关、检验检疫等政策。

---

① 马静，2016. 中国与欧盟农业领域合作发展面临的问题及解决途径［J］. 对外经贸实务（8）：36－38.

参考文献

References

柏娜，于敏，陈瑞剑，2018. 我国企业对欧洲国家农业投资面临的政策障碍研究［J］. 新疆农垦经济（8）：60－63.

蔡守秋，2002. 欧盟环境政策法律研究［M］. 武汉：武汉大学出版社.

产业信息网，2015. 欧洲化肥市场分析［EB/OL］.（2015－12－30）［2021－02－01］. http：//www.chyxx.com/industry/201512/374204.html.

陈光伟，李来来，1999. 欧盟的环境与资源保护：法律、政策和行动［J］. 自然资源学报，3：21－25.

陈洁，2019.《欧洲林业2040年愿景》提出十大愿景目标［N］. 中国绿色时报，07－13（3）.

陈媛媛，赵宏伟，2020. 欧盟与中国科技计划管理机制对比分析及启示［J］. 科技智囊（8）：71－80.

崔海霞，宗义湘，赵帮宏，2018. 欧盟农业绿色发展支持政策体系演进分析：基于OECD农业政策评估系统［J］. 农业经济问题（5）：130－140.

丁纯霍，卓翔，2018. 改革开放以来中国与欧盟经贸合作的历史、现状、问题与展望［J］. 海外投资与出口信贷（6）：18－24.

丁国杰，朱允荣，2004. 欧盟三国农民教育培训的经验及其借鉴［J］. 世界农业（8）：51－53.

丁声俊，2015. 德国：培育现代职业农民很用心［J］. 中国经济导报，07－08（7）.

丁小明，2019. 欧盟国家蔬菜产业近况［J］. 农业工程技术（4）：76－78.

董一凡，2016. 欧盟当前经济形势及前景［J］. 中国货币市场（11）：16－18.

段丽英，2005. HACCP食品安全管理体系的应用［D］. 北京：对外经济贸易大学.

范英杰，刘丛强，2017. 欧盟科技国际合作战略分析及启示［J］. 中国科学基金，31（4）：364－370.

付建全，2005. 中国与欧盟农产品贸易发展的对策研究［D］. 保定：河北农业大学.

高等教育出版社地理教材编辑部，1994. 自然地理学基础［M］. 北京：高等教育出版社.

高海秀，王明利，2018. 欧盟农业绿色发展机制及对中国的启示［J］. 农业展望（10）：18－22.

高洁，刘立，2017. 中欧科技合作路径的演化及展望［J］. 中国科技论坛（6）：178－184.

高军东，刘宁，2015. 借鉴国际经验完善中国有机农业立法［J］. 世界农业（10）：101-103.
高启杰，1996. 德国的农业推广咨询服务［J］. 世界农业（1）：42-44.
关歆，2007. 欧盟渔业产销概况［J］. 河北渔业（4）：18-21.
国丽娜，邵世才，马虹，2016. 欧盟“地平线2020”计划资金管理经验及启示［J］. 全球科技经济瞭望，31（10）：18-22.
哈尔滨地图出版社图册编辑部，2008. 世界地图册［M］. 哈尔滨：哈尔滨地图出版社.
韩喜平，李罡，2007. 从价格支持到农村发展：欧盟共同农业政策的演变与启示［J］. 理论探讨，2（135）：24-27.
何金梅，张少华，2019. 发达国家农村职业教育发展模式的借鉴与比较［J］. 高等教育中国农村教育（5）：23-27.
华尔街见闻，2016. 不只是酒庄 法国惊呼“中国人买光了法国中部的耕地”［EB/OL］.（2016-04-21）［2021-02-01］. http：//www.ccpit.org/Contents/Channel_4114/2016/0421/634233/content_634233.htm.
焦阳，2007. 欧盟食品、饲料风险预警体系概况［J］. 中国牧业通讯（9），29.
京莺，2019. 欧盟资源消耗速度为地球自然更新的3倍［EB/OL］.（2019-05-10）［2021-02-01］. https：//www.sohu.com/a/313071961_120020524.
阔途化肥网，2019. 精准农业为欧盟进一步减少化肥使用量提供了可能［EB/OL］.（2019-07-23）［2021-02-01］. https：//www.sohu.com/a/328786017_99936350.
李星，2002. 芬兰的林业及可持续经营标准［J］. 世界农业（4）：31-32+48.
李杨，乔玉辉，吴文良，等，2019. 欧盟新有机农业法规体系EU 2018/848的主要变化及其影响［J］. 世界农业（3）：45-49.
李永生，2004. 发展农业行会增加农民收入［J］. 经济前沿（7）：15-17.
梁偲，王雪莹，常静，2016. 欧盟“地平线2020”规划制定的借鉴和启示［J］. 科技管理研究，36（3）：36-40.
刘波，罗旋，等，2004. 德国食品安全法律体系与研究［M］. 厦门：厦门大学出版社.
刘春青，鲍建忠，2004. 欧盟技术法规：市场准入的依据［M］. 北京：中国计量出版社.
刘华，张斯齐，2016. “欧洲2020”战略对中欧科技合作的启示［J］. 山西大学学报（哲学社会科学版），39（4）：135-139.
刘敬顺，2012. 欧盟养猪业模式及其启示［J］. 中国猪业（4）：20-22.
刘巧利，2009. 爱尔兰农民教育与培训的历史、现状及启示［C］//教育的传统与变革：纪念《教育史研究》创刊二十周年论文集. 北京：中国地方教育史志研究会.
刘文博，2016. 欧盟共同农业政策改革和科技创新机制研究［D］. 北京：中国农业科学院.
刘武兵，李婷，2015. 欧盟共同农业政策改革：2014—2020［J］. 世界农业（6）：65-69.
刘武兵，2016. 欧盟共同农业政策研究［M］. 北京：中国农业科学技术出版社.

柳一桥，2018. 德国农业职业教育对我国新型职业农民培育的启示 [J]. 农业经济 (4)：64 - 66.

罗福勇，2015. 欧盟农业环境政策评估及对我国的启示 [J]. 农业考古，1：324 - 326.

马红坤，毛世平，2019. 欧盟共同农业政策的绿色生态转型：政策演变、改革趋向及启示 [J]. 农业经济问题 (9)：134 - 144.

马静，2016，中国与欧盟农业领域合作发展面临的问题及解决途径 [J]. 对外经贸实务 (8)：36 - 38.

苗晓丹，刘立新，刘杰德，2015. 德国农业职业教育体系及其主要特点 [J]. 中国农村经济 (6)：85 - 95.

南方，杨云，邵昊华，等，2019. 中国—欧盟科技合作现状分析与建议 [J]. 世界科技研究与发展，41 (6)：621 - 633.

南方，杨云，周小林，等，2018. 欧盟地平线 2020 计划管理模式及对中国重点研发计划的启示 [J]. 中国科技论坛 (7)：165 - 171.

聂凤英，2007. 中国欧盟农业合作战略研究 [M]. 北京：中国农业科学技术出版社.

聂影，2011. 瑞典私有林与林业可持续经验借鉴 [J]. 世界农业 (4)：67 - 70.

农药资讯网，2020. 欧盟统计局最新发布：28 个成员国农药销量 36.84 万吨 [EB/OL]. (2020 - 05 - 18) [2021 - 02 - 01]. http：//www. agroinfo. com. cn/other _ detail _ 7819. html.

商务部，2006. 奥地利林业概况 [EB/OL]. (2006 - 04 - 02)[2021 - 02 - 01]. http：//at. mofcom. gov. cn/article/ztdy/200604/20060402032391. shtml.

商务部，2007. 欧洲联盟简介 [EB/OL]. (2017 - 10 - 31) [2021 - 02 - 01]. http：//eu. mofcom. gov. cn/article/ddgk/zwjingji/ 201706/20170602591021. shtml.

孙彩霞，2009. 欧盟转基因食品溯源管理体系 [J]. 浙江农业学报，21 (6)：645 - 648.

孙淼，2012. 欧盟农业环境政策评估：欧洲经验对中国环境政策的启示 [D]. 北京：首都经济贸易大学.

唐轲，周易，2016. 中美欧有机农业对比研究 [J]. 中国食物与营养 (7)：26 - 30.

外交部，2020. 欧盟概况 [EB/OL]. (2020 - 10 - 10) [2021 - 02 - 01]. https：//www. fmprc. gov. cn/web/gjhdq _ 676 201/gjhdqzz _ 681964/1206 _ 679930/1206x0 _ 679932/.

王东阳，2018. 20 世纪 80—90 年代欧洲有机农业政策回顾与探究 [J]. 世界农业 (7)：71 - 76+201.

王艳红，2019. 实地调查：德国农民大学的职业农民培训，值得学习 [J]. 农业机械 (12)：41 - 42.

吴水荣，2015. 芬兰林业振兴经验值得借鉴 [N]. 中国绿色时报，8 - 12 (3).

肖琴，周振亚，何英彬，2019. 中国绿色农业发展现状及前景 [J]. 农业展望 (10)：57 - 63.

许鸿，2020. 进一步深化中国与欧盟科技创新合作[J]. 科技中国 (4)：29 - 32.

姚晓燕，2005. 浅析欧盟立法［J］. 中国检验检疫（4）：39.
曾哲，2020. 德国职业农民培育的经验及启示［J］. 沈阳师范大学学报（2）：58-63.
张红，孙艳艳，童爱香，等，2017. 国内外有机生产投入物质管理对比及其实［J］. 世界农业（7）：39-43.
张进宝，2000. 论欧盟水产品市场共同组织的功能［J］. 中国渔业经济（6）：34-35.
张路，2016. 欧盟怎样防范食品风险［J］. 人民论坛：86-87.
张四代，2011. 欧盟化肥消费量逐年递增［EB/OL］.（2011-12-19）［2021-02-01］. http：//www. ccin. com. cn/detail/65cb8d1fb162391f3bc7db82712fa415/news.
张熠，邢继俊，王锦标，2013. 中国—欧盟农业科技合作历程及展望［J］. 世界农业（3）：12-17.
张云华，赵俊超，殷浩栋，2020. 欧盟农业政策转型趋势与启示［J］. 世界农业（5）：7-11.
章强华，2007. 欧盟食品安全管理基本法及其研究［M］. 北京：中国标准出版社.
郑军，2020. 欧盟绿色新政与绿色协议的影响分析［J］. 环境与可持续发展（2）：40-42.
智汇三农，2016. 欧洲林业［EB/OL］.（2016-03-08）［2021-02-01］. http：//www. pwsannong. com/c/2016-03-08/569565. shtml.
中国经济网，2005. 欧盟出台持久使用自然资源战略［EB/OL］.（2005-12-22）［2021-02-01］. http：//www. ce. cn/macro/gjbd/om/200512/22/t20051222_5602133. shtml.
仲彦鹏，李海燕，2018. 德国农民职业教育对我国新型职业农民培育的启示［J］. 现代化农业（7）：47-48.
周清波，肖琴，罗其友，2019. 中国农业绿色发展财政扶持政策创设研究［J］. 农学学报（4）：7-12.
朱立志，丁声俊，方兴，2011. 德国农业发展的现状与趋势［J］. 世界农业（6）：42-44.
驻欧盟使团经商参处，2019. 欧盟农业劳动生产率重新提升［EB/OL］.（2019-12-23）［2021-02-01］. http：//eu. mofcom. gov. cn/article/jmxw/201912/20191202924464. shtml.
走出去导航网，2020. 德国促进农产品出口的政策措施［EB/OL］.（2020-10-19）［2021-02-01］. https：//baijiahao. baidu. com/s? id=1680962201322950138&wfr=spider&for=pc.
BENNETT J，2016. Protecting the Environment Privately［M］. Singapore：World Scientific publishing.
Eruostat，2020. Translate Agri-environmental indicators-fact sheets［EB/OL］.［2021-02-01］. https：//ec. europa. eu/eurostat/statistics-explained/index. php? title=Agri.
ENGEL S，2008. Designing Payments for enviormental services in theory practice：an overview of the issues［J］. Ecological Economics，65（4），663-674.
European Commission，2002. Enlargement and agriculture：successfully integrating the new Member States into the CAP（Issues paper）［EB/OL］.（2002-01-30）［2021-02-01］.

http：//ec. europa. eu/agriculture/cap－history/2003－reform/sec2002－95 _ en. pdf.

European Commission，2012. The Agri－environmental Footprint：Development of a common generic methodology for evaluating the effectiveness of European agri－environmental schemes. [EB/OL].（2012－10－16）[2021－02－01]. https：//cordis. europa. eu/article/id/89585－a－new－environmental－footprint－index－for－eu－agriculture.

European Commission，2014. Agriculture In The European Union Statistical and Economic Information（2000－2013）[EB/OL]. [2021－02－01]. http：//ec. europa. eu/agriculture/statistics/agricultural/index _ en. htm.

European Commission，2014. General Union Environment Action Programme to 2020：Living Well，Within the Limits of Our Planet [R]. Brussels：European Commission.

European Commission，2015. Member States Factsheets of European Union [EB/OL].（2015－02－01）[2021－02－01]. http：//ec. europa. eu/agriculture/statistics/factsheets/pdf/eu _ en. pdf.

European Commission，2017. Resilience to food crises [EB/OL]. [2021－02－01]. https：//ec. europa. eu/international－partnerships/topics/resilience－food－crises _ en.

European Commission，2018. Fostering better nutrition [EB/OL]. [2021－02－01]. https：//ec. europa. eu/international－partnerships/topics/fostering－better－nutrition.

European Commission，2018. Investing in sustainable agriculture and food systems [EB/OL]. [2021－02－01]. https：//ec. europa. eu/international－partnerships/topics/investing－sustainable－agriculture－and－food－systems _ en.

European Commission，2019. Agri－food trade in 2018 [EB/OL]. [2021－02－01]. https：//ec. europa. eu/info/sites/info/files/food－farming－fisheries/news/documents/agri－food－trade－2018 _ en. pdf.

European Commission，2019. Aims of the common agricultural policy [EB/OL].（2019－05－01）[2021－02－01]. https：//ec. europa. eu/info/food－farming－fisheries/key－policies/common－agricultural－policy/cap－glance _ en.

European Commission，2019. Fertilisers in the EU [EB/OL].（2019－06－15）[2021－02－01]. https：//ec. europa. eu/info/sites/info/files/food－farming－fisheries/farming/documents/market－brief－fertilisers _ june2019 _ en. pdf.

European Commission，2019. The European Green Deal [EB/OL]. [2021－02－01]. https：//eur－lex. europa. eu/legal－content/EN/TXT/? qid＝1596443911913&uri＝CELEX：52019DC0640＃document2.

European Commission，2020. Agriculture and Rural Development Budget [EB/OL]. [2021－02－01]. http：//ec. europa. eu/agriculture/cap－funding/budget/index _ en. htm.

European Commission，2020. Facts and Figures on the Common Fisheries Policy [EB/OL].

[2021 - 02 - 01]. https://ec. europa. eu/fisheries/sites/fisheries/files/docs/body/pcp _ en. pdf.

European Commission, 2020. Guidelines for European agriculture - Memorandum to complement the Commission's Report on the Mandate of 30 May [EB/OL]. [2021 - 02 - 01]. http://ec. europa. eu/agriculture/cap - history/crisis - years - 1980s/com81 - 608 _ en. pdf.

European Commission, 2020. Interim Evaluation of Horizon 2020 [EB/OL]. [2021 - 02 - 01]. https://ec. europa. eu/research/evaluations/pdf/book _ interim _ evaluation _ horizon _ 2020. pdf.

European Commission, 2020. Monitoring EU agri - food trade: developments in 2019 [EB/OL]. (2020 - 03 - 27) [2021 - 02 - 01]. https://ec. europa. eu/info/sites/info/files/food - farming - fisheries/trade/documents/monitoring - agri - food - trade _ dec2019 _ en. pdf.

European Commission, 2020. Multiannual Financial Framework 2014 - 2020 and the financing of the CAP [EB/OL]. [2021 - 02 - 01]. http://ec. europa. eu/agriculture/cap - funding/budget/mff - 2014 - 2020/mff - figures - and - cap _ en. pdf.

European Commission, 2021. Overview of CAP Reform 2014 - 2020 [R]. Brussels: European Commision.

European Commission, 2021. What is Horizon Europe? [EB/OL]. [2021 - 05 - 08]. http://ec. europa. eu/horizon - europe.

European Union, 2020. Eradicating poverty and achieving sustainable development [EB/OL]. [2021 - 02 - 01]. https://europa. eu/european - union/topics/development - cooperation _ en.

EUROSTAT, 2018. Agriculture, forestry and fishery statistics (2018) [EB/OL]. [2021 - 02 - 01]. https://ec. europa. eu/eurostat/documents/3217494/9455154/KS - FK - 18 - 001 - EN - N. pdf/a9ddd7db - c40c - 48c9 - 8ed5 - a8a90f4faa3f? t=1558692068000.

EUROSTAT, 2019. Agriculture, forestry and fishery statistics (2019) [EB/OL]. [2021 - 02 - 01]. https://ec. europa. eu/eurostat/documents/3217494/10317767/KS - FK - 19 - 001 - EN - N. pdf/742d3fd2 - 961e - 68c1 - 47d0 - 11cf30b11489? t=1576657490000.

FAO, 2013. Investing in Agriculture Environmental Services [EB/OL]. (2013 - 09 - 12) [2021 - 02 - 01]. http://www. fao. org/fileadmin/user _ upload/pes - project/docs/FAO _ RPE - PESMeetingReport. pdf #: ~: text = The% 20FAO% 20project% 20% E2% 80% 9CRemuneration% 20of% 20Positive% 20Externalities% 20% 28RPE% 29% 2F, Swiss% 20Federal%20Institute%20of%20Technology%20in%20Zurich%20%28ETH%291.

FARLEY J, 2010. Payments for ecosystem services: from local to global [J]. Ecological Economics, 69 (11), 2060 - 2068.

FARMER, A M, 2012. Manual of European Environmental Policy [M]. London: 1043.

Food and Consumer Health Protection of the Federal Ministry of Food and Agriculture, 2018. For an EU Common Agricultural Policy serving the public good after 2020: Fundamental questions and recommendations [R]. Berlin: German Federal Ministry of Food and Agriculture.

FRUIT LOGISTICA, 2020. European Statistics Handbook 2019 [EB/OL]. [2021-02-01]. https://www.fruitlogistica.de/media/fl/fl_dl_all/auf_einen_blick/European_Statistics_Handbook_2019.pdf.

FTP, 2019. Vision 2040 of the European forest-based sector [EB/OL]. [2021-02-01]. https://www.forestplatform.org/wp-content/uploads/2019/11/ForestBased-Vision2040-Brochure-V9_final.pdf.

HILDEBRAND P M, 1992. The European Community's Environmental Policy, 1957 to 1992: From Incidental Measures to an International Regime? [J]. Environmental Politics, 1: 13-44.

MURADIAN R, et al., 2010. Reconciling Theory and Practice: an Alternative Conceptual Framework for Understanding Payments for Environmental Services [J]. Ecological Economics, 69: 1202-1208.

POTZSCH M, ZEPP V, 2017. Die Grüne [M]. Bonn: MKL Druck GmbH.

RICHARD D, TEICHLER A, BRAATZ M, 2017. Berufsbildung in der Landwirtschaft [M]. Bonn: MKL Druck GmbH.

SCOTFORD E, 2017. Environmental Principles and the Evolution of Environmental Law [M]. Oxford: Hart.

TACCONI L, 2012. Redefining Payments for environmental services [J]. Ecological Economics, 73 (1), 29-36.

United Nations, 2020. Maintaining Healthy Ocean Fisheries to Support Livelihoods: Achieving SDG 14 in Europe [EB/OL]. [2021-02-01]. https://www.un.org/en/chronicle/article/maintaining-healthy-ocean-fisheries-support-livelihoods-achieving-sdg-14-europe.

UTHES S, MATZDORF B, 2013. Studies on Agri-environmental Measures: A Survey of the Literature [J]. Environmental Management, 51: 251-266.

WTO Secretariat, European Union, 2019. Trade Policy Review: European Union [EB/OL]. https://www.wto.org/english/tratop_e/tpr_e/s395_e.pdf.

WUNDER S, 2005. Payments for Environmental Services: Some Nuts and Bolts [R]. Bogor: Center for International Forest Research.